老科学家学术成长资料采集工程
中国科学院院士传记 丛书

硅芯筑梦

王守武传

李艳平 康静 尹晓冬◎著

中国科学技术出版社
上海交通大学出版社

图书在版编目（CIP）数据

硅芯筑梦：王守武传 / 李艳平，康静，尹晓冬著．
—北京：中国科学技术出版社，2015.1（2025.12）重印
（老科学家学术成长资料采集工程　中国科学院院士
传记丛书）
ISBN 978-7-5046-6723-6

Ⅰ. ①硅…　Ⅱ. ①李…　②康…　③尹…　Ⅲ. ①王守武
（1919—2014）—传记　Ⅳ. ① K826.11

中国版本图书馆 CIP 数据核字 (2014) 第 233610 号

责任编辑	余　君　冯　翔
责任校对	刘洪岩
责任印制	徐　飞
版式设计	中文天地

出　　版	中国科学技术出版社　上海交通大学出版社
发　　行	科学普及出版社发行部
地　　址	北京市海淀区中关村南大街16号
邮　　编	100081
发行电话	010-62173865
传　　真	010-62173081
网　　址	http://www.cspbooks.com.cn

开　　本	720mm × 1000mm　1/16
字　　数	240千字
印　　张	16
彩　　插	2
版　　次	2015年1月第1版
印　　次	2025年12月第2次印刷
印　　刷	北京顶佳世纪印刷有限公司
书　　号	ISBN 978-7-5046-6723-6 / K · 159
定　　价	48.00元

老科学家学术成长资料采集工程
领导小组专家委员会

主　任：杜祥琬

委　员：（以姓氏拼音为序）

巴德年　陈佳洱　胡启恒　李振声
王礼恒　王春法　张　勤

老科学家学术成长资料采集工程
丛书组织机构

特邀顾问（以姓氏拼音为序）

樊洪业　方　新　齐　让　谢克昌

编 委 会

主　编：王春法　张　藜

编　委：（以姓氏拼音为序）

艾素珍　董庆九　胡化凯　黄竞跃　韩建民
廖育群　吕瑞花　刘晓勘　林兆谦　秦德继
任福君　苏　青　王扬宗　夏　强　杨建荣
张柏春　张大庆　张　剑　张九辰　周德进

编委会办公室

主　任：许向阳　张利洁

副主任：许　慧　刘佩英

成　员：（以姓氏拼音为序）

崔宇红　董亚峥　冯　勤　何素兴　韩　颖
李　梅　罗兴波　刘　洋　刘如溪　沈林芑
王晓琴　王传超　徐　婕　肖　潇　言　挺
余　君　张海新　张佳静

老科学家学术成长资料采集工程简介

老科学家学术成长资料采集工程（以下简称“采集工程”）是根据国务院领导同志的指示精神，由国家科教领导小组于2010年正式启动，中国科协牵头，联合中组部、教育部、科技部、工信部、财政部、文化部、国资委、解放军总政治部、中国科学院、中国工程院、国家自然科学基金委员会等11部委共同实施的一项抢救性工程，旨在通过实物采集、口述访谈、录音录像等方法，把反映老科学家学术成长历程的关键事件、重要节点、师承关系等各方面的资料保存下来，为深入研究科技人才成长规律，宣传优秀科技人物提供第一手资料和原始素材。按照国务院批准的《老科学家学术成长资料采集工程实施方案》，采集工程一期拟完成300位老科学家学术成长资料的采集工作。

采集工程是一项开创性工作。为确保采集工作规范科学，启动之初即成立了由中国科协主要领导任组长、12个部委分管领导任成员的领导小组，负责采集工程的宏观指导和重要政策措施制定，同时成立领导小组专家委员会负责采集原则确定、采集名单审定和学术咨询，委托中国科学技术史学会承担具体组织和业务指导工作，建立专门的馆藏基地确保采集资料的永久性收藏和提供使用，并研究制定了《采集工作流程》、《采集工作规范》等一系列基础文件，作为采集人员的工作指南。截止2014年底，已启动 304 位老科学家的学术成长资料采集工作，获得手稿、书信等实物原件资料 52093 件，数字化资料 137471 件，视频资料 183878 分钟，音频资料 224825 分钟，具有重要的史料价值。

采集工程的成果目前主要有三种体现形式，一是建设一套系统的“老科学家学术成长资料数据库”（本丛书简称“采集工程数据库”），提供学术研究和弘扬科学精神、宣传科学家之用；二是编辑制作科学家专题资料片系列，以视频形式播出；三是研究撰写客观反映老科学家学术成长经历的研究报告，以学术传记的形式，与中国科学院、中国工程院联合出版。随着采集工程的不断拓展和深入，将有更多形式的采集成果问世，为社会公众了解老科学家的感人事迹，探索科技人才成长规律，研究中国科技事业的发展历程提供客观翔实的史料支撑。

总序一

中国科学技术协会主席　韩启德

老科学家是共和国建设的重要参与者，也是新中国科技发展历史的亲历者和见证者，他们的学术成长历程生动反映了近现代中国科技事业与科技教育的进展，本身就是新中国科技发展历史的重要组成部分。针对近年来老科学家相继辞世、学术成长资料大量散失的突出问题，中国科协于2009年向国务院提出抢救老科学家学术成长资料的建议，受到国务院领导同志的高度重视和充分肯定，并明确责成中国科协牵头，联合相关部门共同组织实施。根据国务院批复的《老科学家学术成长资料采集工程实施方案》，中国科协联合中组部、教育部、科技部、工业和信息化部、财政部、文化部、国资委、解放军总政治部、中国科学院、中国工程院、国家自然科学基金委员会等11部委共同组成领导小组，从2010年开始组织实施老科学家学术成长资料采集工程。

老科学家学术成长资料采集是一项系统工程，通过文献与口述资料的搜集和整理、录音录像、实物采集等形式，把反映老科学家求学历程、师承关系、科研活动、学术成就等学术成长中关键节点和重要事件的口述资料、实物资料和音像资料完整系统地保存下来，对于充实新中国科技发展的历史文献，理清我国科技界学术传承脉络，探索我国科技发展规律和科技人才成长规律，弘扬我国科技工作者求真务实、无私奉献的精神，在全社会营造爱科学、学科学、用科学的良好氛围，是一件很有意义的事情。采集工程把重点放在年龄在 80 岁以上、学术成长经历丰富的两院院士，以及虽然不是两院院士、但在我国科技事业发展中作出突出贡献的老科技工作者，充分体现了党和国家对老科学家的关心和爱护。

自 2010 年启动实施以来，采集工程以对历史负责、对国家负责、对科技事业负责的精神，开展了一系列工作，获得大量反映老科学家学术成长历程的文字资料、实物资料和音视频资料，其中有一些资料具有很高的史料价值和学术价值，弥足珍贵。

以传记丛书的形式把采集工程的成果展现给社会公众，是采集工程的目标之一，也是社会各界的共同期待。在我看来，这些传记丛书大都是在充分挖掘档案和书信等各种文献资料、与口述访谈相互印证校核、严密考证的基础之上形成的，内中还有许多很有价值的照片、手稿影印件等珍贵图片，基本做到了图文并茂，语言生动，既体现了历史的鲜活，又立体化地刻画了人物，较好地实现了真实性、专业性、可读性的有机统一。通过这套传记丛书，学者能够获得更加丰富扎实的文献依据，公众能够更加系统深入地了解老一辈科学家的成就、贡献、经历和品格，青少年可以更真实地了解科学家、了解科技活动，进而充分激发对科学家职业的浓厚兴趣。

借此机会，向所有接受采集的老科学家及其亲属朋友，向参与采集工程的工作人员和单位，表示衷心感谢。真诚希望这套丛书能够得到学术界的认可和读者的喜爱，希望采集工程能够得到更广泛的关注和支持。我期待并相信，随着时间的流逝，采集工程的成果将以更加丰富多样的形式呈现给社会公众，采集工程的意义也将越来越彰显于天下。

是为序。

总序二

中国科学院院长　白春礼

由国家科教领导小组直接启动，中国科学技术协会和中国科学院等12个部门和单位共同组织实施的老科学家学术成长资料采集工程，是国务院交办的一项重要任务，也是中国科技界的一件大事。值此采集工程传记丛书出版之际，我向采集工程的顺利实施表示热烈祝贺，向参与采集工程的老科学家和工作人员表示衷心感谢！

按照国务院批准实施的《老科学家学术成长资料采集工程实施方案》，开展这一工作的主要目的就是要通过录音录像、实物采集等多种方式，把反映老科学家学术成长历史的重要资料保存下来，丰富新中国科技发展的历史资料，推动形成新中国的学术传统，激发科技工作者的创新热情和创造活力，在全社会营造爱科学、学科学、用科学的良好氛围。通过实施采集工程，系统搜集、整理反映这些老科学家学术成长历程的关键事件、重要节点、学术传承关系等的各类文献、实物和音视频资料，并结合不同时期的社会发展和国际相关学科领域的发展背景加以梳理和研究，不仅有利于深入了解新中国科学发展的进程特别是老科学家所在学科的发展脉络，而且有利于发现老科学家成长成才中的关键人物、关键事件、关键因素，探索和把握高层次人才培养规律和创新人才成长规律，更有利于理清我国科技界学术传承脉络，深入了解我国科学传统的形成过程，在全社会范围内宣传弘扬老科学家的科学思想、卓越贡献和高尚品质，推动社会主义科学文化和创新文化建设。从这个意义上说，采集工程不仅是一项文化工程，更是一项严肃认真的学术建设工作。

中国科学院是科技事业的国家队，也是凝聚和团结广大院士的大家庭。早在 1955 年，中国科学院选举产生了第一批学部委员，1993 年国务院决定中国科学院学部委员改称中国科学院院士。半个多世纪以来，从学部委员到院士，经历了一个艰难的制度化进程，在我国科学事业发展史上书写了浓墨重彩的一笔。在目前已接受采集的老科学家中，有很大一部分即是上个世纪 80、90 年代当选的中国科学院学部委员、院士，其中既有学科领域的奠基人和开拓者，也有作出过重大科学成就的著名科学家，更有毕生在专门学科领域默默耕耘的一流学者。作为声誉卓著的学术带头人，他们以发展科技、服务国家、造福人民为己任，求真务实、开拓创新，为我国经济建设、社会发展、科技进步和国家安全作出了重要贡献；作为杰出的科学教育家，他们着力培养、大力提携青年人才，在弘扬科学精神、倡树科学理念方面书写了可歌可泣的光辉篇章。他们的学术成就和成长经历既是新中国科技发展的一个缩影，也是国家和社会的宝贵财富。通过采集工程为老科学家树碑立传，不仅对老科学家们的成就和贡献是一份肯定和安慰，也使我们多年的夙愿得偿！

鲁迅说过，“跨过那站着的前人”。过去的辉煌历史是老一辈科学家铸就的，新的历史篇章需要我们来谱写。衷心希望广大科技工作者能够通过“采集工程”的这套老科学家传记丛书和院士丛书等类似著作，深入具体地了解和学习老一辈科学家学术成长历程中的感人事迹和优秀品质；继承和弘扬老一辈科学家求真务实、勇于创新的科学精神，不畏艰险、勇攀高峰的探索精神，团结协作、淡泊名利的团队精神，报效祖国、服务社会的奉献精神，在推动科技发展和创新型国家建设的广阔道路上取得更辉煌的成绩。

总序三

中国工程院院长　周　济

由中国科协联合相关部门共同组织实施的老科学家学术成长资料采集工程，是一项经国务院批准开展的弘扬老一辈科技专家崇高精神、加强科学道德建设的重要工作，也是我国科技界的共同责任。中国工程院作为采集工程领导小组的成员单位，能够直接参与此项工作，深感责任重大、意义非凡。

在新的历史时期，科学技术作为第一生产力，已经日益成为经济社会发展的主要驱动力。科技工作者作为先进生产力的开拓者和先进文化的传播者，在推动科学技术进步和科技事业发展方面发挥着关键的决定的作用。

新中国成立以来，特别是改革开放30多年来，我们国家的工程科技取得了伟大的历史性成就，为祖国的现代化事业作出了巨大的历史性贡献。两弹一星、三峡工程、高速铁路、载人航天、杂交水稻、载人深潜、超级计算机……一项项重大工程为社会主义事业的蓬勃发展和祖国富强书写了浓墨重彩的篇章。

这些伟大的重大工程成就，凝聚和倾注了以钱学森、朱光亚、周光召、侯祥麟、袁隆平等为代表的一代又一代科技专家们的心血和智慧。他们克服重重困难，攻克无数技术难关，潜心开展科技研究，致力推动创新发展，为实现我国工程科技水平大幅提升和国家综合实力显著增强作出了杰出贡献。他们热爱祖国，忠于人民，自觉把个人事业融入到国家建设大局之中，为实现国家富强而不断奋斗；他们求真务实，勇于创新，用科技为中华民族的伟大复兴铸就了辉煌；他们治学严谨，鞠躬尽瘁，具有崇高的科学精神和科学道德，是我们后代学习的楷模。科学家们的一生是一本珍贵的教科书，他们坚定的理想信念和淡泊名利的崇高品格是中华民族自强不息精神的宝贵财富，永远值得后人铭记和敬仰。

通过实施采集工程，把反映老科学家学术成长经历的重要文字资料、实物资料和音像资料保存下来，把他们卓越的技术成就和可贵的精神品质记录下来，并编辑出版他们的学术传记，对于进一步宣传他们为我国科技发展和民族进步作出的不朽功勋，引导青年科技工作者学习继承他们的可贵精神和优秀品质，不断攀登世界科技高峰，推动在全社会弘扬科学精神，营造爱科学、讲科学、学科学、用科学的良好氛围，无疑有着十分重要的意义。

中国工程院是我国工程科技界的最高荣誉性、咨询性学术机构，集中了一大批成就卓著、德高望重的老科技专家。以各种形式把他们的学术成长经历留存下来，为后人提供启迪，为社会提供借鉴，为共和国的科技发展留下一份珍贵资料。这是我们的愿望和责任，也是科技界和全社会的共同期待。

周济

王守武
（1996 年，张建设摄）

2010 年 11 月王守武院士在美国加州家中
接受采集小组访谈（李剑波摄）

2010 年 3 月 29 日王守觉院士在苏州纳米所办公室
接受采集小组访谈（刘晓摄）

2011 年 7 月在半导体所召开王守武院士学术经历访谈座
谈会（左起潘贵生、高季麟、彭怀德、洪坚）（付森摄）

序

王守武先生1950年从美国回国后致力于我国半导体器件和集成电路事业半个多世纪，我国半导体学的研究与开发的各个历程无不留下他的足迹。他在半导体的许多领域都有很深的造诣和丰硕的成果，为我国半导体事业做出了卓越的贡献。

王守武先生是我国微电子和半导体光电子科技事业的奠基人之一。他亲手研制成功了我国第一只锗合金晶体管、第一只半导体激光器、全功能4千位和16千位DRAM（动态随机存储器）等。他在国内最早积极倡导建立超净实验室，并率先在中国科学院半导体研究所自主建立了一条超净线。他最早提出研究和提高LSI（大规模集成电路）成品率问题，并在半导体研究所以4千位动态随机存储器成品率的提高做出示范。他十分重视半导体设备的研究，亲自指导设计了光刻机和电子束曝光机，并积极开展了电子束、软X射线曝光、离子束改性等基础工艺的预先研究。他多次呼吁在引进消化吸收国外技术的基础上加强自主、创新的研究与开发，以形成植根于中国的集成电路产业。他号召有应用价值的科研成果一定要转化成产品，并努力将4千位和16千位DRAM成果从研究所推广到工厂。他十分注意创新工作，对新的思想和新的工艺都给予热情的支持。他爱护、关心和积极培养中青年科技队伍，大胆放手让中青年人挑重担并给予诚挚的指导和帮助。他那学识渊博、坚忍不拔、实事求是、严肃认真、言传身教、一丝不苟的优秀品质，永远是我们学习的榜样。

王先生曾经多次被邀请给年轻的科技工作者做报告，他那正直的品德、和蔼可亲的为人和严谨的科学作风以及对半导体事业的无比热爱和高度的责任感贯穿在他的一言一行中。每一次报告都是一次生动的爱国主义教育。他用自己的亲身经历和感受鼓励青年科技人员投身到我国半导体事业中去。

王守武先生这样一位老一辈科学家是我们学习的典范，对于他的高尚品德和学术成就应该加以整理研究、宣传和颂扬。他对我国半导体事业的贡献必将载入史册。中国科协联合多部委发起的“老科学家学术成长资料采集工程”是很有意义的一项工作。感谢首都师范大学科学技术史专业的数位老师和研究生们用近两年的时间，走访了王先生求学和工作过的地方，访谈了三十多位王守武先生的同事、合作者、学生和家人，收集到有关王先生学术经历的著作、论文、手稿、报道、回忆录及档案等数百份资料，他们编写的这部《王守武传》，史料翔实，充分反映了王先生的学术研究和人生经历。相信此书的出版将是对科技工作者和青年学生励志和爱国主义教育的生动教材。

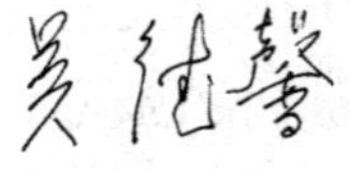

2012 年 3 月 20 日

吴德馨（1936—　），河北乐亭县人。半导体器件和集成电路专家。1961 年毕业于清华大学电子工程系。1991 年当选中国科学院学部委员。1978 年后和王守武一起从事大规模集成电路提高成品率研究以及 4 千位和 16 千位动态随机存储器等大规模集成电路研究。中国科学院微电子研究中心成立后，王守武任名誉主任（1986—1997），吴德馨任副主任（1986—1989）和主任（1991—1997）。现为中科院微电子研究所院士专家。

目录

图片目录

导 言

王守武（1919—2014），江苏省苏州市人，半导体器件物理学家、微电子学家，中国半导体科学的开拓者与奠基人之一。中国科学院院士。我国第一个半导体研究室、半导体器件工厂、半导体研究所和全国半导体测试中心的创建者。我国第一台单晶炉的设计者、第一根锗单晶和第一根硅单晶拉制、第一批锗晶体管研制的组织领导者。主持研制成功我国第一只砷化镓半导体激光器；主持研制成功 4 千位、16 千位的 MOSRAM 大规模集成电路。在研究与开发中国半导体材料、半导体器件及大规模集成电路方面做出了重要贡献。王守武先后受聘为清华大学、中国科技大学、复旦大学等多所大学的兼职教授。获国家级科技进步奖、中国科学院科研成果奖和科技进步奖多项。

2010 年，中国科学技术协会联合多部委发起“老科学家学术成长资料采集工程”，我们有幸承担了其“王守武院士学术成长资料采集”课题。在采集工作进行期间，王守武院士一直和子女一起住在美国旧金山，在王守武女儿王义格女士的帮助下，我们得以对他进行了口述访谈，并进行了录音录像。此外，我们也在王守武院士的家乡和他曾经学习和工作过的单位进行了广泛的资料收集，采集到有关王守武院士学术成长经历的手稿多份、王守武院士撰写的学术论文数十篇、王守武院士撰写、翻译或主编的著作十余部，反映王守武学术经历的照片数百幅，保存在中国科学院档案馆、同济大学档案馆、中国科技大学档案馆、半导体所档案室等的有关档案资料百余份以及珍贵的音视频资料。我们还对王守武院士的学生、同事和他领导过的课题组成员等做了访谈。采集获得的历史资料，生动具体地反映了王守武院士学术经历中的一些关节点和细节，涉及中国半导体科学技术事业发展的许多重要历史内容。

20世纪80年代初期，有关王守武学术经历的多篇文章：《青春的岁月》[①]、《王守武》[②]、《拳拳报国心——记半导体科学的奠基人与开拓者王守武院士》[③] 等陆续发表，这些文章记述了王守武院士的经历和主要学术贡献，我们的资料采集工作和传记撰写都受到这些文章的启发。1999年出版的《王守武院士科研活动论著选集》[④] 是一部反映王守武科研活动的重要文献，其中有王守武院士的论文40余篇、祝贺与回忆文章10余篇，并有王先生的传略、简历、出访记录、主要贡献等，这部著作是我们撰写本书的重要基础。目前尚无王守武院士传记著作出版。

本书是根据我们采集到的资料编写而成的，我们采用文献、档案和口述访谈相互参照的方法，对历史事实进行了仔细的梳理、核对，主要按照时间顺序展开叙述，突出王守武的学术经历和主要科学贡献。

王守武出身学术名门，王家几代人中出现的科技名人之多，在20世纪中国科技史上实属罕见，本书首先介绍了这个科技世家的璀璨群星以及家庭背景对王守武一代学术经历的影响。王守武幼年体弱多病，常因病休学，为避免留级他曾多次转学，高中毕业时他又因病错过会考，只取得肄业证书。他的大学学习是在日寇侵华的战火硝烟中完成的。留学美国期间，王守武仅用一年就获得硕士学位，随后又用两年半时间，完成了跨越材料力

① 王守武：青春的岁月。见：谷向阳主编，《中国名人谈青年时代丛书——无愧青春》。北京：中国友谊出版公司，1994年，第111-135页。

② 何春藩：王守武。见：中国科学技术协会编，《中国科学技术专家传略·工程技术编·电子、通信、计算机卷1》。北京：电子工业出版社，1998年，第401-416页。

③ 霍元春：拳拳报国心——记半导体科学的奠基人与开拓者王守武院士。见：李晋闽主编，《拓荒者的足迹——建所初期科技人物事迹选》。北京：科学出版社，2010年，第14-32页。

④ 《王守武院士科研活动论著选集》编辑委员会：《王守武院士科研活动论著选集》。北京：科学出版社，1999年。

学和量子力学的选题，获得博士学位。本书第二章通过叙述王守武曲折的求学经历，展现了他打下深厚的理论功底和培养出娴熟的动手实践能力的过程。

本书的最主要内容是王守武先生开拓我国半导体和微电子学事业的学术经历。大致划分为三个阶段：第一阶段是 20 世纪 50 年代初期至 1960 年中国科学院半导体研究所成立，这个时期王守武领导他的研究小组填补了我国半导体科学的多项空白。第二个阶段是 1960 年到“文化大革命”后期，这个阶段王守武领导中国科学院半导体研究所完成了多项国防研究任务，他们研制的晶体管为我国电子计算机技术发展和两弹一星研制作出了贡献，半导体激光器的研制及其应用研究是这个时期持续时间最长的核心工作。半导体光信息科学技术今天仍是半导体科学技术的主要应用领域之一。这个部分展示我国学者抓住时机及时进入半导体科学技术领域的过程及取得的成就。第三个阶段是 1978 年前后，王守武领导了提高大规模集成电路成品率研究项目，并进一步领导了集成电路大生产试验，提高了我国大规模集成电路的成品率，减低了成本，解决了国家急需的大规模集成电路实用生产技术问题。

本书第九章分析了王守武院士在学术人才培养和队伍建设及我国半导体和微电子事业发展战略制定方面的工作。本书结语是我们对王守武学术成长经历的一些思考。

在资料采集和整理中，我们时常感到，好像在和一位睿智、儒雅的老人谈话，他平易近人、作风民主、谦虚冷静、知难而进、坚忍不拔、淡泊名利、宠辱不惊，他的成就和贡献让我们敬佩，他的思想品德令我们仰慕。希望通过本书，读者也能了解王守武院士和老一代科学家为祖国和人民作出的丰功伟绩，感受他们的伟大情怀。

1996 年，在苏州召开的一次全国物理学史学术年会上，苏州大学张橙华教授向与会代表介绍了苏州莫釐王氏家族在近代出现的科技名人，以及王谢长达的生平、办学经历及影响。此后我们开始留心苏州莫釐王氏家族的有关史料，也曾向王义格女士询问过相关情况。2010 年采集工程启动，在王义格女士的帮助下，得到王守武院士首肯，我们承担了这个项目。三年多的时间，我们逐渐加深了对王守武院士学术经历的了解，期间时时被王守武等老科学家的思想品德、才华智慧、科学业绩及他们曲折的人生经历所感染，也越来越感觉到完成采集任务的责任重大。现在呈现给读者的是我们工作成果的一部分，这是一部王守武先生的学术传记，也是我国半导体科学技术事业开拓者筚路蓝缕的历程，是中华民族寻求民族独立、国家强盛探索历程中的一个片段。

我们的采集工作得到了很多人的帮助和支持。我们感谢王守武院士的支持，他接受了我们的多次访谈录音、录像，每次访谈前他都仔细准备。感谢王义格女士，她聘请摄像师，安排王守武院士在美国家中的访谈录音、录像，她多次阅读本书初稿并提出修改意见。2013 年 10 月回国探亲期间，她与课题组深入交流了传记的修改意见，提供了王守武院士家庭生活、子女教育等方面的珍贵内容。感谢王守武院士的夫人葛修怀先生及他们的家人协助录像拍摄。感谢采集工程的领导和组织者，在我们工作进行的每一阶段都得到了他们的指导，我们在每次阶段检查和验收汇报中受益良多。感谢樊洪业先生在我们项目工作的各个阶段所给予的多次有启发性的学术指导及为我们提供的珍贵史料。感谢其他采集小组同仁的帮助、启发和相互鼓励，与他们的工作交流中，我们学到了很多东西。特别感谢何泽慧院士采集小组的刘晓、王传超先生，由于我们采集对象的家庭联系，我们曾一起寻访王守武、何泽慧读书和生活过的地方，拜访相关研究者。在我们两次苏州之行中，苏州大学张橙华教授给予了我们极大的帮助，他的工作效率和雷厉风行的办事风格让我们十分敬佩。感谢中国科学院半导体研究所和微电子研究所、物理所所办、中科院档案室等有关部门的帮助。感谢中国科学院微电子研究所吴德馨院士，她多次接受我们的访谈，介绍了王守武院士在领导提高大规模集成电路成品率项目中的珍贵史料，感谢她为本书作序。感谢王守武先生的弟弟王守觉院士接受我们的访谈，他介绍了王家父辈的许多珍贵史料。感谢中国科学院半导体研究所原党办主任何春藩先生，何先生早在 20 世纪 80 年代初期就采访过王守武院士，写过多篇文章，他也十分了解半导体研究所的历史，何先生提供了有关王守武院士的媒体报道、多份王守武院士修改过的文章手稿等，他还帮我们联系了半导体研究所的多位老先生，使我们有机会对他们做了访谈录音、录像。感谢王守武院士的研究生、中科院半导体研究所余金中研究员，他多次接受我们访谈，还审阅了本书初稿。感谢洪坚、郑一阳、吴荣汉、潘贵生、高季麟、杜宝勋、彭怀德、夏永伟等先生接受我们的访谈，郑一阳先生为我们提供了王守武院士的多份论文手稿和研究工作记录。感谢中国科学院自然科学史研究所的郭金海先生，他为我们提供了2002年访谈王守武院士的记录手稿。感谢中国科学院声像中心的王志刚等多位老师，他们帮我们复制了保存在声像中心的视频资料，并担负了在半导体所进行的口述访谈座谈会的摄像工作。感谢中国科学院档案馆李丽云等老师们的帮助，2011年暑假最炎热的那些日子，我们给他们增加了很多麻烦。感谢同济大学档案馆、中国科学技术大学档案馆的老师帮我们查找、复制了有关档案。感谢苏州中学校领导和校史馆的老师，为我们讲述苏州中学的历史，查找王守武在苏州中学的历史资料。

首都师范大学参加采集工作的有李艳平教授、尹晓冬副教授，还有杨晓瑞、康静、付森、段士玉、杨谦、于良、于平洋、王铮等同学，尤其是研究生康静，参加了项目的全过程，她踏实肯干、谦虚达理，使我们能够顺利地与诸多相关单位联系，康静和付森很好地完成了采集资料的数字化及各种资料的整理、编目等繁琐工作。我们的采集工作还得到首都师范大学戴念祖教授和王士平教授的指导。

本书初稿曾送戴念祖、王士平、何春藩、张橙华、刘树勇、白欣、夏永伟等先生审阅，郑一阳、潘贵生先生审阅了有关激光器研制部分，感谢他们提出的宝贵意见。

第一章
故乡和家世

1919 年 3 月 15 日，王守武出生在江苏省苏州市，王家是苏州名门望族东山莫釐王氏。王守武祖父王颂蔚曾在京城做官，到王守武的父辈，王家成为苏州的科技名门，王守武一代更是人才，特别是科技人才辈出。

苏州东山莫釐王氏家族

江南水乡人间天堂的苏州，是一座文化打造出来的城市。在这个富庶的江南名城，有着悠久的历史文化积淀和传承，保留着浓厚的重教崇文的文化传统。明清时期苏州是中国的人文渊薮，人才辈出且常常聚集于某些家族，形成著名的文化世家，苏州东山莫釐王氏家族就是其中之一。

莫釐王氏家族随宋室南迁定居苏州东山，到明初成为典型商业家族，得益于“诗书传家久”的家族传统，明代中期后转型为文化望族。明代中期，王鏊（1450—1524）联捷乡会二试，高中探花，一举成名。王氏自此后科第长盛不衰，跻身江南科举世家的行列。王鏊，字济之，号守溪，晚年又号拙叟，学者称震泽先生。其父王琬，曾任光化知县。王鏊 16 岁随父去京师国子监读书，才学过人，国子监诸生争相传诵其文。成化十年（1474 年）乡试和次年会试皆为第一。殿试一甲第三名，授翰林院编修。明正德年间官至少傅、户部尚书、文渊阁大学士、武英殿大学士。王鏊在朝居官三十年，廉洁奉公，两袖清风。归居苏州后，王鏊致力于地方文献著述，著有《姑苏志》、《震泽集》、《震泽编》、《震泽长语纪闻》、《宋溪文集》等。[①] 王鏊痛恨苛政，关注民众疾苦。正德十五年（1520 年）王鏊重游东山翠峰寺，不见了寺门至官道两旁的宋元古松，惊问寺僧，才知伐充徭役，他哀叹："千年古物，且不逃乎，苛政之害如是哉？"[②] 王鏊晚年为规劝明世宗朱厚熜（嘉靖帝），写了《亲政篇》，为《古文观止》中名篇。王鏊病逝后葬东山梁家山，其墓前曾有唐寅手书的"海内文章第一、山中宰相无双"的牌坊。在王家旧居的东山陆巷古村，现在仍保留有许多明清建筑。

明清两代王家名人辈出，如王禹声、王世琛（状元）、王芑孙、王颂蔚等。王氏在科场角逐中通过仕宦交游网络、姻缘联络以及师承关系积累了大量的家族"资本"，为其子弟登科入仕创造了有利条件，保证了家族科举仕途的长期稳定，王氏也在儒学和地方社会文化传统的共同濡染下形成了独特的家风和家学，在推动清中期学术转型的过程中也发挥了一定的作用。晚清西学随着洋枪大炮大举进入，政府导向随之变化，废科举、兴学堂，王氏以其求真务实的精神和"明道救世"的家族传统为支点，全面转变对西学的态度，培养了大批的科技名人，逐渐成为中西兼修的科技名门[③]。

王守武祖父王颂蔚（1848—1895）是晚清著名历史学家、文学家，《清史稿》有传。他的墓碑上记载着他是王鏊的第 13 代孙。王颂蔚早年师从冯桂芬[④]，20 岁时由冯桂芬聘请参与编写《苏州府志》，同叶昌

① ［清］张廷玉等：《明史明代传记丛刊・综录类 10（099）明史列传（二）》。明文书局，第 4825-4827 页。

② 余少川：《中国机械工业的拓荒者王守竞》。昆明：云南大学出版社，1999 年，第 4 页。

③ 张建华：《从江南科举世家到近代科技名门——苏州莫釐王氏家族研究》。苏州大学硕士论文，2009 年，第 I 页。

④ 冯桂芬（1809—1874），字景亭，江苏吴县（今苏州）人。晚清杰出的改良思想家之一，其思想上接林则徐、魏源，下启康有为、梁启超。参见李少军，《迎来近代剧变的经世学人魏源与冯桂芬》。武汉：湖北教育出版社，2000 年。

炽[①]、袁宝璜[②]合称“苏州三才子”。光绪六年（1880 年）进士，改庶吉士，散馆改户部主事，补军机章京。撰有《周礼义疏》及《明史考证捃逸》若干卷。在中日甲午之战发生之初，王颂蔚坚决主战，他曾进言：“枢府有总持军机之责，尤当先知战地情形。今军机处中，并高丽地图也无，每遇奏报军情，地名且不知所指，安有运筹帷幄，决胜千里之望乎？”在军机处，他看到日本报馆所印地图，凡铁道、港口、电线等一切皆罗列，乃叹道：“日人谋之非一日，我乃临渴掘井，如何制胜？”甲午战败后，王颂蔚对清政府赔款割地、委屈求和异常悲愤，光绪二十一年（1895 年），在北京任上病逝。王颂蔚是一位学者，一位清廉的官员，更是一位忧国忧民、以国家富强为己任的忠诚之士。王颂蔚不仅有扎实的国学基础，而且崇尚实学，王颂蔚希望士人“学习测量、化学、光学……”并“咨商制造”。王颂蔚还不拘一格为国家选拔人才，光绪十八年（1892 年）曾力荐科举试卷不中程式的蔡元培为进士[③]。正是因为王颂蔚这一层关系，使日后王谢长达兴办振华女校时多了一份外界援助。

王守武的祖母谢长达（1848—1934），祖上由安徽迁苏，是苏州的女权运动先驱。她出身官宦世家，自幼习书识字，从家里的藏书和父兄的教诲下，逐渐通晓古今大事。谢长达 22 岁嫁入王家后，按习俗改称王谢长达。婚后，她随丈夫常年居住北京，这让她有机会开阔了眼界，树立起忧国忧民、以天下为己任的壮志雄心。丈夫去世后，王谢长达携子女返回苏州，定居于苏州十全街。也由此在抚育子女、操持家务这样的传统角色之外，开始了她妇女解放先驱、教育家、社会活动家的历程。她先是在苏州成立放足会，带头并积极推动妇女放足，声重一时。随即她又投身女子教育，1905 年王谢长达与地方士人自筹资金，创立振华女校。该校从最初的惨淡经营、勉力维持，到名噪一方、交口赞誉，成为江苏省最负声望的女子学校，显示了王谢长达超乎寻常的见识和能力。1915 年，王谢长达又发

---

① 叶昌炽（1849—1917），字鞠裳，号颂鲁、缘督等，江苏吴县（今苏州）人。金石学家、学者、藏书家。参见金振华：《叶昌炽研究》。长春：吉林人民出版社，2005 年。

② 袁宝璜（约 1848—？），字渭渔，元和（江苏苏州）人。近代藏书家。见王河主编，《中国历代藏书家辞典》。上海：同济大学出版社，1991 年，第 338 页。

③ 杨维忠、金本福：《东山教授》。扬州：广陵书社，2010 年，第 1-3 页。

图 1–1　求己图（王谢长达）

起成立了江苏女子公益团，并任团长，对江苏地方的公益事业多有建树。王谢长达有一张两次曝光的照片，照片上的两个人一坐一跪都是她自己，题名为“求人不如求自己”（图 1–1），表达了她对妇女解放、女子独立、女性教育的思想认识[①]。

王颂蔚和王谢长达是王家后代在科技上取得重大成就的启蒙者，他们对子女言传身教，使他们树立大志，接受中西文化的滋养，走到世界科学技术前沿。

与莫釐王氏家族联姻的有很多是名门望族，如灵石何氏、苏州程氏、绍兴俞氏等，在这些家族中涌现了众多学术人才，其中著名的科学家如：何怡贞、葛庭燧、何泽慧、钱三强、何泽涌、何泽瑛、俞启忠、陆学善等，另外还有董同龢、程毅中等著名人文学者。

父辈对科技与教育的贡献

王颂蔚夫妇共育有四子五女，他们个个学有所长，其四个儿子曾被称为“王氏四杰”（图 1–2）。众多兄弟姊妹均在近代中国科学技术和教育史上留下足迹，是王家备受瞩目和值得称道之处。

王颂蔚长子王季烈（1873—1952），字晋余，号君九，别号螾庐，清

① 柳袁照主编：《振华之路——苏州十中百年纪程》。苏州：古吴轩出版社，2006 年，第 1–20 页。

末民初物理教育家。王季烈幼承父教，光绪廿年（1894年）中举后，到上海江南制造局，与英国人傅兰雅合作翻译了《通物电光》，以通俗的语言介绍X射线，该译著出版仅比伦琴发现X射线（1895年）晚4年。近代物理在中国的传播自19世纪中叶始，除了有称为“格致”的书籍外，陆续有物理学各分支的中译本出现，如重学、电学、光学等。第一本称之为“物理学”的具有大学水平的物理学教科书，是江南制造局在1900—1903年分三册出版的《物理学》。它是我国第一本具有现代物理内容和系统的称为物理学的书[①]。此书由日本物理学家饭盛挺造（1851—1916）编纂、日本东洋史学家藤田丰八（1869—1929）译成汉语，王季烈润词重编。《物理学》在20世纪初期流行了近20年，对当时的近代物理教育和教科书编写都有重要影响，在中国近代物理学名词术语形成过程中也扮演过重要角色[②]。当时藤田丰八打算继续用“格致”作书名，是王季烈主张用中国古已有之，且日文已用来作physics译名的“物理”，这个名称很快被大家接受，

图1–2　王氏四杰（1935年1月19日王谢长达追悼会前后摄于苏州。左起：王季绪、王季同、王季烈、王季点。王义格提供）

① 戴念祖：中国物理学史略。《物理》，1981年第10卷第10期，第633页。

② 咏梅、冯立昇：物理学与汉语物理名词术语。《物理》，2007年第36卷第5期，第411–414页。

"格致"逐渐停止使用。1905—1911 年，王季烈任学部专门司郎中，主管高等教育与派遣留学生事务，兼任京师译学馆理化教员，一度担任该馆监督（校长）。王季烈在学部期间，还兼任商务印书馆理科编辑，翻译了《最新理化示教》与《最新化学》、《近世化学教科书》、《高等小学理科教科书》，编写了民国初年的《共和国教科书·物理》、《共和国教科书·化学》。后两种教科书流行 10 多年，再版 20 次。王季烈还主持编印了《物理学语汇》，并在北京创办五城学堂。王季烈还是一个律韵专家、业余昆曲家，曾与刘富成合著《集成曲谱》，还著有《螾庐曲谈》、《正俗曲谱》、《度曲要旨》等，校订过《元明孤本杂剧》。王季烈在整理研究昆曲方面的成就颇高，他与吴梅、俞粟庐被誉为中国近代昆曲三大家。1949 年后，受与他同科进士陈叔通之邀，王季烈到北京参加筹备文史馆工作。赴京后不久，因病瘫痪在家，1952 年 4 月在北京病逝[①]。

王颂蔚的二子王季同（1875—1948）为王守武的父亲，本书下节做专门介绍。

王颂蔚的三子王季点（1879—1966），字巽之，号希琴。1902—1906 年，王季点留学日本，毕业于东京工业学院应用化学科。赴日前王季点在江南制造局翻译馆编译了《中学矿物界教科书》、《制羼金法》等书。自编《便蒙丛书》、《小学理科初集》，又助王季烈学日语，并为王季烈编译《通物光电》、《物理学》等书校对。归国后任京师大学堂格致科提调（教授）、农工商部主事、北平工业实验所技正兼代所长。1922 年，他与李乔苹、俞同奎、郭世绾、张新吾、吴匡时等人发起组织筹备成立中华化学工业会。他热心于实业救国，曾在京、津、丹东等处创办火柴公司及北京玉泉酿酒公司等企业，自任董事长，参与技术指导。北京沦陷时，王季点坚拒与日伪合作。1956 年，所营企业实行公私合营，他当选为北京交通银行私方监察至逝世。

王季点自幼酷爱化学，少年时曾因刮旧砖墙石灰取硝而烧破衣服。成年时在北京上斜街旧居中辟化学工作室，自己吹制玻璃器皿供化学实验

① 张橙华：清末民初物理教育家王季烈。《江苏地方志》，1998 年第 2 期，第 37-38 页。

用。1949 年前曾在颐和园北青龙桥镇建“陋园”别墅，广植果木，并在靠近青龙桥口的红山口买下半个山头，拟全国实现和平后在此构建化学实验室以圆旧梦。不料山地果园均被看管人私自出租给他人耕作，土改时被征收。王季点为人温和内敛，身在商海而好学术研究与摄影游览，能填词。晚年致力于中国化学史和宋词研究，20 世纪 50 年代发表有“有关中国化学史的考证资料研究”，所撰《词学规范撷要》获语言学家陆志韦、丁声树等好评 ① 。

王颂蔚的四子王季绪（1882—1967），字絸庐。我国最早的机械工程专家之一。早年就读于同文馆，后留学日本东京高等理工大学预科，1908 年入英国剑桥大学工科，1912 年获得硕士学位。归国后，先后执教于北京大学、北平工业学院，任教授。1931 年后任北洋工学院教授、教务长、机械系主任，曾代理北洋大学校长。其间还兼黄河委员会委员、中国工程师学会理事。1931 年，九一八事变后，为抗议国民党当局逮捕北洋大学进步学生，时任北洋大学工学院代理院长的王季绪率先行动，通电全国，呼吁国民党政府出兵抗日，并同进步师生一起进行绝食斗争。此举在当时抗日爱国运动中产生巨大影响，全国各大报纸都发表消息或社论，各界爱国人士纷纷致函致电，表示支持王院长和北洋大学师生的爱国行动。1935 年，王季绪和刘仙洲等人联名发起成立中国机械工程学会，为该会创始人之一。1937 年七七事变后，王季绪严词拒绝与日伪合作，回到苏州老家隐居。抗战胜利后，1946 年应聘出任东山莫釐中学首任校长。1949 年后，接受北洋大学聘请，任机械系教授。1967 年病逝于天津 ② 。

长女王季昭（1876—？），1908 年和杨荫榆等一起赴日留学，他们都是经过端方的考试选拔后派送留学的 ③ 。1912 年赴美留学，回国后在苏州辅助母亲在振华女中任教 ④ 。

---

① 杨维忠、金本福：《东山教授》。扬州：广陵书社，2010 年，第 8–9 页。

② 同①，第 10–11 页。

③ 林子勋：《中国留学教育史（1847—1975 年）》。台北：华冈印刷厂，1976 年，第 141 页。

④ 柳袁照主编：《振华之路——苏州十中百年纪程》。苏州：古吴轩出版社，2006 年，第 21–24 页。

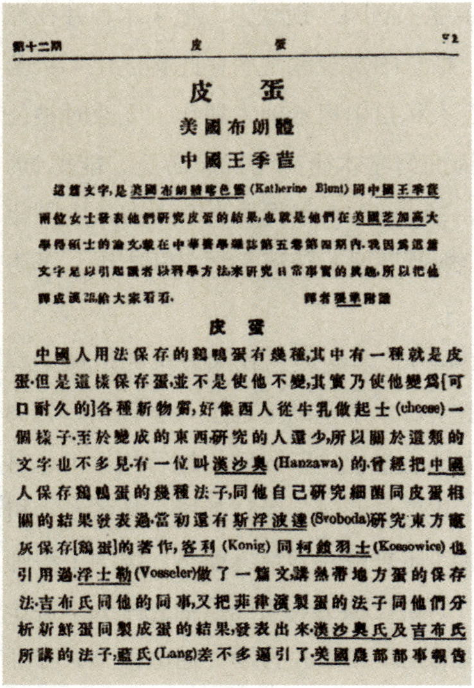
第十二期 皮 蛋

皮 蛋

美國布朗體

中國王季茝

這篇文字,是美國布朗體喀色蘭(Katherine Blunt)同中國王季茝兩位女士發表他們研究皮蛋的結果,也就是他們在美國芝加高大學得碩士的論文,載在中華醫學雜誌第五卷第四期內.我因爲這篇文字足以引起讀者以科學方法來研究日常事實的興趣,所以把他譯成漢語給大家看看. 譯者張準附識

皮 蛋

中國人用法保存的雞鴨蛋有幾種,其中有一種就是皮蛋.但是這樣保存蛋,並不是使他不變,其實乃使他變爲[可口耐久的]各種新物質,好像西人從牛乳做起士(cheese)一個樣子.至於變成的東西研究的人還少,所以關於這類的文字也不多見.有一位叫漢沙奧(Hanzawa)的,曾經把中國人保存雞鴨蛋的幾種法子,同他自己研究細菌同皮蛋相關的結果發表過.當初還有斯浮波達(Svoboda)研究東方蘸灰保存[雞蛋]的著作,客利(Konig)同柯鎖羽士(Kossowicz)也引用過.浮士勒(Vosseler)做了一篇文,講熱帶地方蛋的保存法.吉布氏同他的同事,又把菲律濱製蛋的法子同他們分析新鮮蛋同製成蛋的結果,發表出來.漢沙奧氏及吉布氏所講的法子,藍氏(Lang)差不多還引了.美國農部部事報告

图 1-3 《皮蛋》首页

二女王季茝（？[①]—1979，也见王季苣、王季茝等）曾入苏州景海女塾学习，后留学日本，入西京同志社学习。1907 年，王季茝与胡彬夏、曹云芳、宋庆林（宋庆龄）一起，考取官费赴美留学。王季茝和胡彬夏先进入美国胡桃女校（Walnut Hill）预科学习。

1910 年，王季茝进入美国威尔士利大学学习，1914 年获得学士学位后，进入芝加哥大学。1915 年获得化学硕士学位。1918 年，王季茝获得芝加哥大学博士学位，博士论文为“中国皮蛋和食用燕窝的化学研究”（The Chemistry of Chinese Preserved Eggs and Chinese Birds’ Nests）。她是我国第一位女化学博士，也可能是中国第一位女博士。王季茝获得博士学位后，国内学术界开始关注她的研究工作，1919 年其硕士论文《皮蛋》的中译文在《科学》刊出（图 1–3）[②]，她还被称为“皮蛋博士”[③]。毕业后，王季茝先在芝加哥大学任营养学专业助教三年（1918—1920）[④]，后入芝加哥的迈克尔 · 瑞斯医院化学室，进行临床研究。1931—1940 年，进入辛辛那提大学，她还在辛辛那提儿童医院、西北大学医学院等多所医院从事过研究工作。她研究过佝偻病的发病原因、肥胖者的代谢、儿童营养不良、母乳喂养和牛奶喂养对儿童发育的影响、同

① 王季茝出生时间中文资料记载不详，她留学美国后的记录为 1894 年，但因她为 1885 年出生的王季玉的二姐，此时间不可信。按照王家三个女儿的长幼关系可知她生于 1877—1884 年。

② 王季茝：皮蛋（张准译）。《科学》，1919 年第 4 卷第 12 期，第 1151–1164 页。

③ 钱存训：《东西文化交流论丛》。北京：商务印书馆，2009 年，第 246 页。

④ Allen G. Debus. Ed. World who’s who in science：A Biographical Dictionary of Notable Scientist from Antiquity to the Present. Chicago，Marquis，1968，p.1755.

年龄的中国和美国儿童的代谢比较、青春期少女的代谢等问题。1979 年，王季茝在美国去世。为了纪念她，2004 年芝加哥大学的一个小公园被命名为王季茝公园[①]。王季茝是中国科学社的早期会员，她也是最早在美国大学任教和从事研究的华裔女性之一[②]。王季茝是中国近代女性留美学习科学的先行者，与晚清时期出国留学的其他女子一样，出国时她知识程度甚浅，不能直接进入美国大学学习，但她克服重重困难，经 11 年的努力而获得博士学位。完成学业后，王季茝没有像其他中国早期留学女子那样选择回国，而是在美国找到了适合自己的位置，在科学研究和教学中做出了成绩，赢得声誉（图 1–4）。

图 1–4　王季茝在美国（何泽瑛先生提供）

三女王季玉（1885—1967），1906—1910 年入苏州景海女塾读书，后赴日本入活水女子学校，1912 年毕业后赴美，考入麻省蒙特霍里约克学院，1916 年获文学硕士学位，后又考入伊利诺伊大学，攻读植物学，1917 年获硕士学位。同年回国，王季玉谢绝了各地的高薪邀请，进入振华女校协助母亲管理校务，后担任振华女校教导主任。她认为振华只办小学是不够的，"提高女权非先重视女子中等教育不可"，进可受高等教育，退可自立于社会。为扩建中学部，她多方募捐经费，延揽人才。1924 年，经江苏省教育厅实地考察，认为学校编制、设备及校舍、师资、经费均符合要求。由吴县教育局批准校名全名改为"私立振华女子中学"。1925 年王季玉作

① http://www.chicagoparkdistrict.com/index.cfm/fuseaction/parks.detail/object_id/A4B992DF-F6CD-4309-8402-AD4C16C67991.cfm.

② 康静、李艳平：中国第一位女化学博士——王季茝。《中国科技史杂志》，2012 年第 33 卷第 2 期，第 167–175 页。

为中国代表团成员参加了太平洋国际学会，在大会讨论和圆桌会议上，她阐述了自己对妇女解放和教育的观点。会后王季玉在哥伦比亚大学进修教育学，至 1926 年回国。是年，她接任振华女校校长，大力推进学校的教育现代化。她积极引导学生“智圆德方、锻炼体魄”，成为“各有个性的专门人才”。校内广设各学科研究组织，组织学生实行自治，参观监狱、农场等处，广邀学者名人来校演讲。师生相处俨同家庭。学生不仅学业优秀，参加体育比赛和爱国运动都很出色，校誉日著，学生剧增，成为江南有名的私立女中。但她却得了一个“叫花子校长”的戏称，这是因为她不愿向学生征收高学费，宁可奔走呼吁，到处求援募化，自己节衣缩食。她给 1947 届毕业的学生写下这样的题词，“居无求安，食无求饱；先人之忧，后人之乐”（图 1–5）。日军侵华时期，学校停办，她把教具、图书等藏在东山，自己化名在该地医院任化验员以维生计，乡居数年，始终不领敌伪制发的“良民证”。抗战胜利后，全力为复校事宜奔走于苏沪之间。1948 年，王季玉赴美参加蒙特霍里约克学院校庆，获名誉奖金。1949 年后，曾任省、市人民代表，苏州市人民委员会委员、市妇联副主席等职。1958 年起，先后在南京中国科学院植物研究所、杭州药物试验场从事研究工作。1967 年病逝于苏州。振华女校培养出了一大批德才兼备的学生，如杨绛、何泽慧、彭子冈、王淑贞等。费孝通也曾在振华中学部就读一年，是该女校唯一的男生。王季玉对教育有深入的思考和先进的理念，她的办学经历、成果和教育思想等都值得认真研究。王季玉曾经这样概括自己的办学思想：

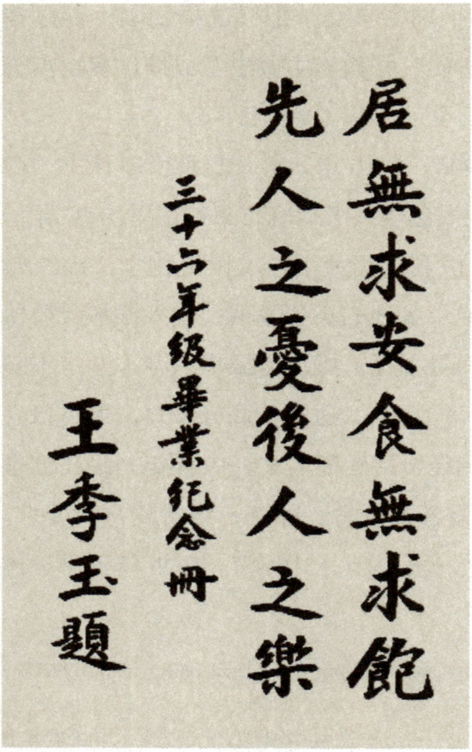

图 1–5　王季玉题词（《振华之路》第 54 页）

“我们需要的教育应该是生产的、大众的、社会的、救民族的及非常时期的女子教育。”王季玉营建了一种宽容的环境，让学生接触社会，自由地吸收各种思想营养，以促成个人精神成长，让学生比自己走得更远，飞得更高[①]。

四女王季山（1887—1949），在王家兄弟姐妹中好像是最不显山、不露水的，她一生相夫持家。王季山嫁何澄（1880—1946）为妻，何家紧邻王家，王季山常伴母亲王谢长达身边，两家来往密切，孩子们也常在一起读书和玩耍（图 1-6）。何澄、王季山夫妇育有五子三女，这八个子女后来皆攻自然科学，且均有所成。何泽慧、何泽瑛、何怡贞更以科苑“何氏

图 1-6　1931 年元旦王守竞新婚回苏州时王家合影。[中间为王谢长达，前排左起何泽诚、王守武、王守觉、何泽源、何泽瑛、何泽庆、王守融、王守元、何泽勇；后排左起何泽慧（一）、王季常（二）、何怡贞（三）、管尚孝（四）、王守璨（五）、费令宜（六），后排右起何泽明（一）、何澄（二）、王季同（三）、王守竞（五）、王季山（六）、王季玉（七）]

① 柳袁照主编：《振华之路——苏州十中百年纪程》。苏州：古吴轩出版社，2006 年，第 21-122 页。

三姊妹”著称，有关她们的介绍常出现在20世纪末期的媒体宣传中，但何家的八个兄弟姐妹对此并不以为然，认为这带有某种误导，何家的三姐妹确实都很优秀，她们的五个兄弟也不逊色[①]。

五女王季常，清华大学毕业，文学家，能书画，嫁苏州著名金融世家程氏。受其母及姊王季玉的影响，于1933年创办“私立安定初级商科职业中学”。1949年后，该校上交人民政府。王季常曾在振华女中教书。她著有《小渊雅堂骈体文存》、《百花精舍诗存》。

如此集中的科学家和教育家出现在同一家族中，在诸多科学家世家中也足以傲视群雄。王氏家族顺应清末民初西学东渐的潮流，出现了王谢长达、王季烈、王季同等一批领先时代潮流的人物，他们或倡导女权、创办学校，或译介西方科技著作，或留学后执教于我国大学理工科，致力于培养科技人才。王家长子王季烈在科学上的探索性贡献是有示范性的，他及王季同的科学经历不仅为同辈及后代在个人兴趣的培养上起到引导作用，在他们择学、择校、择师等方面也提供了比一般家庭更多的人际资源和信息资源。

父亲王季同

生平及其数学和电机工程研究[②]

王季同（1875—1948），又名季锴，字孟晋，号小徐，为王颂蔚和谢长达夫妇的次子。王季同自幼聪慧过人，在数学上颇有天分，曾在京师同文馆学习算学。他不应科举，经自学而精通数理、电机、化学诸科。光绪十七年（1891年），16岁时便有数学著作《泛倍数衍》和《勾股补解》问

① 刘深：《葛庭燧传》。北京：科学出版社，2010年，第17页。

② 郭金海：华尔和胡德关于螺旋弹簧新公式的研究及王季同回应。《自然科学史研究》，2005年第24卷第4期，第330-344页。

世。在近代数学中，通常是以微积分求级数，而王季同在《泛倍数衍》中则根据中国传统数学“天元代数相消开方之意”，设一“泛函数”来推求级数。此书颇得当时前辈学者好评。

光绪二十一年（1895 年），王季同在同文馆毕业后留任算学教习，旋有《九容公式》出版。蔡元培称：“小徐先生有数学的天才；二十岁左右，即有关于数学的著作，为前辈所推许。”光绪二十四年（1898 年）同文馆解散，后并入京师大学堂，王季同未在京师大学堂任职。自光绪二十八年（1902 年）起，王季同与叶瀚、吴稚晖、蒋维乔等担任蔡元培为总理的爱国学社教员，并兼爱国女学课程。1903 年，俄国驻兵东三省，蔡元培及王季同、汪允宗、蒋维乔等在上海组织对俄同志会，出版《俄事警闻》日报，并推王季同主编兼英文翻译。1905 年，何海秋介绍蔡元培加入同盟会，并介绍入其中的秘密小组。随后，蔡元培介绍王季同等加入此小组“筹制炸弹”。

宣统元年（1909 年），王季同被派赴英国任清政府驻欧洲留学生监督署随员，他有机会到英吉利电器公司和德国西门子电机厂研究实习。1911 年 7 月，王季同在《爱尔兰皇家学会会刊》上发表论文“四元函数的微分法”。四元函数理论由英国著名数学家哈密顿（W. R. Hamilton，1805—1865）于 1843 年建立，遂应用于描述物理现象，至今研究不断。在 19 世纪后期，英伦三岛对于四元函数的研究非常流行，《爱尔兰皇家学会会刊》是一份享有盛誉的学术刊物。王季同于 1911 年 5 月 8 日向爱尔兰皇家学会提交这篇论文，时隔两个月零五天便被发表，说明这是一篇具有独创性的论文，这也是迄今所知中国学者最早在国际学术刊物上发表的现代数学论文①。

1912 年蔡元培任教育总长，邀请王季同、钟观光、蒋维乔等人为筹备员，从事教育部组织、学制改革以及学校登记等事。同年，王季同和章士钊展开有关行政系统与逻辑学方面的论战，论战的重点之一是新成立的北京民国政府应采取何种行政系统。

---

① 李兆华：《近代数学教育史稿》。济南：山东教育出版社，2005 年，第 82 页。

第一次世界大战期间，王季同集资约两万元，以生产内燃机为目的，与友人一起在上海闸北创办大效机器厂。1919 年用进口机床和图纸，制成内燃机。不久，范旭东和景韬白等拟在天津创设永利制碱公司，但并不自信能否以新法制碱成功。当时“苏尔维法系秘密专门技术，不但中国无此技师，即日本亦失败多次”，范氏“虽化学专家，对于亚马尼亚法亦未敢尝试”。嗣后由于王季同试验制碱成功，树立了范氏等创办人的信心，对该公司能够最终创立起到了重要的推进作用。范旭东和景韬白办厂时，锅炉和铁塔等容积较大之铁器，通过其与王季同之关系，都委托大效机器厂制造。

由于王季同不善经营管理，且用人不当，大效机器厂厂务日渐不振，最终于 1924 年停业。大效机器厂倒闭，王季同因债务问题入监，他的两个朋友帮他渡过难关，王季同两周后回家[①]。嗣后，王季同在中国铁工厂任顾问总工程师，又任镇江电厂工程师。

1927 年蔡元培就任中华民国大学院院长后，聘请王季同、胡刚复等数十人为中央研究院筹备委员，并指定王季同和宋梧生、周仁为理化实业研究所常务委员。周仁和王季同担任工程组的筹备工作。1928 年 7 月中央研究院工程研究所成立，周仁和王季同为专任研究员，周仁兼任所长。王季同即进行螺旋弹簧新公式的研究工作。是年，日本工学会向中国发出选派代表参加万国工业会议世界动力协会东京会议的邀请。《科学》杂志报道了这个消息，经过申请者向中央研究院提交论文，几经中央研究院召集与工业有关之各学术团体开会讨论，1929 年 5 月与会代表派定：除王季同外，尚有萨本栋、翁文灏、王恒生、朱物华。1929 年 7 月《国立中央研究院院务月报》刊登了王季同“螺旋形弹簧之新公式”的详细提要，10 月，王季同在东京召开的此次国际学术会议上宣读了此文，从而成为中央研究院最早出席国际学术会议的代表[②]。

---

① 王守泰等口述，张柏春整理：《民国时期机电技术》。长沙：湖南教育出版社，2009 年，第 71 页。

② 郭金海：王季同的电网络分析新方法及其学术影响。《中国科技史料》，2003 年第 24 卷第 4 期，第 312–319 页。

王季同是中央研究院工程研究所创办初期的重要人物。1930 年 5 月，《中央研究院工程研究所集刊》第 1 期刊发，共刊登五篇论文，均为王季同著文。这些论文是："螺旋形弹簧之新公式及其与并世研究者所得结果之比较"、"由 xy 曲线求 $\int y\, x^n dx$ 与 $\int y^n dx$ 之图算法及其应用"、"一个类似佛尼尔量法的读算尺方法"、"关于分解周期函数为傅氏级数之数个意见"、"两独立变数线的偏微分方程式之一种特别形式的积分" ①。1934 年 4 月，《中央研究院工程研究所集刊》第 2 期刊登了王季同的论文"关于分解电网络之新方法"，该文产生了很大的学术影响。20 世纪 30 年代中国国内学者顾毓琇、丁西林（丁燮林）、蔡金涛等对王季同的方法进行了改进和推广。20 世纪 60 年代，王季同的"新方法"开始在国际学术界产生影响，而且涉及了多个学科领域。那时，国际学术界形成了以王季同姓名命名的代数方法——王氏代数，并使之成为解决电网络问题的一种拓扑方法。此后王氏代数又成为图论、哈密顿圈研究等领域中的一种有用工具，而且其影响一直延续到 80 年代 ②。

1930 年 3 月，周仁偕王季同，会同纺织专家邓邦逖，审查已故的江苏海门县邢广世研究而成的"广世纺纱机"。"据实地试验之所得，作审慎之讨论后，认定该项机器，若能继续加以研究，从事改良，当可应用于产棉而未设纺厂之区。"嗣由黄昌鼎以广世纺纱机代理人名义，请求工程所代为改良。工程所遂将此项工作列为工作重点之一，交由王季同主持。是年，王季同将初步工作如计算、绘图等办理完竣，次年进行了广世纺纱机最重要部分的制造工作。但王季同主持的这项工作最后未能完成。

1933 年 5 月，王季同患胃出血，不能全日工作，次年病情加重而辞职。其全家遂由上海迁回苏州。王季同晚年对佛学与科学之关系做过研究。30 年代，编著有《佛法与科学之比较研究》、《佛法与科学》等。王季同离开中央研究院后，曾应章太炎之邀到苏州章氏国学讲习会作特别演讲，主要

---

① 国立中央研究院总办事处：《国立中央研究院出版品目录》。1935 年，第 13–14 页。

② 郭金海：王季同的电网络分析新方法及其学术影响。《中国科技史料》，2003 年第 24 卷第 4 期，第 312–319 页。

讲授因明学。商务印书馆 1937 年前后出版了由王季同讲授内容补充整理而成的《因明入正理论摸象》。

1937 年，日本帝国主义全面发动侵华战争后，战火很快烧到上海，危及苏州，王家也随着逃难的人群内迁，经湖南等地辗转到达昆明。王季同 1948 年去世。

对子女的严格教育和影响

王季同是一位严父，很重视子女的教育。他要求孩子们品行要好，不可以说谎话 ① 。子女们想出去玩时，出门之前总要做点事情，完成了，王季同满意了才能出门。经常的情况是：小于 10 岁的，要写一张大楷；大一点的，则要解释报纸上的一段内容给他听。有时他也会让孩子们做物理或数学题 ② 。

在学习态度和方法上，王季同强调通过实践获得知识，他告诉孩子们，书本上的知识是前人从实践中得来的 ③ 。他也鼓励孩子动手实践，王家备有各种钳工、电工等简单工具，几个孩子都学着配过钥匙，王季同也曾大胆让十来岁的孩子们担任家里的“电工”。在学习内容上，王季同十分重视数学教育，孩子幼年时他就常出些数理小问题，启发他们思考，培养数学方面的兴趣。他鼓励孩子自学，甚至对送子女上学持反对意见。他曾说：“上学无异于浪费时间，即使已经掌握了所学知识，仍然还要正襟危坐，洗耳恭听。至于自研之中不明之处，他们自可问我。”虽然当子女到了上学的年龄，母亲把他们一个个送进学校时，王季同没有阻拦，但他对子女读书、留学和获得高学历始终是不以为然。其三女王守璨说：“我大哥王守竞从苏州工业学校毕业时虚岁 15 岁，想考清华学校。他向我母亲要了两元钱，考取了这所学校。实际上，我父亲并不想让我大哥考学，

① 沈玲、马莉：我的院士之路——著名半导体信息技术专家王守觉自述。《苏南科技开发》，2005 年第 2 期，第 55-56 页。

② 余少川：《中国机械工业的拓荒者王守竟》。昆明：云南大学出版社，1999 年，第 9-13 页。

③ 王守觉访谈，2011 年 3 月 31 日，苏州。资料存于采集工程数据库。

而愿意让他进工厂。”①

有时王季同对待子女的方法还有些简单粗暴。每当孩子们争吵、相互责备时，母亲总是设法调解。但王季同却说："谁有精力去裁决谁对谁错，我来给他们每人屁股上五十下，不要再争了！"

王季同自身的经历和成就，无疑对子女也起到了榜样的作用，培养了他们要为国家做事的责任感，勤于学习和思考，积极实践的态度和习惯，以及大胆创新的胆识和信心。在子女的教育和人生道路的指点上，王季同重视的是培养他们的才干，而非争取更高的学历。

兄弟姐妹

王季同先娶元和县贡生管申季长女管尚德为妻，数年后管尚德因难产而病故，续娶管申季六女管尚孝（1887—1969）（图 1-7），他们共生有子女 12 人，未成年夭折和因病早逝五人，长成者七人。七人在求学及工作后俱卓荦不凡，在中国近现代科技史上实为罕见。

图 1-7　1946 年王守武父母王季同、管尚孝的合影（王义格提供）

长女王淑贞（1899—1991），1917 年入苏州女医学堂。次年考取清华庚子赔款奖学金赴美留学，先后就读于巴尔的摩高等女子大学、芝加哥大学、霍普金斯大学医学院，获医学博士学位。1926 年回国后，长期在上海从医执教，历任上海西门妇

① 王守璨女士谈王季同及其子女。见：王守泰等口述、张柏春整理，《民国时期机电技术》。长沙：湖南教育出版社，2009 年，第 69-72 页。

孺医院妇产科主任，兼上海女子医学院教授、妇产科医院院长、妇产科研究所所长。主编了我国第一部高等医学院校统一教材《妇产科学》和《现代妇产科理论与实践》等书，多次获奖。她是我国妇产科学奠基人之一，与林巧稚齐名，有“南王北林”之誉。夫倪葆春，亦由清华留美，是整形外科专家。

长子王守竞（1904—1984），幼年入苏州私立彭氏小学，1918 年入苏州工业专科学校，1922 年毕业后考入清华学校，1924 年赴美留学，1926 年获哈佛大学理学硕士学位。1928 年获哥伦比亚大学哲学博士学位[①]。王守竞和周培源、吴大猷是中国最早的三位理论物理学博士[②]。1928—1929 年王守竞获得美国国家研究委员会的博士后资助[③]。1927 年王守竞成功地把量子力学应用于分子现象，在当时是一个主要的贡献。他还计算过氢分子的转动谱，研究过钠蒸汽和汞原子碰撞中的激发态。以后经过相当复杂的计算得到多原子分子非对称转动（三个主转动惯量矩均不相等）谱能级公式（后被称为王氏公式），它适用于 H_2O、C_2H_4 等大量常见多原子分子[④]。王守竞是中国第一位研究量子力学并卓有成就的学者，是物理学界一位杰出的人才。王守竞 1927—1928 年发表的三篇量子力学论文，解决了新建立的量子力学的基本、繁难问题，得到国际学术界的公认[⑤]。王守竞 1929 年归国，受聘浙江大学教授、物理系主任。1931 年任北京大学物理系主任，为该系奠定了科研基础。1932 年，中国物理学会成立，王守竞当选中国物理学会评议员和译名委员会委员，为我国物理学名词的统一与审定做出过突出的贡献。在 1934 年召开的中国物理学会第

---

① 王守武：王守竞。见：《科学家传记大辞典》编辑组编，《中国现代科学家传记（第二集）》。北京：科学出版社，1992 年，第 89–91 页。

② 吴大猷述，黄伟彦、叶铭汉、戴念祖整理，柳怀祖编：《早期中国物理学发展之回忆》。上海：上海科学技术出版社，2006 年，第 84–88 页。

③ 胡升华：王守竞的量子力学研究成果及其学术背景。《中国科技史料》，2000 年第 21 卷第 3 期，第 235–241 页。

④ 赵广增、王守武、王明贞：纪念王守竞先生。《物理》，1985 年第 14 卷第 6 期，第 382–387 页。

⑤ 戴念祖主编：《20 世纪上半叶中国物理学论文集萃》。长沙：湖南教育出版社，1993 年，第 365 页。

三次年会上，王守竞被选派出席当年召开的国际纯粹与应用物理学联合会伦敦会议。1931 年九一八事变后，王守竞转向物理学的应用研究，以期早出成果，抗御强敌。1933 年王守竞受聘资源委员会，参与资源委员会创办飞机发动机厂工作。抗战开始后，王守竞负责资源委员会昆明中央机器厂的筹建工作，后任该厂总经理多年。该厂 1949 年后发展为昆明重型机器厂，制造巨型切削机器，为中国机械工业作出贡献。1945 年，王守竞出任国民政府驻美物资供应委员会主任委员。1951 年，转入麻省理工学院林肯实验室工作 20 年，从事太空、军事系统研究。1969 年退休，1984 年在美去世[①]。

次女王明贞（1906—2010），我国著名的物理学家也是最早的女物理学家之一（图 1–8）。王明贞 10 岁入振华女校，读到中学时，考试成绩全 A。1928—1932 年在北平燕京大学物理系学习，获得学士、硕士学位，后执教于南京金陵女子大学教授数学、物理课程。1938 年赴美密执根大学攻读理论物理两年，除一门得 B 外，其余都是 A 或 A+。1942 年获得博士学位，导师是乌伦贝克（Uhlenbeck，1900—1988）。1943—1945 年，王明贞在美国麻省理工学院雷达实验室任理论组研究员，研究噪声理论。1945 年，王明贞与乌伦贝克合作在《近代物理评论》上发表了一篇关于布朗运动理论的文章，该文一直被认为是研究布朗运动的最主要的参考文献之一，到 2004 年，已被国际科

图 1–8　1995 年王守武（左）、王守觉（中）和王明贞（右）摄于清华大学（来源：《王明贞先生百岁寿辰文集》）

① 余少川：《中国机械工业的拓荒者王守竞》。昆明：云南大学出版社，1999 年，第 225–234 页。

学界引用了 1351 次。王明贞 1946 年底回国，1947 年应聘云南大学数理系教授。1948 年王明贞与云南师范学院教授俞启忠结婚。1949 年 8 月夫妇二人由滇赴美，王明贞在诺屈丹姆大学物理系工作。1952 年底，他们提出回国申请，因她的研究课题可供军事应用，受移民局阻挠，于 1955 年 6 月始得回国，受聘于清华大学，在物理教研室任教授。1968 年，王明贞、俞启忠遭“四人帮”陷害入狱。王明贞 1973 年出狱后返回清华大学工作，至 1976 年退休[①]，2010 年去世，享年 104 岁。

三女王守璨（1912—1997），1932 年入清华大学二年级。1935 年初赴英国，在英国与陆学善结婚后，王守璨到《曼彻斯特导报》报社当助理编辑，从事翻译工作。1937 年七七事变前，他们夫妇一起归国，王守璨先在高中教书，后在家中做翻译工作。1942 年以后，日寇进入租界，王守璨和陆学善夫妇回到苏州，在老家种地三年。抗战胜利后，王守璨到振华女中帮助王季玉做复校、办学工作，并教授英语[②]。1950 年后，王守璨随陆学善居住在北京，主要从事物理著作翻译，译有《实验晶体物理学》、《征服了的电子》、《物理实验室应用技术》（与陆学善合译）等。陆学善 1936 年获英国曼彻斯特大学物理学博士学位。回国后历任北平研究院镭学研究所研究员及晶体学研究室主任，中国科学院应用物理研究所（1958 年更名物理研究所）研究员及副所长、代所长、顾问，中国物理学会常务理事兼秘书长，中国物理学会上海分会理事长等职。陆学善主要从事晶体物理学和 X 射线晶体学的研究与教学工作，是中国晶体物理学研究的主要创始人之一，筹建了中国科学院物理研究所的晶体学研究室，并在工作中培养了一批晶体学专家。

次子王守融（1917—1966），16 岁以优异成绩考入清华大学机械工程系攻读航空工程，1937 年毕业后留校任教。日本帝国主义全面侵华后，随清华大学南迁昆明，曾发表多篇有关飞机性能及结构方面颇有价值的学术论文。1940 年，在昆明中央机器厂任工程师，兼七分厂厂长。1945

① 王明贞：转瞬九十载。《物理》，2006 年第 35 卷第 3 期，第 174-182 页。

② 王守璨女士谈王季同及其子女。见：王守泰等口述、张柏春整理，《民国时期机电技术》。长沙：湖南教育出版社，2009 年，第 69-72 页。

年后赴美国和加拿大等地考察，后在加拿大帝国机器厂任工程师。1948年回国，任资源委员会下属的上海机器厂厂长兼总工程师。1949年8月被聘为南开大学机械工程系教授，年仅32岁。1952年随院系调整而任天津大学机械工程系教授、教研室主任、系副主任等职，并负责创建了我国第一个精密机械仪器专业和后来的精密仪器工程系，是精密机械与仪表仪器学科开拓者之一，培养了一批高级专门人才①。"文化大革命"初以"资产阶级学术权威"等罪名遭游街批斗，其妻为俄语教师，亦遭迫害，转辗为周总理所悉，下令加以保护，但夫妇俩已在数日前触电自尽。

本书传主王守武是王季同三子。

王守觉（1925— ）王季同四子，早年入苏州彭氏小学、东吴大学附中学习，1949年同济大学机电系毕业。毕业后，王守觉进入当时设在上海的北平研究院镭学研究所，一年后，镭学研究所迁往北京并入中国科学院，王守觉辞职留在上海，在上海的企业和机械工业部的第二设计院工作，并因为在第一个5年计划中的出色表现，被评为劳动模范。1956年王守觉调入中科院应用物理研究所。1958年在国内首次研制成功锗合金扩散高频晶体管，并在109厂进行小批量生产，应用于我国研制的晶体管计算机。1959—1963年负责硅平面工艺技术研究，研制成功5种硅平面型晶体管。1974年成功地用自制的图形发生器自动制版技术制成了大规模集成电路掩模版。1976年起从事新电路的探讨，提出了一种新的多值与连续逻辑高速电路——多元逻辑电路，并试用于整机。1979年后主要从事多值与连续逻辑电路系统的研究及使之应用于生产实际中。近十余年，王守觉主要从事"仿生模式识别"技术的研究，为神经网络模式识别开辟了一个崭新的途径，并与企业家合作努力于把"仿生模式识别"发展为具有自主知识产权的高水平的新产品②。

王家子女为何个个杰出？常被问及的王守武和王守觉这对兄弟院士，

---

① 杨维忠、金本福：《东山教授》。扬州：广陵书社，2010年，第42-43页。

② 沈玲、马莉：我的院士之路——著名半导体信息技术专家王守觉自述。《苏南科技开发》，2005年第2期，第55-56页。

都谈到父亲的直接影响。王守觉把父亲的教育方法总结为三句半：一是言教不如身教；二是多说不如多看（观察孩子）；三是尊重自我发展；最后半句是——少管。

王季烈四子王守泰对王家子女成才做过这样的分析："我认为，王守竞搞物理、搞机械有两个原因：一个是爱国，一个是家庭影响。最根本的是受我祖母谢长达（王三太太）的影响。我们都受她的影响。""周总理晓得谢长达。王季点原来是交通银行的董事。公私合营后，周总理召集交通银行的私股董事。周总理问王季点：'您是不是王三太太的后人？'""我祖母很有魄力，非常开明。戊戌变法后，把子女培养起来，甚至送出国。我的父辈四个弟兄，五个姐妹。四个男的，三个出国，老大王季烈没出国。五个女的，三个出国，老四、老五没去。""受家庭的影响，我们大都搞科技。我的胞兄弟五个（王季烈之子），老大学农，老二学采矿，老三学商，老四是我，老五早逝。""王季绪家的子女，老大王守中，在西南联大学机械，抗战时在昆明22兵工厂造光学仪器。老二王守和，清华毕业，搞建筑，现在在苏州。"[①]

在王守武这一代，大姐王淑贞和大哥王守竞起到了很好的表率作用。在求学过程中，王家的兄弟姐妹互相帮助。王明贞高中毕业后，王淑贞从美国来信，鼓励她继续求学，并愿意为她承担一些费用。王守瓈上大学得到了王守竞的支持[②]。

在整个中华民族历经苦难、探索强国之路的过程中，王家以王颂蔚、王季烈、王守竞等为代表的三代人，作出了划时代的贡献。他们是中国近代科学事业的开拓者，是各自学科领域中学识渊博的专家学者，他们也是具有强烈的社会责任感和献身精神，关心社会、忧心民族命运的知识分子代表。王颂蔚以国家强盛为己任，他开明果敢，敢于直言，但面对国势衰微、外强欺辱，他愤懑、无奈，也在深思其中的教训。王守武的父辈或选择科学救国的道路，筚路蓝缕勇敢前行，成为某个学科的早期拓荒者；或

① 王守泰等口述、张柏春整理，《民国时期机电技术》。长沙：湖南教育出版社，2009年，第14–15页。

② 同①，第69–72页。

献身教育培养人才；或大胆创办工业企业，探索实业救国的途径。王守武一代，濡染中华民族深厚的思想文化，得到家族的精神文化财富和实践经验的启迪，受到父辈们榜样的激励，使他们有了追求的方向和走向世界并有所作为的信心。

第二章 求学经历

王守武幼时受到父亲悉心严格的家庭教育，养成了自学的习惯，也激发了对数学和各种实践活动的兴趣。在各个阶段的求学过程中，王守武逐步打下了深厚的理论功底，并培养出娴熟的动手实践能力。

家 庭 教 育

1919 年 3 月 15 日，王守武出生于江苏省苏州市。王守武出生时，父亲王季同正在上海开办实业，经营着大效机器厂。母亲管尚孝带着子女们住在苏州十全街王家老宅，父亲时常回苏州看望家人（图 2–1）。王守武四岁时，母亲带着孩子们迁居上海，但每逢年节和假期，一家人也常回到苏州老家短住。

在王守武的记忆中，童年的生活是快乐的。父亲在家庭教育中则颇具眼光，给孩子们广泛的知识和启迪。母亲管尚孝知书达理，贤惠豁达，善于操持家务，细心照料子女的生活，关心他们在学校的学习情况，对子女管教严格。哥哥姐姐们个个优秀，成为王守武的榜样。

图 2–1　1920 年王家摄于苏州十全街老宅。[中间为王谢长达，后排左一王季玉、左二王季山、左四王季同、左五王淑贞、左六王季昭；后排右一管尚孝抱王守武（右二）；二排左一王守竞，右三王明贞；前排右一王守璨]

在教育上，祖母王谢长达对王守武的影响不多，因为年龄差得太多，祖母没有给他留下太多的印象。王守武只记得祖母十分严厉，而且总是在忙于妇女运动。王守武和兄弟姐妹一起玩耍时，听说祖母来了就会四散躲藏。他们后来还准备了一块布，以便随时可以把玩耍的东西遮盖起来。父辈中那些中国近现代科技史上的名人，王守武和他们的直接接触也不太多，那时，他伯父、叔叔和姑姑们大多不常住在苏州，他们不是出国留学，就是在北京、天津等地任教 ①。

在家庭教育上，王守武受父亲王季同的影响很大。王季同特别钟爱数学，工作之余，常给子女们讲些趣味数学故事，或出一些智力测验题让孩子们讨论回答。王守武回忆："我小时候的主要家庭教育都是从我爸爸那

① 王守武访谈，2011 年 1 月 3 日，美国加州。资料存于采集工程数据库。

里来的，爸爸对我们家里科学知识的介绍起了很大作用。爸爸喜欢跟我们讲一些数学问题，但当时我因为年纪太小，大概只有六七岁，有的根本就听不懂，爸爸主要是给我的哥哥姐姐讲。”[①] 王守武还记得，父亲曾讲述如何求圆周率 π，什么是自然对数及对数的底等问题。王季同曾经从旧货摊上买来一台旧的手摇计算机，他给孩子们演示怎样用它来进行计算，诸如怎样把自然对数的底 e 算出来。

王季同还鼓励孩子们的动手实践活动，他经常会提出任务，并积极创造条件和进行细心引导，帮助孩子们解决问题。王季同曾花 11 块钱买了一套组合玩具，由于其价格昂贵被家里人称为“十一块”。这套玩具中有很多可用螺丝连接的带孔的铁棍、铁条、方块、三角、轮子等组件，可以拼搭出吊车、房屋、高塔等各种建筑模型。“十一块”买来时，附有一本厚厚的说明书，开始孩子们就按照说明书上的设计图案来拼搭，后来他们就抛开了说明书，根据自己的想象，随意进行组合搭建。

王守武从小体弱多病，不爱活动，也不爱说话。王家子女大都天资聪颖早慧，那时在哥哥姐姐眼中，王守武是个木讷的弟弟，他们常会给他出些难题。有时，他们让王守武数阳台上栏杆的数目，大概数到二十多的时候，王守武就数不清楚了。这时，哥哥姐姐还会逗他，说数不清就不让他吃面包。在王守武懂事前，他的大姐王淑贞、大哥王守竞先后出国留学，后来二姐、三姐等也到外地读书，王守武童年时期的伙伴主要是家里的三个兄弟：年长王守武两岁的二哥王守融、比他小三岁的弟弟王守元（抗战后期病逝）和比他小六岁的弟弟王守觉。尤其是二哥王守融，由于他们年纪相仿，又都是男孩子，在家里一起玩过很多东西。在王家 12 个子女中王守融排行第九，王守武排第十，弟弟妹妹称他们为九哥和十哥，哥哥姐姐则称为九弟和十弟。王守武讲述了一个父亲指导他和王守融认识保险丝用途的故事。“我们家里刚刚开始装上电灯时，我和二哥都很感兴趣。一次，我们先拿一个灯泡，灯泡中的丝已经烧断了，我们把丝搭上，开灯后很亮，然后一下就烧断了。后来，我们就想，要是把两个丝接在一起会怎样

① 王守武访谈，2011 年 1 月 3 日，美国加州。资料存于采集工程数据库。

呢？我们就把灯泡的玻璃敲掉，把两个灯丝捏在一起，但是，开灯后没有亮，而且其他的灯也不亮了。我们猜想，一定是电线烧断了。当时的电灯是明线，我们就顺着电线查看，想看看什么地方线断了。正在弄，爸爸回来了，问我们在干什么。我们说大概电线烧断了，我们想找是什么地方断了。爸爸告诉我们，电路里有保险丝，这是我们头一次知道有保险丝。”①经过这次，兄弟俩知道了电灯、开关、保险丝以及它们是如何在电路中连接和发挥作用的。

王季同参股的大效机器厂倒闭后，他把工厂剩余下来的一些机械加工工具和材料拿回家里，放手让孩子们做起了钳工活，孩子们在家学会了配钥匙、修理家庭用具、绕制变压器，等等。孩子们也用这些钳工工具，如老虎钳、锉刀等等，制作各种玩具。王守武的得意之作是一架小的黄包车。“我曾经利用灯罩、灯头上的两个圈，拿锉刀锉一锉，再用铅丝拉上去，变成一个轮子，做成一架小的黄包车。”“工厂拿回来的东西，电工的东西也有，如矽钢片，拿回来很大的一张。我们把矽钢片剪成一条一条的，再把矽钢片叠起来做成变压器。变压器做好后，我们不敢直接把初级接到电路上，怕把保险丝烧掉。我们在变压器的初级串联上一个灯泡，再接到电路，次级上我们就可以接灯，看谁的亮，我们在变压器上绕了许多圈。”②

1934 年，当王季同带全家搬回苏州老家时，他把在家中安装电路系统的工作交给了 15 岁的王守武和 9 岁的王守觉。在这位电气工程学家的指导下，从设计、布线到装灯都是两个孩子“电工”完成的③。

王季同喜欢下围棋，王家的孩子们很小就开始在家里下围棋，上学后他们也和同学们下，甚至有的孩子还到街上与摆摊下棋的人比赛，博得围观者的赞许。下棋中也会出现争吵，一次，王守武和弟弟下棋，因为一方要悔棋，另一方不同意，他们居然撕了棋盘。不久，家里换上了布制棋盘，孩子们继续在争吵中下棋。

---

① 王守武访谈，2011 年 1 月 3 日，美国加州。资料存于采集工程数据库。

② 同①。

③ 余少川：《中国机械工业的拓荒者王守竞》。昆明：云南大学出版社，1999 年，第 11 页。

儿时的学习和玩耍，激发了王守武对各种实验动手活动的浓厚兴趣，也培养出很强的动手能力。不懂的东西，找来书自己看一看，需要的东西，自己动手做一做。善于读书自学，勤于动手实践，逐渐成为王守武生活和科研中的一个习惯和显著特点之一。

中小学学习生活

1925 年，王守武满六岁了，母亲把他送入上海铁华小学，直接读二年级。在王守武的记忆里，从上小学起，他就总是在换学校，他就读过昌世小学和民智小学。一个原因是因为王家在上海曾多次搬家，先住在江北，后来搬到租界，孩子们随着搬家也就要转学到离家较近的学校；另一个原因是王守武从小经常因病休学，病愈后他不愿意留级，就通过转学考试来继续升学。休学在家的日子，他总是静静地读书、演算和思考。持续不断地自学磨炼，使他从小形成了寡言、内向的性格，也培养了独立思考的学习习惯 ① 。

母亲管尚孝，十分疼爱体弱的王守武，对他在学校的教育管得较多。当时在上海所谓“野鸡学校”很多，为了给子女们选择离家近、教学质量有保证的学校，母亲往往要带着他们跑几家学校，多方询问了解后才做出选择。另外，由于王守武上学没多久就戴上了近视眼镜，同学们都觉得新鲜有趣，有时就会逗他，班里有些比他年纪大一些的同学有时还会去抢他的眼镜。看到这种情况，母亲就会很认真地出面劝阻，不让王守武受到欺负。

王守武六年级曾就读于上海私立民智中小学。该校 1925 年由徐忍寒、龚冰（1894—1971）夫妇创立，龚冰任小学部校长。该校以“开发民智，服务大众”为办学宗旨，创办后逐渐得到社会认可，到 1928 年学生已经增至 300 人，建校 10 周年时，《申报》曾出版特刊，学校受到社会各界

① 王守武：我是个笨孩子。未刊稿。资料存于采集工程数据库。

赞扬[①]。在民智中小学，学生壁报活动十分活跃，如《发现》、《思潮》、《学步》，等等，几乎每个年级都有自己的壁报[②]。另外，民智中小学出版的校刊《民智》报也会选登优秀的学生习作短文。1930 年《民智》第 11 期“男生专号”上刊登了王守武的短文“我们现在和将来的责任”，全文如下[③]：

> 喂，诸位朋友，你可知道我们中国多么危险呀。正像一根没有再细的头发吊着，飘摇在那漫无边际的天空，还要被那风吹雨打。你想危险不危险呢。
>
> 要使我们的中国转危为安，转弱为强，除了几个先知先觉的父老以外，便是我们学生应负责任。换一句话说，隔了几年或是十几年，我们学生便应该负这重大的责任，便应该尽这重大的责任。那么隔了几年，我们就有负担的可能吗，我们就有能力去尽责任吗。那不容说一定是不能不能……
>
> 所以现今的我们，应当努力读书，切实地去求学问，去求那真实的学问，去求那高深的学问。实学得到了，才能救我们的中国，救危险的中国。
>
> 诸位朋友，你们要救中国。你们要做中国的人。一定要大家尽责，大家负责。愿大家努力读书，努力前进。还愿将来努力救国，努力富国，努力强国。……

图 2-2　王守武（右）小学时期

1930 年，王守武年仅 11 岁，年纪虽尚幼小，但责任和理想已十分明

① 上海市地方志办公室，http://www.shtong.gov.cn51462.html.
② 学步发刊词。《民智》，1930 年 1 月第 9 期，第 1 页。
③ 王守武：我们现在和将来的责任。《民智》，1930 年第 11 期（男生专号），第 1 页。

确，文章内容显示出其思想超出了年龄的成熟。

中学阶段，王守武在上海就读过侨光中学和青年中学，1933 年入青年中学高中。在中学的各门功课中，王守武的数学是最好的，对物理也很喜欢，自感语文学得不是太好。1934 年，王季同退休后，决定举家迁回苏州居住。在家人迁回苏州前，王守武先到苏州，经姑姑王季玉（振华女中校长）介绍，通过面试，进入了省立苏州中学就读高中三年级[①]。

苏州中学历史悠久。九一八事变后，学校改变旧的教育制度、课程，实行以抗日救国为目标的新制度、新课程。王守武入校时，校长是生物学家吴元涤[②]，他发扬学校好学求进的学风，对学生提出健康、道德、民族文化、科学基础、劳动习惯、艺术兴趣、生活知能等七方面具体要求。在科学基础方面，他“要求学生能运用工具，从事阅读、搜索、考察、试验、研究，并了解科学成绩与价值，从而产生随时随地留意观察、探讨之兴趣。”他还要求学生“升学则必能如愿考进专门以上之学校，从事专门职业之准备，及高深学问之研究；不升学亦能为社会服务，从事体力劳动。”“本自强不息之精神，继续补习其职业知能，努力适应其所处环境，而尽其为人之义务也。”[③]

苏州中学的理科教学尤为突出，很多学生考入上海交通大学，有“三年苏中，四年交通”的美誉。转入苏州中学，王守武各门功课的学习都没有遇到困难，他最喜欢的是数学和物理课程。经过对《三角》、《高等代数》的学习，他的思维受到启迪，他从反三角函数的级数展开中，得到了 π 的计算方法，写成“圆周率 π 的级数展开”一文，发表在苏州中学的校刊上，显露了他在领悟数理理论方面的才华。王守武早就和哥哥姐姐们一起听父亲讲过如何求圆周率 π 的问题，那时他虽听不懂，但 π 这个无理数的特性，却一直印在他的脑海之中。这是王守武人生旅途中发表的第一篇论文。自此，从事自然科学工作，既符合父亲的希望，也

---

① 王守武访谈，2011 年 1 月 3 日，美国加州。资料存于采集工程数据库。

② 吴元涤（1886—1954），1908 年毕业于江苏师范学堂优级选科博物科，曾应聘北京女子高等师范等多所大学，1927 年任苏州中学生物教师，1933—1935 年任苏州中学校长。

③ 苏州中学校史编委会：《苏州中学校史》。苏州：苏州大学出版社，1999 年，第 190−191 页。

成了他的意愿。

高中毕业前夕，王守武又病倒了。王守武回忆："我很小就患过疟疾，发病只有吃金鸡纳霜（奎宁）。这个病很顽固，也许是由于服药量不够，每年春秋季节都可能发作，主要症状就是发烧，吃药几天后可以缓解。我这个病年年犯，考大学就是因为发病而耽误了。会考的时候，我发病了，没有参加会考，我中学只得到肄业证书，没有拿到毕业证书。"①

高中毕业前夕，同学们都在认真思考着自己的升学志愿。受哥哥姐姐的影响，王守武准备报考北京的大学。他的哥哥王守竞和姐姐王守璨都曾就学于清华大学，和他年龄接近关系最要好的哥哥王守融当时正在清华大学读书，大姐王淑贞考取清华庚款留学，二姐王明贞毕业于燕京大学。这些名校吸引着王守武，但这些大学都不接受肄业生报考，王守武又不愿意在家里等一年，遂接受大哥王守竞的建议，报考了同济大学。1935 年入同济大学预科，一年后，他回苏州中学参加会考，得到高中毕业文凭后，1936 年正式进入同济大学工学院电工机械系学习（图 2-3）。

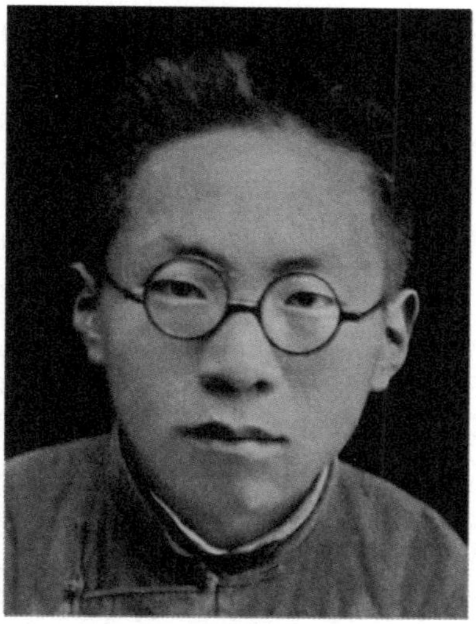

图 2-3　王守武摄于 1936 年春
（王义格提供）

战火中的大学生活

同济大学的前身是德、中合作于 1907 年在上海创办的德文医学堂，1912 年与工学堂合并为同济德文医工学堂，设医、工、德文三科。第一次

① 王守武访谈，2011 年 1 月 3 日，美国加州。资料存于采集工程数据库。

世界大战爆发后，1917 年同济结束了德人办学阶段，更名为同济医工学校。1927 年，学校被国民政府命名为国立同济大学。1930 年成立医学院和工学院，1937 年成立理学院[①]。王守武入学时，同济大学正在加速建设，规模逐步扩大，其工学院设有土木系和电工机械系两系，两系前三年课程设置相同，后两年则分别开设专业课程，学制均为五年。王守武从 1935 年入预科，至 1941 年春由工学院毕业，在同济大学渡过了六年时光。

进入同济大学后，王守武各门功课的学习都十分顺利，且学习成绩优异[②]。如 1936 年 7 月学期结束，王守武各科成绩为：数学 98 分、机械画 83 分、工厂实习 77 分、国文 75 分、体育 80 分、德文 87 分、英文 90 分等，各科总平均成绩 83 分[③]。在 1936—1937 学年中，增开了物理和化学课程，王守武的数学、物理、化学、德文、英文成绩在班上也都十分突出，总评成绩仍然排在前列。最为突出的是他优异的数学成绩，不仅分数高，班级排名也一直在前。数学是现代科学技术的语言和工具，良好的数学功底为王守武以后的学习和研究打下了扎实的基础。

1937 年，日本帝国主义全面发动侵华战争，紧接着七七卢沟桥事变，又发动了八一三事变，将侵华战火烧到上海。这场蓄谋已久的侵略战争改变了所有中国人的命运。当时，王守武已读完大学一年级。1937 年 8 月 28、29 两日，日本飞机接连轰炸吴淞地区，同济大学大礼堂、办公室、工学院、理学院、电机馆、解剖馆、生理馆、材料试验室、实习工厂、图书馆、教授住宅及学生宿舍等建筑均遭破坏。学校被日军破坏后，激起了舆论的强烈谴责。9 月 3 日，《大公报》严正指出："查该校位置，远在吴淞镇北，在军事上实非重要，即我军方面，亦无利用该校作战之事实，日军如此破坏"，"实不啻对整个世界文化的宣战，狰狞面貌，暴露日显。"

---

① 翁智远、屠听泉主编：《同济大学史（第一卷，1907—1949）》。上海：同济大学出版社，2007 年，第 1-67 页。

② 1-CJ-6，1-CJ-12，1-CJ-14，1-CJ-16，1-CJ-17，同济大学工学院学习成绩。存于同济大学档案馆。这些档案中有王守武六个学期的学习成绩，其中包括抗战前两年中的三个学期和迁校四年中的三个学期的成绩。

③ 工学院一年级成绩单中学生序号至 52，笔者只查阅到包括王守武在内的 22 人的成绩，其中数学最高为 98 分，共有 3 人；总平均分最高为 83 分。

八一三事变发生之前，学校正在放暑假，鉴于形势日益紧张，同济大学从吴淞首次迁校到上海公共租界，但未开学上课。不久上海战事日益激烈，学校被迫二次迁校，迁往浙江金华[①]。

迁到金华后，学校通知师生员工于 10 月 20 日到金华报到。得到学校将复课的消息后，王守武和几个同学一起赴金华报到。但是，开学上课没几天，1937 年 11 月 12 日，上海沦入敌手，日寇紧逼杭州，日机不断空袭金华，学校无法正常上课。在金华仅两个月后，学校再次被迫迁往江西赣州。此次搬迁，困难重重，由于军运频繁，火车从金华开出，费时四五天才到南昌，再从水路乘木船，溯赣江而上，部分师生押运校产历时 20 多天，才到赣州。这时，王守武的家人从苏州逃难到长沙，在学校由南昌迁赣州期间，王守武去长沙探望了父母。不久听说学校在江西赣州复课，他就又从长沙赶到赣州上课。1938 年 1 月底，学校终于在赣州正式上课（图 2–4）。学生们落脚在一座庙里，他们把庙里的菩萨请出来，就住了进去。只上了半年课，九江危及，局势突变，王守武和同济师生一起第四次迁校，迁往广西贺县的八步镇。这次迁校行程十分艰苦，前后花了两个多月的时间，师生们除了乘火车、小船外，还徒步翻越荒山野岭，忍受饥饿疲劳。在八步镇，学校尚未复课，10 月下旬，日寇进攻华南，很快广州沦陷，1938 年冬，同济大学被迫决定第五次迁校，至云南昆明。师生们先后集中到广西龙州，再到凭祥，出镇南关（今友谊关），绕道越南，至 1939 年春节前到达昆明[②]。

图 2–4　同济大学在赣州时的部分校舍（王守武藏）

在侵略者铁蹄的步步紧逼下，在颠沛流离的迁校过程中，同济大学的

---

① 翁智远、屠听泉主编：《同济大学校史（第一卷，1907—1949）》。上海：同济大学出版社，2007 年，第 106 页。

② 同①，第 106–140 页。

教学和学生的生活都无法保障。战争爆发后，学校教师，特别是德国教师锐减。1938 年下半年，德国政府取消了原给予德籍教授的特种补贴和旅费补助，并认为最好暂时减少德国教授在华人数。此后，到赣州报到的 13 位德国教授大部分相继回了上海。搬迁中，学校的教学仪器设备几经装箱搬运，散落遗失，损毁严重。学生们的住宿、吃饭等基本生活条件都难以维系。

在王守武的大学生活回忆中，最深刻的是战时迁校的艰难行程、寄宿庙宇改做的临时校舍以及和身处沦陷区的家人失去联系时同学们的担忧。王守武曾一度与逃难中的父母失去了联系，他十分担心家人的安危，自己也陷入无法得到家庭经济资助的困境。1938 年 3 月，他和许多沦陷区的同学们一样，无奈向学校提出免缴学费申请[①]（图 2–5）。他写道 ：“兹因学生故乡早已沦陷，久无消息，经济来源自当枯竭，今后生涯正不堪设想，本学期学杂诸费实难照缴，敬祈予免纳，不胜公祷。”现在，王守武已经不记得他给学校写的这份申请了，不过他说，那时学校里像他一样因家乡沦陷而失去经济来源的流亡学生很多，交不起学费的也很多。因为不知道何时才能和家里联系上，只能尽量把手里的钱省着用，吃饭都是找最便宜的地方，通常是在街边人力车夫和底层老百姓吃饭的小摊上，那时豆芽儿菜就算是好菜了。另外，王守武还很怕自己生病，因为他从小身体不太好[②]。

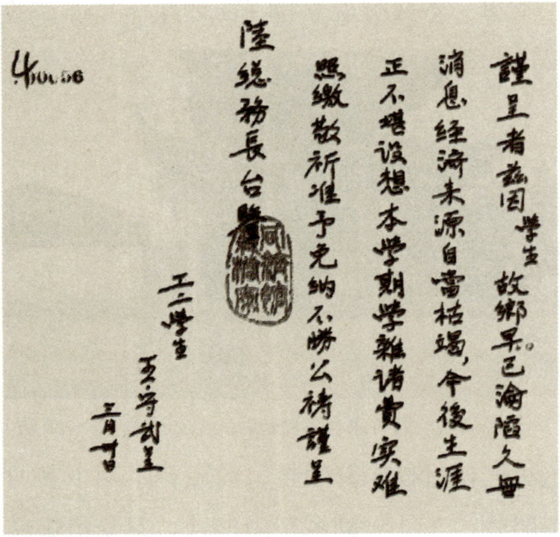
4/10056
謹呈者茲因學生故鄉早已淪陷久無消息經濟來源自當枯竭今後生涯正不堪設想本學期學雜諸費實難照繳敬祈准予免納不勝公禱謹呈
陸總務長台鑒
工三學生 王守武呈
三月廿日

图 2–5　1938 年王守武免缴学费申请

在艰难的条件下，王守武还是坚持努力学习。他不仅抓紧各门课程的

① 1–LS–548，免缴学费申请。存于同济大学档案馆。

② 王守武访谈，2011 年 12 月 5 日，美国加州。资料存于采集工程数据库。

学习，课外还抓紧时间阅读了学校图书馆的很多书籍。王守武读的书几乎都是数理化方面的，对文科方面很少涉猎，大学五年中，除了《三国志》之外从没看过其他中外文学经典名篇。王守武的另一爱好，就是喜欢动手做一些简单的科学实验。那时，学校用的是直流电，这给他做实验提供了方便。王守武把别人扔掉的破桌子捡回宿舍，稍加修理作为实验台，摆上大大小小的实验装置。他进行过电解、电镀等实验，还制造做过一台可以调速的直流电机。小小的宿舍经他一“折腾”就显得更加拥挤了，这还曾引起一位同学的不满[①]。在自己动手实验的过程中，王守武也逐渐积攒起了一些简单的实验工具和仪器，其中一块旧德国造万用表，王守武十分珍视，后来一直保存了几十年[②]。

王守武在学习上十分认真，且常常刨根问底。在一次老师和同学们之间的争论中，他还成为了一方的代表。一次物理课上，老师提出一个问题：有两根质量相同的棍子，一根是方的，一根是圆的，它们同时从一个宽阔的斜面上滚落下来，哪根先落地？同学们觉得应该是圆棍先落地，但老师却说是方棍先落地。老师的解释是，木棍从斜面下落时，方棍的全部位能变成了直线运动的动能；而圆棍的位能只有一部分变成直线运动的动能，而另一部分变成了旋转运动的动能。因此，方棍的直线运动动能比圆棍的动能大，所以先落地。同学们难以接受老师的结论，却又找不出反驳的理由。这时，王守武提出，老师没考虑到摩擦阻力所消耗的能量。他认为，方棍与斜面间的摩擦是滑动摩擦，消耗的能量多，而圆棍与斜面间的摩擦是滚动摩擦，消耗的能量少。所以总起来算，应该是圆棍先落地。同学们都支持王守武，大家展开了热烈的讨论，老师的教学自然无法进行下去了。后来，老师和同学们专门为此举行辩论。老师运用高等数学和经典力学做了繁琐的推导。轮到王守武发言，他提出要用能量守恒定律对老师的推算结果进行验证。王守武轻声慢语的发言刚完，就有同学很快就算了出来，老师的结果明显不符合能量转化和守恒原理，辩论会不欢而散。

---

① 王守武：青春的岁月。见：谷向阳主编，《中国名人谈青年时代丛书——无愧青春》。北京：中国友谊出版公司，1994 年，第 111-135 页。

② 王义向访谈，2012 年 1 月，北京。资料存于采集工程数据库。

虽然还没有完整系统的高等数学知识基础，但王守武已经表现出一种从整体上把握物理问题的能力。其实，在理想情况下，如果斜面没有摩擦，方棍和圆棍都不会发生转动，根据机械能守恒就知道，方棍和圆棍的下滑应该是一样快的。王守武是根据经验判断，考虑的是实际的有摩擦的情况，思路简洁明了。老师是理论推导，演算过程复杂，反而增加了出错的机会。类似的事情还发生过一些，老师讲滑轮组时，陷入对每个滑轮的分析，让同学们十分费解。王守武提出，应该把几个滑轮一起来列方程组处理，问题立刻就变得简明清晰了。

当时同济的基础课教学还可以勉强维持，高年级的专业课就只能停开或者少开，教学实习等就更难以安排了。学校的教学时断时续，学生学习很大程度上要靠自学。王守武说："我这个人，对上课和自学，更乐意于后者。因为我养成了习惯，喜欢安静，喜欢独自钻研。我不怕落课，不怕多次的转学，原因就在这里。读一本书，我不满足于似懂非懂，而是要弄清楚，认真消化。在读数理方面的教材时，认真算习题，反复用多种方法进行验算，都对了，我才满足。"①

王守武先生晚年曾谦虚地说："除了'方的快，圆的快'以外，我在大学实际上没有很好地念。"几十年过去了，对于发生在课堂上的争论，谁对谁错都不重要，缺乏教学经验的年轻教师，在教学中出现纰漏也可以理解，这样的争论和讨论促使王守武更深入广泛地自学和思考，以及严格清晰地表达自己的看法，鼓励了他敢于质疑的态度，也增加了他对自己学识的信心。

在后两年的专业课学习中，王守武学习了数学、传动机械学、金工工艺学、动力学、静力学、机械原理、电工学、蒸汽锅、内燃机、工具机学等课程，1939 年 7 月四年级下学期王守武所有专业课程的成绩都在 90 分以上，平均分 97.71，为全班 37 名同学中的最高分②。

在艰难困苦的环境中，王守武的自学能力得到了进一步提高。艰苦的生活、长时间的自学实践，磨炼了他克服困难的意志品质，也增强了他的

① 王守武：青春的岁月。见：谷向阳主编，《中国名人谈青年时代丛书——无愧青春》。北京：中国友谊出版公司，1994 年，第 111–135 页。

② 1–CJ–16，同济大学工学院成绩。存于同济大学档案馆。

信心。王守武在后来的科学生涯中，一直坚持读一本书就要读懂读透的学习态度，他不倡导研究人员泛泛地翻阅很多书，而是强调要真正读懂读透。他在读文献时会对其中省略的推导过程等做出补充演算[①]。王守武一生少言寡语，但他从不轻信、盲从，遇事冷静，思维缜密，敢于坚持正确的观点。他的这一特点在大学时期已经显露出来。

1940年初夏，昆明物价飞涨，日机不断侵扰。八九月份日机对昆明的轰炸更加猛烈，轰炸范围扩大到昆明的郊区，日军开始组织精锐部队向云南境内进犯，形势日趋危机。同济师生天天在警报的鸣响中惶恐度日，教学无法维持，师生安全受到严重威胁。同济大学领导层紧急商议，决定迁校至四川宜宾与泸州一带。同济大学派人几经联系，四处奔波调查，但当时宜宾等地已安置了多个内迁机构，早已人满为患，难以再接纳有几千名师生员工和家属的同济大学。此时，四川南溪县李庄士绅罗伯希和王云伯得知同济大学急于寻找校址消息，他们找到时任国民党李庄区党部书记的罗南陔，表示愿意出资帮助同济大学迁往李庄。经罗南陔与一批士绅名流、巨贾富商商议，及与当地官员洽谈，最终达成共识，他们向同济大学发出了“同大迁川，李庄欢迎，一切需要，地方供给”的电文（图2–6）。10月，同济大学开始第六次迁校，从昆明迁往四川李庄、宜宾等地，后同济大学在这些地方度过了大约五年的时光。李庄是长江上游一个偏远古镇，位于宜宾市下游19千米处的长江南岸，下距南溪县城24千米，当时只有

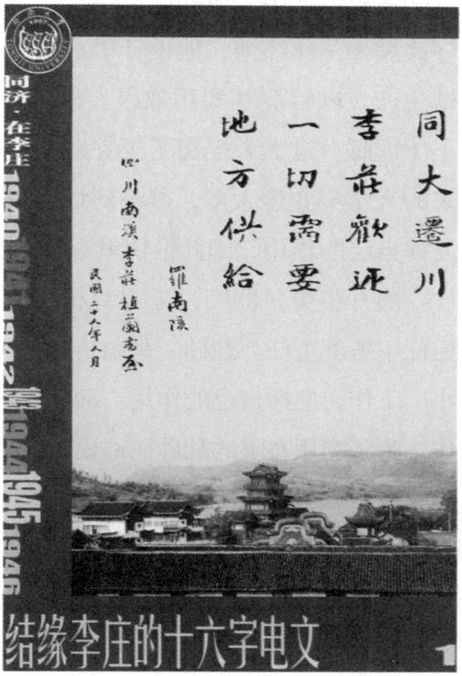

图2–6　同济大学结缘李庄的十六字电文

① 郑一阳访谈，2011年4月，北京。资料存于采集工程数据库。

人口 3000 余人，其镇内外号称有九宫十八庙。在同济大学之后，中央研究院的历史语言研究所和社会科学研究所，及以梁思成、刘敦桢、林徽因等人为骨干的中国营造学社也迁来这座千年古镇。

王守武这一届毕业班的同学们没有参加同济大学的第六次迁校，1941 年春，他们在昆明郊外同济大学的临时校舍毕业。

短暂的工作和教书时光

王守武毕业时，王家已迁来昆明，大哥王守竞在资源委员会中央机器厂任总经理，二哥王守融也受聘于该厂担任总厂工程师和七分厂厂长。王守武遂就近入中央机器厂，当了一名工务员。初到中央机器厂工作时，王守武满怀工作热情，他设计了加工麻花钻头的自动铣床，希望厂方能给以试生产，以检测其实用效果。但厂里的有关部门却将他的图纸搁在一边，不予理睬，这大大挫伤了王守武的自尊心和工作积极性。他认为，厂里新来的大学毕业生太多，得不到培养和使用，很难学以致用。他希望能真正发挥自己的作用，因此很快就辞职了。

离开中央机器厂，王守武和几个朋友创办了中国工合翻砂实验厂，他担任工务部主任。翻砂厂是由贷款办起来的，人员少，规模小。他希望在这小厂工作，发挥自己的作用。翻砂厂承接了建设机场用压路机滚筒的制作工作，为了利用有限的翻砂铸造设备，他们采用分块制作，再组合的工艺，圆满完成了任务，为工厂赢得了第一笔收入。但是，时间不长，翻砂厂的房东与区公所勾结，谎称翻砂厂偷税漏税，进行勒索，后来厂方找了关系，花了钱财，才息事宁人。经此波折，王守武辞去了翻砂厂工务主任职务 ① 。

1942 年，王守武去函同济大学，希望能回母校任教，很快接到同济大学的聘请，王守武遂赴已迁四川李庄的同济大学任教。当时，同济大学大

① 王守武：青春的岁月。见：谷向阳主编，《中国名人谈青年时代丛书——无愧青春》。北京：中国友谊出版公司，1994 年，第 111-135 页。

部分单位都安排在镇上的几座庙宇中，工学院在东岳庙。学校安排王守武在同济大学附属高等职业学校教授“制图与机械设计”和“电工学”等课程。半年后，工学院造船系的学生要去重庆与上海交通大学造船系的学生一起上专业课，并到重庆头塘溉澜溪民生轮船公司参加实习，学校派王守武做带队老师。在重庆王守武除了管理学生的一切事务外，还教授过“蒸汽机”课程。

留学美国普渡大学

1944 年，正在重庆的王守武从交通大学获知国民政府正在招收自费留美学生，遂报名应考。他先被美国麻省理工学院录取，但因被确诊为肺结核，他只得回昆明家中调养，延误了赴美时间。1945 年 8 月，王守武又被美国普渡大学录取。当时考取自费留学就是可以按官价兑换美元，那时官价美元比黑市便宜很多①，家里凑钱为王守武换了 2000 美元，作为他去美第一年的费用。

1945 年 8 月 15 日，日本无条件投降，饱受战争磨难的中国人民赢得了八年抗日战争的最终胜利。在胜利的喜悦中，王守武赴美前，王家全家一起吃饭为他庆祝和送行。父亲王季同从不表扬自己的子女，况且王家子女出国留学也是常事，但看着这个从小体弱且不像哥哥姐姐那样天资早慧的儿子，终经不懈努力而获得了继续求学的机会，王季同还是十分欣慰的。由于二哥王守融正准备去美国考察，他将和王守武同行赴美，母亲管尚孝亦少了一分担心。

1945 年 10 月，王守武负笈远行，赴美国普渡大学攻读工程力学。普渡大学历史悠久，位于美国中西部印第安纳州西拉法叶（West Lafayette），

---

① 据 1945 年赴美留学的侯祥麟（1912—2008）回忆，当时通货膨胀，美元黑市价是官价的十倍。侯祥麟，受党派遣赴美留学。见：侯祥麟等口述，《1950 年代归国留美科学家访谈录》，长沙：湖南教育出版社，2013 年，第 3 页。

以工科和农学见长，其农学在世界上十分著名。在普渡大学读硕士的一年中，王守武学习成绩优异，尤以数学最为突出，数学老师里德博士破例给他打了 A+ 的高分。高等数学是工学院的一门基础课，各个专业的学生在一起上大课，其教师要求严格和授课内容艰深，在普渡大学工学院是有名的。尽管同学们很重视这门课程的学习，但在每两周一次的小测验中，还是很难取得理想的成绩。不仅中国留学生，美国同学也一样是一筹莫展，同学们难免有些抱怨。出乎同学们意料的是，里德博士在课堂上表扬了一位同学——王守武，他的测验成绩几乎每次都是最好的，这一次还得了满分。王守武取得优异学习成绩的消息很快就在普渡大学的中国留学生中传开了，同学们十分高兴，也受到鼓舞。很多年以后，和王守武同年在普渡大学获得硕士学位的陈学俊院士还向王守武的胞弟王守觉院士谈起这段往事[①]。陈学俊在他的《回忆录》中还谈到了高等数学课上几位中国同学的成绩。陈学俊、沈正功等也得了很好成绩，受到教授当众表扬。书上还谈到王守武曾当选普渡大学中国同学会会计。[②]

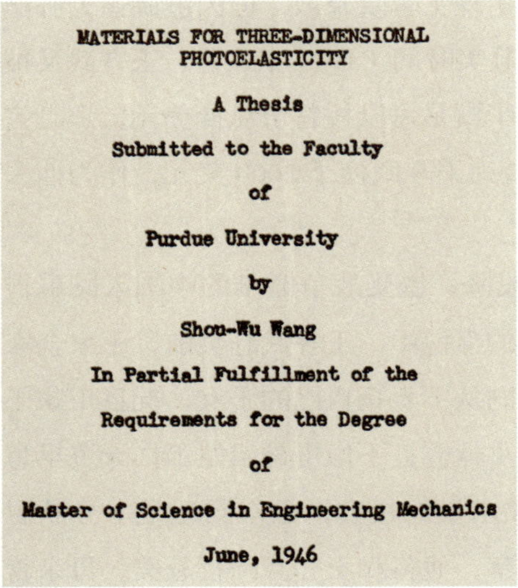
MATERIALS FOR THREE-DIMENSIONAL PHOTOELASTICITY

A Thesis

Submitted to the Faculty

of

Purdue University

by

Shou-Wu Wang

In Partial Fulfillment of the

Requirements for the Degree

of

Master of Science in Engineering Mechanics

June, 1946

图 2-7　王守武硕士论文首页

王守武的导师斯特姆（R. M. Sturm）是土木系的工程力学教授，在他的指导下，1946 年 6 月，王守武完成应用力学方面的研究论文“三维光测弹性力学材料研究”（Materials for Three-Dimensional Photoelasticity）（图 2-7），获硕士学位（图 2-8）。

光测弹性力学实验（光弹性实验）采用具有特殊性质（暂时双折射现象）的透明材料制成研究对象的模型，用仪器测出模型在相似载荷作用下光学性质的变化，以达到分析模型中的应力分布之实验方法。其测量仪器简称

① 王守觉访谈，2011 年 3 月 11 日，苏州。资料存于采集工程数据库。

② 陈学俊：《回忆录（增订本）》。西安：西安交通大学出版社，2009 年，第 25 页。

光弹仪，据研究对象所受的应力状态又可分为二维（平面）光弹和三维（立体）光弹实验。20 世纪 60 年代后，以激光为光源，将全息照相技术和光弹法结合，产生了激光全息光弹法，在地质力学等领域有重要应用。

BE IT KNOWN THAT THE TRUSTEES OF

PURDUE UNIVERSITY

UPON NOMINATION OF THE FACULTY
HAVE GRANTED TO

SHOU-WU WANG

THE DEGREE OF

MASTER OF SCIENCE IN ENGINEERING MECHANICS

IN RECOGNITION OF THE FULFILLMENT OF THE
REQUIREMENTS OF THAT DEGREE
AWARDED FOR STUDY AT WEST LAFAYETTE IN THE STATE OF INDIANA
JUNE 23, 1946.

PRESIDENT OF THE TRUSTEES

PURDUE UNIVERSITY SEAL OF THE TRUSTEES

PRESIDENT OF THE UNIVERSITY

图 2–8　王守武硕士学位证书（2011 年补发）

王守武的硕士论文研究工作的目的是发展一种判断方法，进而确定用于三维光测弹性力学材料的适用性。王守武首先在普渡大学土木工程和工程力学学院的应力分析实验室开展实验研究。他选择了六种材料进行研究，先将这些材料分别制作成厚圆盘，用相同分布的载荷作用于盘中心的一个小的圆形区域，用三维光测弹力学方法分别测量这几种材料的应力分布、应力随载荷的变化，以及温度等环境因素变化对材料应力分布的影响等。同时，他也对这种应力分布做了理论计算。最后，他对理论计算结果和实际测量得到的应力分布及附加图像进行比较，以判定材料对三维光测弹性力学实验的适用性。他得出的结论是这六种被测材料对三维光测弹力学实验方法的适用性排序为：胶木 BT–47001（Bakelite BT–47001）、聚酯树脂（Laminac）、胶木 BT–61–893（Bakelite BT–61–893）、石棉塑胶（Catalin）、哥伦比亚树脂 CR–39（Columbia Resin CR–39）、树脂玻璃（Plexiglas）①。

在这项研究中要进行大量的实验数据计算，拟合绘出应力分布变化曲线。为此，王守武自己购置了一台旧的手摇计算机。后来，他回国时还把这台计算机带回了国内。

① Wang Shou Wu, Materials for Three–Dimensional Photoelasticity. Purdue University Thesis, 1946: 5.

获得硕士学位后，导师斯特姆鼓励王守武继续深造，并帮助他申请到普渡研究基金（Purdue Research Foundation）的资助，但该资助项目要求研究题目一定要用量子力学解决问题。为此，斯特姆把王守武介绍给了物理系教授詹姆斯（H. M. James）。

当王守武和詹姆斯面谈时，詹姆斯告诉他，要做量子力学方面的研究，理论力学是不可少的基础，他必须先要学习理论力学。为了节省时间，王守武首先自学，再找机会到物理系去插班旁听，最后申请考试，考试通过后就取得了这门课的成绩。物理系的其他课程，如电动力学、热力学等，王守武都是靠自学、旁听、考试通过的。这样他很快就进入了研究阶段。

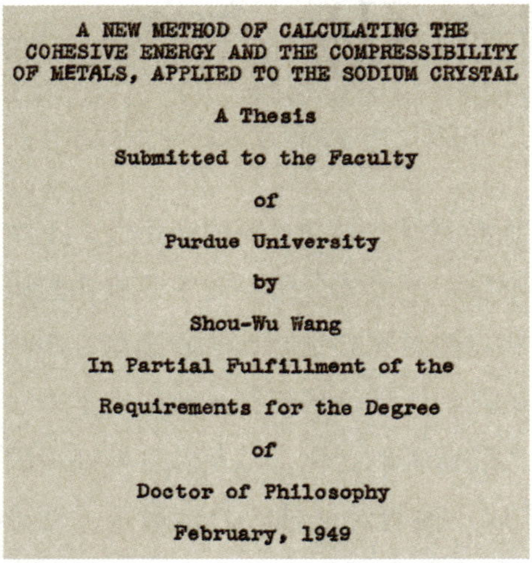
A NEW METHOD OF CALCULATING THE COHESIVE ENERGY AND THE COMPRESSIBILITY OF METALS, APPLIED TO THE SODIUM CRYSTAL

A Thesis

Submitted to the Faculty

of

Purdue University

by

Shou-Wu Wang

In Partial Fulfillment of the

Requirements for the Degree

of

Doctor of Philosophy

February, 1949

图 2-9 王守武博士论文首页

BE IT KNOWN THAT THE TRUSTEES OF

PURDUE UNIVERSITY

UPON NOMINATION OF THE FACULTY
HAVE GRANTED TO

SHOU-WU WANG

THE DEGREE OF

DOCTOR OF PHILOSOPHY

IN RECOGNITION OF THE FULFILLMENT OF THE
REQUIREMENTS OF THAT DEGREE
AWARDED FOR STUDY AT WEST LAFAYETTE IN THE STATE OF INDIANA
FEBRUARY 4, 1949.

PRESIDENT OF THE TRUSTEES

PRESIDENT OF THE UNIVERSITY

图 2-10 王守武博士学位证书（2011 年补发）

1949 年 2 月，王守武在詹姆斯指导下，完成了题为“计算金属钠晶体结合能和压缩率的一种新方法”（A New Method of Calculating the Cohesive Energy and the Compressibility of Metals, Applied to the Sodium Crystal）的论文（图 2-9），获得了博士学位（图 2-10）。通常在工程上运用的材料多是宏观材料，其尺度远远大于原子的线度，因此，在量子力学建立初期，人们并没有将其运用到工程领域。但随着对材料基本属性认识的深入，量子力学成为研究材料性质的一个有效方法，王守武的工作是从量子力学理论出发计算材料的结合能和压缩率。王守武用正交布洛赫函数作为晶体中价电子的单电子波函数的一级近似，发展了一种晶体结合能估算的新方法。王守武首先从量子力学出发，从理论上推导出晶体的结合能，以及晶体中价电子的能量表达，然后他做了数值计算。通过计算金属钠晶体的正交布洛赫函数能量，以及估算 3s 和 3p 带布洛赫函数耦合产生的能量修正，他得出，与正交布洛赫函数本身相比，修正量可以忽略不计。这样，他就忽略这一修正量，计算出三种不同晶格常数的钠晶体的结合能数值。据此他估算了上述晶格常数的钠晶体的压缩率。论文还仔细地研究了晶体中价电子能量对 K 矢量大小和方向的依赖性①。

获得博士学位后，王守武应普渡大学工程力学系主任敦聘留校，任土木系助教。

工作期间王守武没有完整地承担课程教学任务，主要负责组织研讨活动，带过一个研究生，编写过一本线性代数讲义。在研究方面，他继续做光测弹性力学方面的研究，对承重梁的应力分布等进行了实验研究。这些实验工作都是在普渡大学工程力学系的光测弹性实验室完成的②。

回　国

获得博士学位前，1948 年 5 月 1 日，王守武与同窗三载的葛修怀女士结为伉俪（图 2-11）。葛修怀出生于上海，美丽聪慧，典雅大方。她毕业于重庆大学，1945 年与王守武同时考取自费留学，在普渡大学工学院机电系电信专业学习。她认识王守武是在高等数学课上。葛修怀和几位女同学每次上课都坐在阶梯教室的第一排，认真听讲和记笔记。在里德博士表扬王守武后，一位同学告诉她，王守武就是那个每次上课都坐在教室后排

① Wang Shou Wu, A New Method of Calculating the Cohesive Energy and the Compressibility of Metals, Applied to the Sodium Crystal. Purdue University Thesis, 1949: 1–24.

② 王守武访谈，2011 年 7 月 22 日，美国加州。资料存于采集工程数据库。

图 2-11 王守武、葛修怀摄于 1949 年

角落里的高高瘦瘦的中国留学生[①]。后来，他们也常在普渡中国留学生聚会时相遇。他们一起谈论学习，交流有关国内情况的信息，逐渐增加了彼此的了解。王守武对葛修怀的好感始于一次同学聚会中的小插曲。当时一位同学突然提出一个问题，他让大家猜出每个女同学的包里都必备的一样物品，大家一致认为是口红，但让他们失望的是，在葛修怀的包里没有找到口红。王守武断定这样的女性能真正投身于事业，是自己的理想伴侣。为了表达自己的爱意，王守武将亲手缝制的一件缀有花边的中式旗袍送给葛修怀，葛修怀欣喜地接受了这一特殊的信物[②,③]。

王守武、葛修怀结婚后，中国留学生便常来他家相聚。他们和普渡大学的多位同学后来保持了几十年的友谊。他们记得当时先后在普渡大学的中国留学生有：邓稼先、洪朝生、沈正功、陈学俊、杨式德、归绍升、陈学信、吴冰颜、李育珍、唐庆祥（女）、张惠珠（女）、谭超夏等（图 2-12）。洪朝生 1948 年在美国麻省理工学院获物理学博士学位，1950 年到普渡大学工作。1951 年回国后曾与王守武一起在应用物理所工作。沈正

① 葛修怀访谈，2011 年 7 月 22 日，美国加州。资料存于采集工程数据库。

② 宫苏艺、何春藩：共同的追求。《家庭》，1983 年第 8 期，第 8-11 页。

③ 关家英：科学领域上下求索 学以致用报效祖国——记王守武院士。《研究生院》，2005 年第 1 期，第 19-21 页。

图 2-12　普渡同学（前排左一葛修怀、左二唐庆祥、左三张惠珠，右一王守武）（王义格提供）

功是学机械的，回国后在南京炮兵工程学院工作。陈学俊曾任西安交通大学副校长。杨式德后来做过清华土木系的副主任。归绍升曾是同济大学和上海交大教授。陈学信是陈学俊的弟弟，王守武夫妇回国时他还在读书。吴冰颜是化工专家，曾任重工业部综合试验所主任、化学工业部沈阳化工研究院室主任、北京化工研究院室主任等职。李育珍是电机系同学，回国后在北京工业学院（今北京理工大学）工作。唐庆祥后来一直在普渡大学化学系工作。张惠珠回国后长期任上海交通大学医学院教授。谭超夏回国后在北京农科院工作[①]。

1948—1950 年在普渡留学的邓稼先是王守武家的常客之一（图 2-13）。邓稼先和王守武都喜欢下围棋，也都爱吃西瓜。邓稼先来后，他们先要下

---

① 王守武、葛修怀访谈，2011 年 3 月，美国加州。资料存于采集工程数据库。

一盘围棋，葛修怀则为他们准备好西瓜。棋下好后，他们常常是把一个西瓜切成两半，两人各拿一半，边吃边聊[①]。邓稼先的夫人许鹿希曾这样描述[②]：

王守武的夫人葛修怀是学电机的，为人诚恳，待人热情，讲起话来滔滔不绝。性格活跃、很重友情的邓稼先，星期日有空时就去王守武家里玩玩。在异国他乡能有这样一位知己有家安在那里，让颇感寂寞的留学生能在假日过一过中国式的家庭生活，哪怕是几小时，也能给自己思亲思乡的情感带来一些安慰和寄托。这对于有时显得枯燥的学习也是一种调剂。

在王守武的家里，和外国同学接触时被自己无意中加以克制的小

图 2-13　1950 年王守武、邓稼先等在普渡[③]（后排左二王守武，右一邓稼先，前排左二葛修怀，葛修怀前王义格）

① 王义格访谈，2013 年 10 月，北京。资料存于采集工程数据库。

② 许鹿希等：《邓稼先传》。合肥：安徽人民出版社，1998 年，第 37 页。

③ 胡银芳：《英雄大爱——邓稼先与许鹿希的旷世爱情》。北京：华夏出版社，2010 年，第 185 页。

孩子性格就又活脱脱地表现出来。王守武夫妇有一个很可爱的小女孩，叫王义格，才一岁多，稼先每到王家必先抱起孩子举过头顶或者抛起来闹着玩，逗得孩子咯咯地笑个不停。玩到高兴的时候，稼先就装着一副正经的样子对孩子说："你再笑，看我揪掉你的头！"说完了便高兴地亲吻她。

1949 年 10 月，中华人民共和国成立，历经战火满目疮痍的古老中国，迎来了一个和平发展的新时代。身在海外的学子，十分关心国内的情况，思念故乡的亲人，同学们经常在一起交流来自国内的消息，讨论回国计划。总部设在芝加哥的中国留美科学工作者协会（Association of Chinese Scientific Workers in U.S.A.，简称留美科协）在普渡设立了分会，邓稼先是普渡分会的干事之一，王守武参加了留美科协的活动。留美科协的主要活动内容就是介绍国内的情况，动员、帮助中国留学生回国。留美科协出版了一本刊物——《留美科协通讯》，介绍国内恢复生产和进行建设的情况，以及国家对人才的需要，"新中国诞生后各种建设已逐步展开，每方面都迫切需要人才。"

战争终于结束了，祖国要搞建设了，国家建设需要人才，这些来自国内的消息和召唤，坚定了王守武夫妇回国的决心，他们决定放弃在美国优越的生活和工作条件，尽快回到一穷二白的祖国，去建设自己的家园。王守武和葛修怀都经历过抗日战争的苦难时期，深深地认识到落后就会被人欺负。在美国的五年时间，他们深刻认识到美国的科学技术水平与战后国民党统治时期的中国科技水平之间存在的难以想象的差距。普渡大学所在的印第安纳州属于美国中部平原，这一地区农业十分发达，盛产谷物。和美国南方的小农场不一样，印第安纳州的农场规模很大，有的有数百公顷的土地，农业生产已经实现了大型机械化，劳动生产率和人均粮食占有率都很高。对中国农业生产和农民生活有切身了解的他们，更加认识到中国的农业与美国的巨大差距。当然，不仅是中美两国在农业上的差距，在美国的所见所闻都让王守武和葛修怀深刻认识到中国在工业、农业、教育、科技、基础设施等方方面面的巨大差距。他们渴望中国的强大，梦想着中国能赶上美国，希望回到祖国为她的建设和强大贡献自己的力量。

王守武夫妇决意回归故里的消息传开后，有些美国同事对他们回国的决定表示理解和支持；也有一些美国同事劝他留在美国继续自己的教学生涯，还有的劝他们不要冒风险。王守武夫妇没有动摇，他们认为，自己是吃中国人民种的稻米长大的，应该要用自己的学识去建设自己的祖国。

至于回国后做什么，王守武也没有给自己设定固定的研究领域和目标，他只有一个朴素的想法，国家需要什么就干什么[①]。“1950 年回国的时候，我没有什么打算，只是觉得新中国刚成立，想为国家建设做点贡献。当时我的思想很单纯，不知道回国后要干什么。我原来是学工程力学的，又改学物理，我觉得回国搞建设，干什么都可以，什么都能干，所以我没有事先和国内联系，直接回国了。”[②]

1950 年 6 月 25 日，朝鲜战争爆发。7 月以美军为主导的有 16 国军队参加的联合国军参加了第一场对朝鲜的战役。王守武出于对时局的敏感，回国的心情变得更为急切，决意马上行动。通过参加留美科协的活动，王守武了解到，印度驻美国大使馆受新中国政府的委托代办中美间的民间事宜[③]。他遂借思念年迈的孤寡母亲为由，以二哥的来信为凭据，通过印度驻美使馆与美方交涉，办理回国的手续。因为当时中国和美国没有外交关系，无法办理中国护照，只好由印度驻美使馆办理以难民身份回国的手续。出境证是一张难民身份证。受中华人民共和国政府的委托，回国的旅费可由印度使馆垫支，但王守武因已在美国工作年余，身边有些积蓄，经济条件比留美学生好得多，就没去领旅费，回国的全部费用都由他们自己支付。

1950 年 9 月，王守武与夫人满怀着建设祖国的热忱和对故乡与家人的思念，抱着未满周岁女儿（图 2-14），搭乘“威尔逊总统号”大型客轮，从美国旧金山出发，开始了回归故里的航程。

---

① 关家英：科学领域上下求索 学以致用报效祖国——记王守武院士。《研究生院》，2005 年第 1 期，第 1-9 页。

② 王守武：以难民身份回国。见：侯祥麟等口述，《1950 年代归国留美科学家访谈录》，长沙：湖南教育出版社，2013 年，第 55-69 页。

③ 同②。

图 2-14　1950 年王守武一家回国途中上岸时拍摄

回国时，王守武一家的行李中有很重的几箱工具和零部件，包括变压器、电钻、万用电表，等等。其中有一块万用电表（图 2-15）是他留学时购买的美国 Simpson 公司的产品。在家做各种电学实验是王守武的爱好之一，万用表是必备的仪器。在普渡，王守武曾在家为女儿自制了一个电动摇篮。回国后为了能使用这些从美国带回来的电器和工具，如电钻等，王守武还自制了一台 220 伏 /110 伏的变压器。王守武后来一直在家中使用这块电表进行各种实验，也用它设计、安装、修理家里和邻居朋友的各种电器。2012 年，王守武把这块万用电表捐给了采集工程。

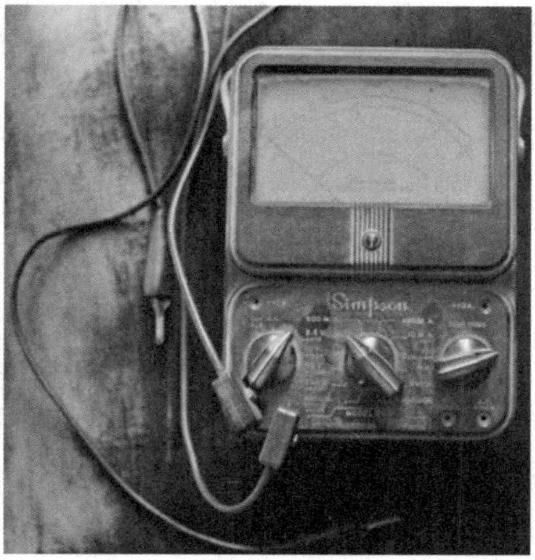

图 2-15　王守武回国时带回的万用电表

王守武一直珍藏着一张百余名回国留学生们在“威尔逊总统号”上的合影（图 2–16），1997 年 6 月，他将这张照片捐赠给中国革命博物馆（国家博物馆）[①]。

图 2–16 王守武一家（第三排右一、右二、右三）1950 年回国时在“威尔逊总统号”船上［吴良镛（第二排左三）、吴大昌（前排右二）、程光玲（前排右三）］

在这张 60 多年前的老照片中，王守武、葛修怀夫妇只辨认出了程光玲和她的丈夫吴大昌，他们归国后曾与葛修怀一起在北京理工大学工作。吴大昌辨认出了吴良镛。

经过 20 多天的航程，10 月，船停在了香港附近的海面，但不能靠岸。当时英国政府规定，只有广东、广西和福建三省的中国人可以经香港回大陆，其他人要搭乘小船一批一批地经九龙海关上岸，再乘火车入深圳。王守武一家三口在深圳上岸后，乘火车经广州到上海，去看望阔别多年的家人。

① 中国革命博物馆捐藏证书。存于采集工程数据库。

第三章
初涉半导体领域

1950 年回国后，王守武进入中国科学院应用物理研究所工作。在这里，他从修理氧化亚铜整流器开始，逐渐进入半导体研究领域，并与黄昆等其他物理学家一起积极推动半导体科学技术在中国的创立。

报效祖国的第一步

在上海，王守武曾到母校同济大学，想看一看是否有条件在那里工作。参观访友后，他和夫人葛修怀还是决定前往北京。

在北京，王守武一家先暂住在姐姐王守璨家。王守武最初想在清华大学或北京大学找到合适的工作，但未能如愿。随后，华北大学（现北京理工大学）希望同时聘请他们夫妇执教，并提供了两间宿舍。最终，王守武经姐夫陆学善介绍受聘于中国科学院应用物理研究所（1958 年更名为物理研究所）。葛修怀受聘于华北大学工学院。中科院当时没有宿舍，王守武一家就暂住在华北大学工学院提供的宿舍。当时华北大学工学院设在原中法大学校址，中科院应用物理所是在原中央研究院物理研究所旧址，两个单位都在东城区东皇城根附近。工作和生活算是初步安顿下来了。那时葛修怀已经怀孕，女儿才满周岁，为了照顾妻子和女儿，家里只好请了一位保姆，这样，房子又不够住了，王守武只好住到朋友家里。王守武虽未受聘华北大学，但也答应为该校兼课，后来他在该校讲授过理论力学和电工学等课程。

中国科学院成立于 1949 年 11 月 1 日，1950 年 2 月上旬，中国科学院决定将中央研究院物理研究所与北平研究院物理研究所接收合并组建中国科学院应用物理研究所。1950 年 5 月 19 日，政务院任命严济慈为应用物理所第一任所长，陆学善为副所长。1950 年 8 月 15 日，应用物理所正式成立，所址设在北京东皇城根。由于原机构的人员、设备分散，搬迁合并工作到 1952 年 6 月才基本结束。王守武 1950 年底进入应用物理研究所（应用物理所）时，该所设有光谱学、应用光学、磁学、结晶学和金属物理五个研究室及光学仪器厂。1952 年 8 月，应用物理所调整为五个研究组：光学组、磁学组、电学组、晶体学组、低温组。1953 年，根据中国科学院的要求，应用物理研究所以发展固体物理为主要研究方向，以建设研究基础并培养人才为中心任务；同时也担负一定的工业技术研究任务，为经济及国防建设服务[①]。

1950 年底，刚到应用物理所不久，王守武就接受了一项紧急任务：为在抗美援朝前线的志愿军运输队设计车灯和路标。当时前线的运输车晚上不能开灯，普通汽车明亮的灯光很容易让敌机发现，使车队成为轰炸目标。任务要求设计出一种特殊的车灯和路标，使车上的司机能看清道路，部队可以在夜里行车，又不致被敌机发现，免遭轰炸。王守武很快提出了设计方案，他设计了车灯和一种配合使用的定向反射路标，研究人员依据他的设计进行加工制作后，在北京郊区进行了实地试验，成功地解决了问题。

1951 年，西藏和平解放后，解决当地生活燃料问题成为当务之急。王守武受命承担西藏地区生活用太阳灶的设计任务。考虑到制造一个大面积

---

① 王扬宗、曹效业主编：《中国科学院院属单位简史（第一卷）》。北京：科学出版社，2010 年，第 113–114 页、第 624 页。

抛物面反射镜的加工困难，王守武改用多个窄条反射面组成的反射系统，用调整每个小反射面倾斜角度的方法，使照射到每个小反射面的阳光反射汇聚到太阳灶的中心，成功设计制作了能在15分钟内把一壶水烧开的新型高原太阳灶。在试制过程中，王守武和同事们只用镀锌铁皮按照图纸裁剪好，并拼接起来，结构和制作都很简单，这种新型太阳灶不需要太大的成本，但却非常实用。

1952年，王守武还和同事何荦[①]一起安装调试成功应用物理所的第一台电子显微镜。王守武回忆，我到应用物理所时这台显微镜已经到达所里了，但是没人会装。我和另一位同事就自告奋勇承担了这件工作。我们一边研究说明书，一边琢磨，把这台机器装好，调试出来了[②]。这是一台透射式电子显微镜，机器比较笨重，三四个分立的部件，安装在一个十多平方米的小房间里，加上一台真空蒸涂设备和一个小工作桌，显得有些拥挤[③]。电子显微镜这种大型复杂而又精密的仪器，在今天多是由厂家负责为用户安装调试。当时没有这个条件，王守武、何荦凭借使用说明书，在个把月的短时间里安装调试成功，达到指标要求。工作是很辛苦的。当然，这也有赖于他们坚实的电子学功底和丰富的实验室工作经验。也应当指出，这台老式电镜技术指标很低：电子束加速电压50kV，分辨率100埃，有效放大倍数10000×；光学结构简单，硬件能够调整的部位很少，光路调整更比新式电镜简单得多[④]。

1952年7月16日，在应用物理所召开了电子显微镜座谈会。竺可桢在这天的日记中写道："晨九点至应用物理所召开电子显微镜座谈会。此显微镜系国民党时代重庆中央广播电台所购，系冯简经手者。由英国从伦敦以飞机运香港，时全国将解放，一架由广州飞重庆，一架飞台湾。新中国成立后分归科学院，于近来经王守武、何荦二人之摸索，可以应用，最高可达2万倍。此架显微镜系英国 Metropolitan Vickers Em 2（EM 2/1 M），

① 何荦，1951年清华大学物理系毕业，同年到中科院应用物理所工作，1959年调中国科学技术大学物理教研室工作。

② 王守武访谈，2013年6月10日，美国加州。资料存于采集工程数据库。

③ 何荦访谈，2013年11月22日，合肥。存地同上。

④ 同③。

英国第十七架云。……今日到者有傅连暲、谢树英、汤飞凡诸人，约卅多，系医务、农业机关者。"① 科学院副院长李四光在座谈会上指出，在电子显微镜发明之前，人们所能用以直接观察微小物体的工具只有光学显微镜，光学显微镜能观察到的微小程度是有一定的限度的，原子、分子用光学显微镜是观察不到的。因此，有些人就认为分子、原子是不可知的，而只是人们脑中虚构出来的东西，然而，电子显微镜发明以来，有些分子已经得到直接观察了②。

1954 年，王守武在《物理通报》发表《电子显微镜》一文，通过和光学显微镜比较，说明电子显微镜的优越性，具体介绍了电子显微镜的构造、原理，特别是电子显微镜的主要部分——电子透镜的工作原理，在电子显微镜的应用部分，具体介绍了制备样品的两种方法，并附有用电镜拍摄的伤风病菌（放大 31000 倍）和方解石的解理面（放大 10000 倍）的显微照片。文章最后号召中国科学工作者尽量发挥我国已有电子显微镜的潜在力量③。

1955 年，利用这台电子显微镜，钱临照与何寿安合作研究发表文章《铝单晶体滑移的电子显微镜观察（一）、（二）》[《物理学报》，1955，11（3）：287—292]。这是国内学者首次将电镜技术用于固体物理方面的研究。第二年，李林（1923—2002）在东京举行的第一届泛太平洋地区电子显微学会议上报告了此文，引起很大反响④。

中国早期电子显微镜研制者之一黄兰友回忆：1958 年，我在西德 Tubingen 大学完成电子显微镜方面的博士论文后回国。中国科学院物理研究所的何寿安先生带我到一台很老的电镜旁，我一看牌子是 Metropolitan Vickers 公司制造的，这是一个已不再存在的英国公司（并入 AEI）。他告诉我这是我国第一台电子显微镜，是他的老师钱临照先生在新中国成立不久的时候从国民党广播事业局的一个仓库里发现的。是谁进口了这台仪

① 竺可桢：《竺可桢全集》（第 12 卷）。上海：上海科技教育出版社，2007 年，第 657-658 页。

② 向仁生：介绍电子显微镜。《科学通报》，1952 年第 9 期，第 634-635 页。

③ 王守武：电子显微镜。《物理通报》，1954 年第 9 期，第 513-518 页。

④ 张志辉、孙洪庆、丁兆君：钱临照先生年谱。《中国科技史杂志》，2007 年第 28 卷第 1 期，第 60-74 页。

器？为什么进口？没有人知道。不过就是用这一台仪器，钱先生开创了我国最早的电子显微学工作。”①

对于这台老电镜安装运转一事，何荦先生评价说：第一，这是中国第一台电镜，是我国电子显微术发展的起点。它的安装运转对我国普及电镜知识也起了作用。第二，这台电镜的安装，尤其是安装好以后，实验室里对样品制备技术摸索很多，对于以后物理所电镜工作开展有一定帮助②。

在应用物理所的半导体研究工作

王守武对半导体产生兴趣是从一个偶然机会开始的。1951年，应用物理所的一个仪表坏了，有人拿给王守武，请他修理。王守武拆开后发现里面的氧化亚铜整流器坏了。当时，王守武对此并不熟悉，于是他开始查找文献，寻找修理方法。

氧化亚铜是一种半导体材料。半导体与金属的导电性质不同。如果在一般金属的两端加上一个电压，则在导体中流过的电流大致上是和所加电压成正比的。当电压的方向反过来时，电流的方向也反过来，但是电压和电流之比依旧保持不变。德国科学家欧姆在19世纪初就总结出了这个规律——欧姆定律。但是，对于某些物体，电压和电流的关系往往是一条对原点不对称的曲线，即流过物体的电流不但与外加电压的大小有关，并且与外加电压的方向有关。同样大小的电压在这个方向加上去时所得的电流，可以比在反方向加上去时所得的电流大得多。具有这种导电性能的材料叫作半导体。当一个交流电压加在半导体两端时，所得的电流可以有一个单向的平均值（直流）。这种不对称的导电性就称为整流效

① 黄兰友：早期电子显微镜制造的回忆。《电子显微学报》，1996年第15卷第2期，第344-352页。

② 何荦访谈，2013年11月22日，合肥。资料存于采集工程数据库。

应。用半导体制作的某些器件往往有不对称的导电性，这就称为半导体的整流效应。半导体整流器就是选择合适的半导体材料，以得到需要的整流效果。

在查找阅读材料后，王守武不仅搞清楚了氧化亚铜整流器的工作原理，他还认识到，氧化亚铜整流器是当时一种有广泛用途的电学器件，他决定自己动手试制这种整流器。查找阅读文献，搞清基本原理，然后自己动手试制，这是王守武科研实践中经常采用的研究思路，他常常是这样摸索着就进入了一个新的研究问题。王守武对动手制作和实验研究有着浓厚的兴趣，在几十年的科研生涯中，他一直是一个勤勉的实践者。

1951 年下半年，汤定元回国后进入中科院应用物理研究所。汤定元在美国芝加哥大学学习时，在高压物理实验室从事高压下相变的研究。1949 年，他看到巴丁（John Bardeen，1908—1991）关于硅的电学性质的重要文章，开始注意半导体的研究工作，也曾打算做硅在高压下电学性质的研究。后来，看到有关半导体的学术文章逐渐多起来，认识到这是一门有发展前途的学科。汤定元进入应用物理所后，选择半导体作为研究方向。他注意到王守武此时已经在应用物理所开展半导体整流器研究[①]。

1951 年 10 月，应用物理所成立电学组，王守武任组长，他与汤定元领导 1951 年来所的大学生廖德荣、高伯龙、杨训凯开展工作。1952 年增加了周帅先、连志超；1954 年又增加了殷士瑞、庄蔚华、姜文甫、傅德中、欧阳恒忠等约十位大学生。电学组成立后确定半导体为研究的中心课题，对半导体研究开始有组织地展开。

1951 年，电学组的研究人员主要是为开展半导体实验研究做仪器准备。他们安装检测了阴极射线示波器、音频放大器，制造半导体研究用的特制仪器以及动力设备等。他们也对硫化铅、硫化镉、硒整流器、氧化亚

---

① 汤定元：新中国建立初期参与半导体学科建立的一些回忆。见：夏建白、陈辰嘉、何春藩主编，《自主创新之路——纪念中国半导体事业五十周年》。北京：科学出版社，2006 年，第 116 页。

铜整流器等半导体材料和器件进行了一些初步测量[①]。

1952年，王守武组织电学组集中力量开展半导体整流器的试制工作。由于没有研究基础，他们要从自制半导体整流器所需材料开始。当时，氧化亚铜材料是用纯铜片在高温下加氧烧制而成。王守武首先领导电学组的研究人员绕制了一个烧氧化铜的电炉，还设计制作了电子管温控器。他们用各种不同纯度和大小的铜片试制氧化铜，逐一检测其整流性能。经过反复烧制和测量，最后得到正反两方向电阻的比值达到约3000倍的氧化亚铜材料。在烧制过程中，他们还研究了炉中氧气压力、温度、烧制时间等对制成的氧化铜电学性质的影响。

我国早期的半导体研究都是要从自制研究设备开始，要在实验中不断摸索工艺，自制材料和器件，并制造出半导体材料和器件性能的检测设备。

1952年，各种政治运动和学习频繁展开，占用研究人员很多时间，业务工作进展不多。应用物理所在该年的总结中写道：

> 在1952年中，本所大部分时间都化（花）在各项运动中。“三反”运动群众性工作至四月中才结束，五、六月学习冯定[②]文件，讨论资产阶级的关系，7月中旬至8月底进行思想改造运动。9月起学习陈副院长[③]报告。讨论科学研究中的理论联系实际问题并听了各部长的报告。10月至11月底制定五年计划。12月中有十天在进行评薪定级工作。因此，大部分研究人员化（花）在研究工作中的时间是比较少的，但在思想改造的基础上，业务工作也并不是完全没有进展与收获的。[④]

从这份总结中我们注意到，科学家的科研时间得不到保障，政治活动

---

① A003-1，应用物理所一九五一年工作总结。存于北京中国科学院档案馆。

② 冯定（1902—1983），中国20世纪著名的马克思主义理论家和教育家。参见谢龙主编：《平凡的真理　非凡的求索——纪念冯定百年诞辰研究文集》。北京：北京大学出版社，2002年。

③ 陈伯达（1904—1989），时任中国科学院副院长。

④ A003-2，应用物理所一九五二年工作总结。存于北京中国科学院档案馆。

冲击研究工作，影响研究工作的正常展开，已经阻碍了科学工作的进展。20 世纪五六十年代，中国科学家，特别是知名科学家的研究工作时间长期得不到保证，成为一个特别突出的问题 ① 。

在断断续续的研究时间内，王守武领导电学组对硫化铅矿等的导电性做了初步研究，对一些其他矿石的检波作用作了实验测试，还为进一步的研究作了一些准备工作。尤其是在进行检波器的试验中，他们对制造尖端接触的技术已能掌握，可把钨丝制成 0.02 毫米的尖端，这对以后进行高频检波器的工作是很有用处的。他们还安装和检修了阴极射线示波器、灵敏电流计、低周放大器等后期实验所需的仪器设备 ② 。电学组成立的最初两三年，主要研究集中在氧化亚铜和硒整流器的测试、制作等方面。

应用物理所建所初期，主要承担上级下达和外单位委托的临时性任务，大部分工作是比较零星地解决技术上的有关问题。1953 年，应用物理所对其工作定位做了研讨，决定改变这种工作状况，开始制定工作计划，希望按照工作计划开展一些深入、系统的研究工作 ③ 。1953 年，经应用物理所所长会议研究确定，“应用物理研究所为基础科学的部门，在今后若干年内以发展固体物理研究为主要方向，包括晶体学、半导体物理和磁学研究，并适当地进行光谱学和低温物理方面的研究工作。”同时，由于“认识到物理学是一门基础科学，基础科学是应该在广泛而根本的范围内为生产服务的。一般而论，它必须通过技术科学才能影响生产。所以应用物理研究所作为研究基础科学的部门也是正确的。” ④

由于以上研究方针的变化，应用物理所提出 1954 年以研究比较基本的有广泛意义的问题为主要方针。与此一致，半导体组（电学组）的研究工作也开始有了一些较长远的目标。到 1955 年半导体组就提出，一方

① 路振朝、王扬宗：二十世纪五六十年代中国科学家的科研时间问题。《科学文化评论》，2004 年第 1 卷第 2 期，第 5–24 页。

② A003–2，应用物理所一九五二年工作总结。存于北京中国科学院档案馆。

③ A003–4，应用物理所一九五三年工作总结。存于北京中国科学院档案馆。

④ A003–10，应用物理所一九五五年工作情况及一九五六年工作计划的说明。存于北京中国科学院档案馆。

面要研究半导体光电导；另一方面是对半导体一些基本性质，尤其是有关半导体整流效应的研究。半导体材料受光照会引起其电导率改变，这个现象称为半导体的光电导现象。先后在硒、氧化亚铜、硫化铊、硫化镉等材料中发现，可利用这一现象制成用作光强测量及自动控制的光电管。研究这一现象是探索半导体基本性能的重要方法之一。“研究光电导的目的，主要是了解半导体内部电子发生跃迁和复合的机构，同时也因为利用半导体的光电导制成的光敏电阻（普通称为光电管）在工业和国防上都有很大用途。”他们还计划继续以氧化亚铜为对象，配备一些与光电现象有关的测量设备，如吸收光谱、光电导光谱分布、灵敏度和弛豫时间的测量①。

到 1955 年，半导体整流器和光敏电阻研究都取得了阶段性成果。在氧化亚铜整流器研究方面：建立了培养氧化亚铜单晶的技术，研究了氧化亚铜在强电场下的性质；研究了氧化亚铜光电导的光谱分布和它的透射光谱，从而提出了氧化亚铜光电导在本征区内逐渐下降的可能解释；测量了氧化亚铜整流器在各个温度下（46——82℃）的整流特性和电容，并进行了初步分析。在光敏电阻方面：掌握了制造硫化铅光敏电阻的方法，得到比较稳定而又相当灵敏的光敏电阻②。

在领导半导体整流器实验研究的同时，王守武对半导体的电子生伏打效应做了理论研究。1955 年完成论文“半导体的电子生伏打效应的理论”，他认为这个工作可以作为今后在这个方面进一步研究的理论基础③。该文 1956 年发表在《物理学报》④。王守武首先介绍：以高速电子注射到具有阻挡层的半导体光电池上，其效果和光线相类似，使光电池的两极间产生电动势。这种效应称为电子生伏打效应。然后他简单回顾前人对这个现象的研究情况，“这种效应首先在 1937 年由 Becker 和 Kruppke 研究过，

① A003-10，应用物理所一九五五年工作情况及一九五六年工作计划的说明。存于北京中国科学院档案馆。

② 同①。

③ A003-81，应用物理所一九五五年工作情况报告。存于北京中国科学院档案馆。

④ 王守武：半导体的电子生伏打效应的理论。《物理学报》，1956 年第 12 卷第 1 期，第 66-79 页。

以后 Ehrenberg、蓝继熹和 West 做了更有系统的测量。他们的测量结果表明，当电子注的能量逐渐增加时，光电池的电动势（次级电动势）最初很快地增加，达到一个极大值后又逐渐减少。相当于最大次级电动势的电子注能量，对同一类光电池来说，往往变化很大。Ehrenberg 和蓝继熹认为，产生最大次级电动势时，电子注打进半导体的深度应该约略等于阻挡层的厚度，因而发觉他们的结果和用测量电容方法所得到的阻挡层厚度不相符合。”王守武建立了这个现象新的微观机制模型，用统计物理学理论重新做了计算。得到的计算结果表明，“相当于最大次级电动势的电子注打入深度并不等于阻挡层的厚度，而是约略等于被激发的少量载流者在半导体内部的扩散长度。因此，这理论是比较满意地符合于他们的实验结果的。”王守武的论文对于进一步认识半导体的电子生伏打效应有积极的意义。

在制定应用物理所 1956 年工作计划时，半导体组把半导体放大器的制作放到了十分重要的位置。计划明确提出，半导体组的近期中心工作是半导体放大器研制，该年内的重点工作为解决锗单晶体的制备问题。对于确定这个研究重点，计划中是这样论述的：

> 国际上半导体的研究和广泛的实际应用只是近 25 年来的事情。在这很短的时期内，半导体物理学的内容却是非常丰富的，包括氧化亚铜和硒制的整流器和光电管的开始，一直到最近发现的，而且是日益得到广泛应用的晶体放大器。它们是很明显地表现了科学与工业之间的联系。目前，在苏联、美国、英国、德国等地都进行着数以百计的有关半导体的研究工作，因而半导体在工业中和国民经济中的应用也正在逐年逐月增加。我们在这方面的基础是薄弱的，因此，我们的工作重点是通过具体工作建立基础，培养干部。①

① A003-10，应用物理所一九五五年工作情况及一九五六年工作计划的说明。存于北京中国科学院档案馆。

该计划还指出，半导体放大器的进一步发展将全面地革新电子学设备的面貌，在国民经济上的意义极为重大。它的发明是直接基于实验室的物理研究工作，它的进一步发展更将依靠实验室的工作。确定半导体组要首先“解决目前制造半导体放大器所用的唯一优良材料——锗的来源、提纯和制备单晶体等技术问题，同时在现有基础上，再继续建立基本测量设备和培养干部。”①

可以看出，应用物理所在制定 1956 年研究计划时，根据应用物理所新的明确定位，对半导体研究工作有了新的思考，对发展半导体科学技术做了长远的计划。应用物理研究所半导体组建立和所开展的研究工作为我国半导体科学技术快速发展奠定了基础。这个基础既有人才的培养，还有实验研究仪器、设备手段的探索。当时，半导体的研究工作需要的基础实验设备，均是自主研制，而且尤为重视基本物理参数测量技术的建立。我国半导体科学技术的发展走的是一条自力更生为主，依靠外援为辅的道路。

应用物理所 1956 年度计划提交后，1956 年 4 月 11 日，中国科学院物理学数学化学部给物理所发文［56 物发字 121 号］，对物理所 1956 年度计划中半导体研究计划提出修改意见：“关于你所 1956 年度研究计划，经初步审阅，认为你所半导体工作既与第二机械工业部第十研究所，第十一研究所合作，关于争取在今年第二季度完成一种晶体的制造一项，则应将原计划二年的完成时间修改提前；关于在第四季度制成第一个半导体二极管一项，亦应列入计划。”②

是年 5 月 17 日，在应用物理所给中科院的回复中，根据实际情况，王守武对中科院的意见大胆发表了自己不同的看法：“请告诉学部，我所与二部的合作目前科学规划中正在讨论，原先二部所提的建议，我所并未同意，同时按目前的实际情况来看，这样的要求也是不可能达到的。”

---

① A003-10，应用物理所一九五五年工作情况及一九五六年工作计划的说明。存于北京中国科学院档案馆。

② A003-15，应用物理所一九五五年工作计划、报告、总结（关于物理所 1956 年计划事）。存地同上。

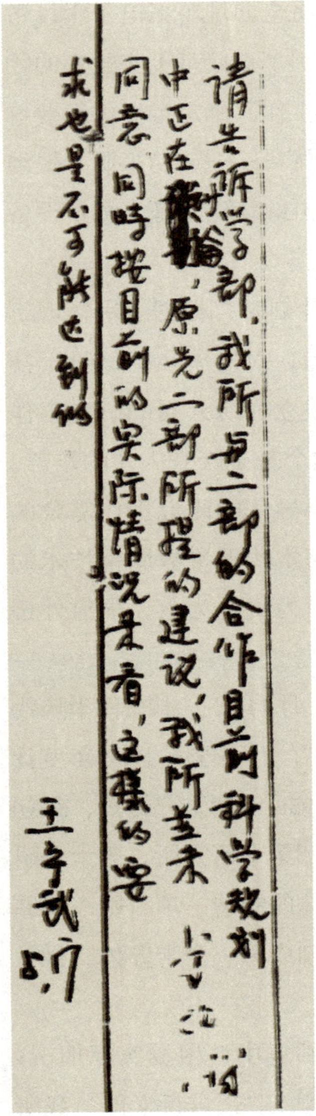
请告所学部，我所与二部的合作目前科学规划小组中正在讨论，原先二部所提的建议，我所并未同意，同时按目前的实际情况来看，这样的要求也是不可能达到的

王守武
5.7

图 3-1　王守武的不同意见

（图 3-1）后应用物理所根据王守武的意见向中科院做了情况说明。

全国半导体会议的召开

20 世纪 50 年代初期，半导体研究也吸引了北京的其他几位物理学家，其中有 1951 年自美国回国的洪朝生。洪朝生曾在普渡大学研究进修，那时已和王守武相识。洪朝生是搞低温物理的，在美国曾做过低温下的电学测量，1950 年提出过杂质导电带的概念，回国后洪朝生在应用物理所建设低温实验室。另外还有 1951 年自英国留学归来的黄昆，当时主持北京大学物理系固体物理教研组的工作。由于王守武、汤定元、洪朝生、黄昆等都关注着世界半导体科学技术的研究进展，对新兴的半导体科学将会给人类社会带来重大变革有着共同的认识，自 1953 年起，他们四人在半导体研究方面的交往与讨论，就逐渐增多起来①。

1953 年春中国科学院派团赴苏联考察，了解苏联科学研究工作的进展情况。访苏代表团回国后，报告了苏联在半导体科学技术上的巨大成就以及飞速进展的情况。这一信息，使我国的科学工作者，特别是物理学工作者，进一步认识到半导体科学技术在社会主义建设事业中的重要

① 汤定元：新中国建立初期参与半导体学科建立的一些回忆。见：夏建白、陈辰嘉、何春藩主编，《自主创新之路——纪念中国半导体事业五十周年》。北京：科学出版社，2006 年，第 113–121 页。

性，应当大力推动这方面的工作。

到了 1954 年，国外的半导体研究有了极大的发展，已经出现了商品晶体管。我国学者在开始做半导体研究的时候，并不是不知道锗的重要性，但是那时西方国家对我国紧密封锁，无法直接进口这些材料，才不得不暂时从事硫化铅和氧化亚铜的研究。如果不改变这种局面，就很可能耽误我国半导体事业的发展。1954 年下半年，由黄昆带头，王守武、洪朝生、汤定元四人对如何发展我国的半导体科学技术工作进行了研讨。他们每周讨论一个下午，黄昆都是骑自行车从中关村来到东皇城根的应用物理所。他主持讨论、提出问题，大家讨论后，黄昆记录整理讨论内容。1955 年上半年，在北京大学物理系固体专业开设“半导体物理学”课程，由他们四人合作讲课。王守武与黄昆、洪朝生、汤定元等一起合作翻译了苏联半导体权威学者 A.Ф. 约飞写的《近代物理学中的半导体》一书，于 1955 年由科学出版社出版。约飞的这部著作系统地叙述有关半导体的研究的最新进展，介绍了在半导体材料中所发生的过程的物理学观念，书中最后一章收集汇总了半导体材料的实验数据，可作为一般查阅参考[①]。他们还倡导召开全国半导体会议，这个工作得到了中国物理学会的支持。

时为中国物理学会理事长的周培源积极推动全国半导体会议的召开，中国物理学会常务理事会特决定于 1955 年 1 月底召开一次全国性的半导体物理学讨论会，并聘请陆学善、黄昆、王守武、洪朝生与汤定元等组成筹备委员会，陆学善为召集人，进行筹备工作。后陆学善因病休假，常务理事会改聘施汝为作为召集人。1955 年中国科学院数理化学部成立，为了使半导体物理学讨论会得到中国科学院学部与全国科联的直接领导，在筹备会中又分别添聘了邓稼先与沈泉林。筹备委员会曾初定讨论会在 1955 年初举行，后会期推迟到夏天；到了夏天，全国正处在“肃反”运动的高潮，无法召集会议，会议最后于 1956 年 1 月 30 日到 2 月 4 日在北京举行[②]。

---

① A.Ф. 约飞著，汤定元、洪朝生、黄昆、王守武译：《近代物理学中的半导体》。北京：科学出版社，1955 年。

② 周培源：序言。见：中国物理学会编，《半导体会议文集》。北京：科学出版社，1957 年，第Ⅱ－Ⅳ页。

王守武在这次全国半导体物理学讨论会上的报告是《半导体整流器》。他在报告中介绍了半导体整流器的工作原理、两种不同导电类型半导体接触的整流理论、新型半导体功率整流器特性、半导体整流器的应用及其发展等内容。他从半导体整流器的简单介绍开始，介绍了半导体整流器的简要发展过程，他说，“半导体的整流效应很早就为人类所发现。在无线电技术发展的早期，人们就用半导体的矿石来做接收机中的检波器，但是在真空管出世以后，这种天然矿石做的检波器很快就被淘汰了。直到1930年前后，半导体的氧化亚铜整流器和硒整流器才开始在工业上被大量使用。第二次世界大战期间，由于雷达技术的迅速发展，半导体检波器又重新被提出来解决真空管所不能解决的问题。但是，雷达中所用的半导体检波器和初期的矿石检波器有着根本的差别。这里所用的半导体已经不是天然矿石，而是用高度精密技术精炼而成的半导体材料。最近半导体电子学器件的迅速发展，又出现了新型的锗或硅的大功率整流器。这些整流器和旧的氧化亚铜或硒整流器比较起来，电流密度增加了千倍以上，耐压增加了几倍乃至几十倍。因此，这些新型的大功率整流器已经开始被广泛应用到电化工业和牵引机械或其他直流电源设备中去。”①

王守武报告的很大篇幅用于介绍20世纪四五十年代，苏联和美国在半导体整流器方面工作的进展。介绍了整流器的原理、一些新型整流器的技术设计等。

王守武关于半导体的电子生伏特效应的理论研究，在会议文集中刊出了摘要②。

在这次全国半导体物理讨论会筹备期间，高鼎三、成众志从国外归来，他们参与了会议的筹备，并在会议做了精彩报告。高鼎三（1914—2002）是中国著名半导体物理与器件学家、微电子与光电子专家、吉林大学教授、中国工程院院士。高鼎三1937年考入上海交通大学。1947年

---

① 王守武：半导体整流器。见：中国物理学会编，《半导体会议文集》。北京：科学出版社，1957年，第18–31页。

② 王守武：半导体的电子生伏打效应的理论。见：中国物理学会编，《半导体会议文集》。北京：科学出版社，1957年，第206页。

赴美国加利福尼亚大学留学，1951 年取得硕士学位后开始攻读博士学位。1953—1955 年他在美国洛杉矶国际整流器公司任研究员，1955 年回国，到东北人民大学（现吉林大学）物理系任教。高鼎三在会上报告了“锗整流器的制造问题”。高鼎三首先介绍了他在美国国际整流器公司的研究工作情况。他在试制锗大功率整流器中引用了一种特殊扩散过程，得到显著的成功，制成了 150 安培、输出功率为 4 千瓦的整流器。此后，他又设计试制了小型和中型整流器，其中小型的已经制成产品在市场上供应，大量地用在频率比较低的电子线路中；中型的则大量用在工业自动化控制设备中。1955 年回国前高鼎三也制成了硅大功率整流器，其特点是耐高温、高电压和更大的电流密度[①]。高鼎三的报告，简要地叙述了锗整流器制造过程和它的工作性能。根据自己的研制经历，他全面介绍了扩散结整流器的工作原理、扩散 PN 结的制造、晶片的表面处理、扩散设备、扩散热处理、温度时间循环、焊接合金、保护涂料和填充料等。高鼎三的研究经历和成果，尤其是他对半导体器件制作工艺的了解和掌握，对于刚刚起步、正在摸索的中国半导体科学技术研究是十分宝贵的。

成众志（1921— ），著名半导体电子学家，中国科学院研究员。1943 年 6 月以优异成绩毕业于重庆中央大学电机系，由系主任陈章教授推荐，1945 年赴美留学，1947 年在哈佛大学电信工程系获硕士学位。后在美国无线电公司工作期间提出晶体管等效电路的 H 参数，与电子学专家罗无念等合著《晶体管电子学》（*Transistor Electronics*），由美国 Prentice Hall 于 1955 年出版，连续三次重版，成为国际上半导体电子学界的经典著作。1955 年成众志冲破美国政府的阻挠，绕道欧洲，与母亲任瘦青和兄长成竟志一家回到祖国。1955 年底，成众志开始在中科院应用物理研究所工作。他是中国半导体电子学的重要奠基者之一。成众志的会议报告是“半导体放大器的应用”。他介绍了半导体放大器发明后取得的显著进步。世界各国如苏联、美国、英国、法国、德国、日本等都有相当规模的生产，并且已用在各种电子学仪器中。据估计美国在 1956 年内将用 100 万个半导体放

① 高鼎三：锗整流器的制造问题。见：中国物理学会编，《半导体会议文集》。北京：科学出版社，1957 年，第 33-48 页。

大器在手提无线电收音机中，75 万个在助听器中，50 万个在电子计算机中，再加上其他应用，一年所用的半导体放大器数目已不算少，由此可见，它的应用日趋广泛。为满足各种电子学设备的需要，已制造出各种不同的半导体放大器，而且其年产量和种类在继续增长中[①]。

这次会议使参会人员对于半导体科学技术的新进展有了较为全面的认识。当时在美、苏、英、法等国家，半导体整流器、半导体放大器等的半导体器件已经有了相当规模的生产，半导体收音机、助听器等民用产品也已经批量生产。通过座谈交流他们也了解到我国的研究工作已经起步，认识到我国需要半导体科学与技术的迫切性以及发展这一事业的现实性。参加这次会议的有来自中国科学院、大学及工业企业各个方面的工作者，在会议期间他们有了广泛的接触，建立了彼此间的联系，交流了研究情况和工作想法，为今后实际工作中的合作创造了有利的条件。

在全国半导体会议筹备期间，党中央提出了向科学进军的号召，半导体事业受到极大的重视与关注。会议虽然是物理学会主办的，产业部门的代表和无线电、电子学方面的科学工作者都积极地参加了这次会议，因此会议的影响远远超出了物理学和物理学界的范围。

“会议的目的是为了引起大家对半导体的重视，以便推动国内的半导体事业。因此会议的内容着重于介绍半导体在各方面的应用及其物理原理。同时在会议期间也交换了有关半导体科学技术工作者的培养与半导体的制造的组织机构等意见。”“这次半导体物理学讨论会的召开是甚为及时的。在会议进行的时候，我国的科学家正在国务院科学规划委员会的领导下开始拟定十二年科学技术远景规划的工作。在这个规划中，‘半导体技术的建立’被列为五十七项任务之一；半导体的科学研究与干部培养工作也提前到 1956 年的紧急措施范围之内。这样，半导体物理学讨论会的举行，正好为制定这项任务的规划做好准备工作。”[②] 全国半导体会议后，中

① 成众志：半导体放大器的应用。见：中国物理学会编，《半导体会议文集》。北京：科学出版社，1957 年，第 98–102 页。

② 周培源：序言。见：中国物理学会编，《半导体会议文集》。北京：科学出版社，1957 年，第Ⅱ–Ⅳ页。

国物理学会将会议报告整理，由科学出版社出版了《半导体会议文集》（图3-2）。文集中的报告系统介绍了半导体在各个方面的应用和基本原理，成为这个时期半导体工作者的一份主要参考资料[①]。

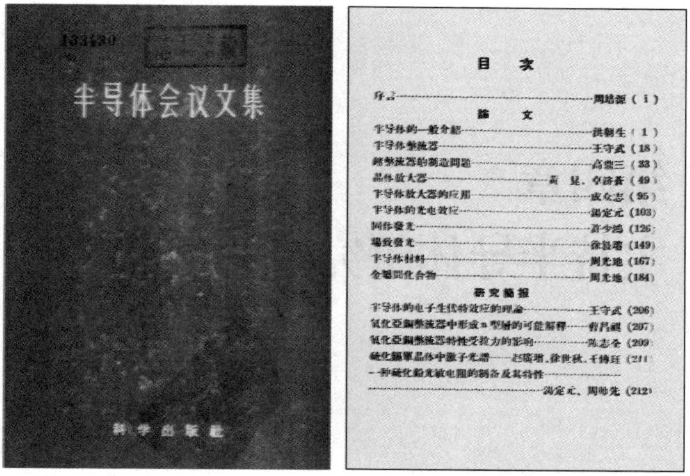

目　次

序言……周培源（i）

論　文

半导体的一般介紹……洪朝生（1）
半导体整流器……王守武（18）
鍺整流器的制造問題……高鼎三（33）
晶体放大器……黃　昆、卓济蒼（49）
半导体放大器的应用……成众志（95）
半导体的光电效应……湯定元（103）
固体發光……許少鴻（126）
場致發光……徐叙瑢（149）
半导体材料……周光地（167）
金屬間化合物……周光地（184）

研究簡報

半导体的电子生伏特效应的理論……王守武（206）
氧化亞銅整流器中形成n型層的可能解釋……曹昌祺（207）
氧化亞銅整流器特性受拉力的影响……陈志全（209）
硫化鎘單晶体中激子光譜……赵廣增、徐世秋、千倚珏（211）
一种硫化鉛光敏电阻的制备及其特性……湯定元、周帅先（212）

图3-2 《半导体会议文集》封面和目录

① 周培源：序言。见：中国物理学会编，《半导体会议文集》。北京：科学出版社，1957年，第Ⅱ－Ⅳ页。

第四章
主持半导体研究机构工作

1956 年，在周总理的亲自主持下，我国集中了上千位科学家，制定“1956—1967 年国家十二年科学技术发展远景规划”（以下简称“科学远景规划”），同时把建设我国的半导体科学技术列为四项紧急措施之一。以此为契机，我国半导体事业进入了一个快速发展的开拓时期。1956 年应用物理所在电学组基础上成立半导体研究室，王守武任主任。1956—1960 年，半导体研究室在半导体器件的研制方面取得一系列成果。1960 年在该室的基础上又建立了中国科学院半导体研究所，王守武任业务副所长。1960 年，王守武领导在半导体研究所内建立了全国半导体测试中心。

参与制定半导体科学技术发展规划

1956 年 1 月，中共中央在北京召开关于知识分子问题会议，周恩来总理在会议第一天代表中共中央作《关于知识分子问题的报告》，宣布国家即将制定十二年科学技术发展远景规划，号召向科学进军，并提出“集中最优秀的科学力量和最优秀的大学毕业生到科学研究方面。用极大力量来加强科学院，使它成为领导全国提高科学水平、培养新生力量的火车头。”根据中央的精神，中国科学院进行了认真的研究，提出了一个快速发展的规划设想。

在制定科学远景规划时，成立了半导体科学技术发展规划制定小组，小组组长是时任中科院应用物理所所长施汝为，副组长分别是北京大学教授黄昆和时任应用物理所电学组组长的王守武①。对发展半导体科学技术重要性的认识和成功阐释，使在科学远景规划中半导体科学技术发展被放到十分重要的地位，这不仅对我国半导体科学技术的发展是关键的举措，对与半导体相关的计算机技术以及“两弹一星”工程的实施都起到了基础作用。

中国科学院档案馆保存有一份题为“半导体物理的远景规划”的手稿，上有“王竹溪委员”和“会后收回”字样，这应该是一份半导体小组制定的有关半导体物理发展规划的讨论稿，我们从中可以了解当时对发展半导体科学技术的认识和设想②。该讨论稿首先介绍了国际半导体研究取得的成果，认为半导体虽然是一门新兴的学科，但是由于它发展迅速，已经在很多方面表现出极大的优越性，其应用范围正在不断地扩大。用半导体制成的晶体放大器，不但可以代替收音机中所用的真空管，而且与真空管相比，半导体放大器具有体积小、电能消耗小、寿命长、不怕震动等优点。用半导体做成的热电转换器，可以直接把热能转换成电能，其效率已经与蒸汽机发电的效率相差无几，但是设备却非常简单，没有任何转动部分。用半导体做成的整流器也已经可以用到几百安培的大功率整流方面，还有用半导体制成的光敏电阻、热敏电阻等也是自动控制仪器中不可缺少的元件。讨论稿进一步阐述了发展半导体科学技术对我国工农业和国防的重要性和必要性，指出在我国国防以及工业自动化的过程中，必然会需要各种各样的半导体仪器③。

讨论稿还提出了发展我国半导体科学技术的具体建议：半导体物理的

---

① 林兰英、黄昆、王守武、洪朝生、王守觉、李志坚、吴德馨、廖德荣、周帅先、陈莹瑜、徐葭生：科技报道应尊重事实——从一则电视新闻谈起。《中国科学报》，1992 年 12 月 1 日，第 3 版。

② A003-19，半导体物理的远景规划。存于北京中国科学院档案馆。

③ 同②。

研究工作，必须在我国迅速地开展起来，在开始阶段应以晶体放大器作为重点，再逐渐扩大到其他方面。希望在第三个五年计划的后期，在中国科学院的范围内，能够有一个比较全面地研究半导体的研究所，在其他综合性研究所内，也应该有两三处进行半导体研究的半导体组。在高教部所属的高等学校中，也应该开展半导体研究工作。

讨论稿还提出还在计划中的半导体研究所在第三个五年计划末期要进行的工作，应该包括五项：半导体理论、探求新的半导体材料和半导体的提纯问题、半导体基本性质的研究、半导体整流器和放大器的研究（包括半导体电子学）、半导体温差电性能的研究。同时还提出实施这五个项目需要建立的研究队伍规模和组成结构以及研究发展步骤计划。最后，讨论稿就半导体材料研究做了细致的计划。

1956 年 6 月，《1956—1967 科学技术发展远景规划纲要（草案）》制定完毕，其中集中阐述半导体科学发展的规划是第 40 项任务——半导体技术的建立，内容为：

> 首先保证尽速地掌握各种已有广泛用途的半导体材料和器件的制备技术，同时进行与制备技术密切联系的研究工作，在这基础上逐步开展更基本而更深入的研究，以扩大半导体技术的应用范围及创造新型器件。在开始阶段，解决锗的原材料和提纯问题，以及掌握和发展锗和硅电子学器件的制造和应用技术是本任务的首要工作。希望一、二年内能掌握制造纯锗单晶体的方法以及实验室内制造几种放大器的工艺过程。二、三年后开始大量生产各种类型的锗的器件。其他如光电和热电器件、发光和磁性材料以及铁电体等问题都应当首先掌握并改进已有的制备技术，然后逐步深入研究。
>
> 计划在十二年内不仅可以制备和改进各种半导体器材，创造新型器件，并扩大它们的应用范围；而且在半导体的基本性质与新材料的研究上都展开系统的和广泛的工作[①]。

① 1956—1967 科学技术发展远景规划纲要（草案）。见：中共中央文献研究室编，《建国以来重要文献选编（第九册）》。北京：中央文献出版社，1994 年，第 486-487 页。

科学远景规划纲要中的这些阐述，为中国半导体科学技术的发展提供了指导纲领，它阐述了我国发展半导体科学技术的任务、研究重点和步骤、阶段性和整体目标以及发展前景等。十二年远景规划的指导方针是“重点发展，迎头赶上”，半导体科学技术被列为重点，为其初期发展提供了条件。

组建应用物理所半导体研究室

在制定科学远景规划时，全国科学规划委员会还提出了“发展计算技术，半导体技术，无线电电子学、自动学和远距离操纵技术的紧急措施方案”（简称“四项紧急措施”）。措施对发展这四个领域的科学技术提出了具体的目标和任务。1956 年，中国科学院承担四项紧急措施的任务后，经过和有关部门协商，决定筹建专门的研究机构，分别开展四个新科学技术领域的研究。1956 年 8 月 18 日，中科院提出，筹建计算技术、电子学、自动化及远距离操纵等三个研究所，同时在应用物理所成立半导体研究室。中科院的筹建计划上报一周后，陈毅就于 8 月 25 日批示：“同意办。” ①

在制定科学远景规划时，科学家对把半导体作为重点发展的学科有过不同的看法，有人提出半导体研究虽然重要，但是光学或者其他学科也很重要 ②。不过，在中科院上报的文件中还是强调了半导体技术的重要性：“计算技术、半导体、电子学和自动学及远距离操纵等学科，是世界最新的科学技术，对于生产自动化、国防现代化和发展先进的科学技术极为重要。”成立专门研究机构还因为这些学科当时在世界上发展速度很快，研究规模很大，但在国内有的是完全空白，有的是非常薄弱。我国发展这

---

① A013-1，发展计算技术，半导体技术，无线电电子学、自动学和远距离操纵技术的紧急措施方案。存于北京中国科学院档案馆。

② 王守武访谈，2011 年 1 月 3 日，美国加州。资料存于采集工程数据库。

些学科必须采取有力的紧急措施，集结力量，用超常规的步伐建立研究基地，培养干部，满足国防和工业的迫切需求，同时为这些先进的现代技术，创立必要的、进一步发展的条件[①]。

“四项紧急措施”在发展半导体科学技术上的步骤是：“首先掌握最急需和具有重大意义的各种半导体器件（半导体二极管、三极管、大功率整流器）和有关的半导体材料的制造工艺过程及其应用技术。然后再逐渐开展各方面的系统基本研究，并推广扩大半导体技术的应用范围。”从长远的科学技术发展出发，“四项紧急措施”不仅考虑到要完成具体任务，还对研究组织和研究机构建设做了具体安排，计划“在十二年内科学院和第一、第二机械工业部下均应建立半导体研究所，使用半导体器件的各部门以及高等学校内亦应广泛展开有关研究。”

中国科学院计划先在应用物理研究所内成立半导体研究室，采取逐步充实扩大的方针，到 1958 年正式成立半导体研究所。对于其研究工作定位为：“负责半导体器件及有关的基本理论研究，新器件的探索，并发展成为半导体科学研究的最主要的基地。”

“四项紧急措施”中对半导体研究室人员规模、设址、图书资料、经费等提出了详细具体的措施。在人员方面，提出该室的研究人员除应用物理所半导体组原有工作人员外，计划在当年暑假调集 18 名研究人员充实该室。并且要求这些人员最好是大学毕业若干年，有实践经验和确有研究工作能力的人员，其中也可以包括一部分最近毕业的优秀学生。研究人员可由产业部门和高等学校调入。另外还要调入包括钳工、车工、无线电技工在内的各级技工 45 名，实验员 20 人。在物力和财力方面，“四项紧急措施”中也提出了有力的保证，所址及研究面积的计划是“半导体研究所所址设在北京。1956 年需研究室面积 4000 平方米，工作人员（160 人）宿舍住宿面积 3500 平方米，1958 年研究所面积 10000 平方米，工作人员（600 人）宿舍住宿面积 13000 平方米。”半导体所图书仪器拨款计划是 1956 年 70 万元，1957 年 70 万元。

---

① A013-1，发展计算技术，半导体技术，无线电电子学、自动学和远距离操纵技术的紧急措施方案。存于北京中国科学院档案馆。

文件对工业部门中的半导体研究机构的建立也做了安排，提出将第二机械部第 11 所原有半导体部分扩大为研究室，1959 年起独立成所，主要负责半导体器件的设计和制造工艺问题。第一机械工业部电工研究院半导体电器组，主要负责半导体电工器件的设计和制造工艺研究，于 1958 年改组为研究室。

发展计划还提出了积极争取苏联方面的支持，购买有关研究资料、研究设备、半导体材料，派人员赴苏学习等。“采取特殊采购措施，于本年底以前由国外购到科学院与高教部为有关半导体研究和培养专门化学生所急需的电子学和化学工艺设备一批（价值 70 万元）。”“向苏联订购纯锗原料（99.95% 纯的氧化锗和单晶纯锗各 10 公斤），约 30 万元。”“请苏联特殊援助供给锗单晶，超纯石墨和石英器皿，并请苏联有色冶金工业部代制抽制单晶的设备。”“请求苏联供给关于各种半导体器件和材料的生产技术资料，以及有关半导体物理和半导体制备工艺的全部课程和实验教学设备资料。”“派遣三个物理、两个化学、一个无线电电子学的学习团到苏联科学院和工业部门的研究所，学习和掌握半导体二极管和三极管制备和研究的已有经验，为期两个月。”①

1956 年，应用物理所电学组扩建为半导体研究室，王守武任研究室主任，研究室设立半导体材料、半导体器件、半导体光热电三个组，成为我国最早的半导体研究机构②。是年，半导体研究室的人员很快得到扩充，不仅积极争取到刚回

图 4-1 应用物理研究所半导体研究室一角
（来源：《半导体所五十年》）

① A013-1，发展计算技术，半导体技术，无线电电子学、自动学和远距离操纵技术的紧急措施方案。存于北京中国科学院档案馆。

② 王扬宗、曹效业主编：《中国科学院院属单位简史（第一卷）》。北京：科学出版社，2010 年，第 621-628 页。

国不久的吴锡久、成众志到研究室工作，还从一机部调入王守觉，他们与1957年从美国归来的林兰英一起后来都成为半导体研究室各个组的负责人和研究骨干。当年还分配来大学毕业生十几名[①]，另外，还从其他研究机构临时抽调了部分人员，参加锗晶体管研制工作[②]。

应用物理所半导体研究室的成立是中科院落实四项紧急措施任务的一个举措，因此半导体研究室初期的工作就不仅仅是在应用物理所内开展半导体科学技术研究，而是担负起联合全国的各研究机构、大学及工业部门的有关单位和人员集体攻关，共同完成科学远景规划纲要中的相关任务，同时也担负着为我国半导体科学技术发展培养研究人才的任务。

赴苏联学习考察半导体

根据科学远景规划，我国要在短期内派遣一个半导体代表团去苏联全面学习有关半导体的工作。1956年底，中国科学院派出由严济慈为团长的赴苏考察团，参加半导体方面考察的有王守武、洪朝生、成众志、吴锡九、乌拉、庄蔚华、周帅先、廖德荣及翻译尹道乐九人[③]，他们赴苏考察的任务分四个方面：物理、材料、器件及电子学，因此半导体组又再分为四个小组，以便集体参观考察和分组深入学习，王守武负责整体工作和半导体物理方面，吴锡九和周帅先、廖德荣（部分时间）负责半导体器件方面[④]，成众志负责半导体电子学方面[⑤]，洪朝生负责半导体材料方面，

---

① 王启明：淡泊名利，奋力开拓，实事求是，平易近人。见：《王守武院士科研活动论著选集》编委会编，《王守武院士科研活动论著选集》。北京：科学出版社，1999年，第17-19页。

② 王守武：半导体所的孕育和发展。见：中国科学院半导体研究所编，《中国科学院半导体研究所建所四十周年纪念文集》。内部资料，2000年，第18页。

③ 同②。

④ A003-487，半导体电子学器件访苏学术专题报告。存于北京中国科学院档案馆。

⑤ A003-65，赴苏学习考察半导体电子学的技术报告。存地同上。

庄蔚华是半个翻译，跟随王守武[1]。

赴苏考察前，半导体组做了充分准备。出发前考察团成员在北京集训和突击学习俄语一个月，学习了解苏联在半导体方面的研究机构、学者及各个研究机构的研究情况，以便在考察中有重点地参观和学习。

考察组于1956年12月21日到达莫斯科，12月24日开始工作，参观学习至1957年2月27日结束，3月初回到北京。在两个多月的考察中，考察组集中参观学习了四周，初抵苏联的前两周在莫斯科，后在列宁格勒和基辅各一周。在余下的时间里，考察组再分为半导体物理、半导体材料、半导体器件和半导体电子学四个小组分别在有关研究所内进行深入学习和了解。小组成员前后参观了属于苏联科学院的六个研究所和一个实验室，属于工业部门的一个研究所和四个工厂，乌克兰科学院的研究所以及五所高等学校，其中主要的有列别捷夫物理研究所、技术物理研究所、乌克兰科学院物理研究所、冶金研究所、35研究所、无线电电子学研究所及半导体研究所等[2]。

在分组学习的一个多月中，王守武带领的半导体物理小组主要在技术物理研究所，着重学习半导体少数载流子寿命的测量方法及半导体表面性质的研究。半导体材料小组主要在冶金研究所，着重学习硅的提纯和锗与硅单晶制备的方法。半导体器件小组除了在苏联35研究所作了两次详细参观外，还在乌克兰科学院物理研究所、列别捷夫物理研究所和无线电电子学所学习。半导体电子学组，主要在列别捷夫物理研究所和莫斯科大学参观学习。

中国赴苏科技考察团受到苏联科学院等单位的热烈欢迎和隆重接待。在苏联科学院的欢迎会上，每个中国代表团成员旁边都有一位苏联专家对口接待。代表团所到之处也都有苏联专家接待，并进行了热情交流[3]。

苏联的半导体研究工作开始于1930年左右，在半导体光电效应和温差电效应的研究与应用方面有长期的研究积累和重要成果，在温差电效应理

---

① 成众志访谈，2011年11月3日，北京。资料存于采集工程数据库。

② A003-34，中国科学院赴苏考察团半导体组工作总结。存于北京中国科学院档案馆。

③ 吴锡九：《回归》。上海：上海辞书出版社，2012年，第111-113页。

论、温差发电器及温差制冷器、硫化物光敏电阻、光电池方面的研究都处于世界领先地位。1950 年，苏联开始半导体电子学器件方面的研究，苏联科学院在 1950—1953 年初步解决了锗的提纯与单晶制备及中频合金法三极管的试制。考察组认为这次考察的主要收获是，更加明确了我国半导体科学技术的发展方向和困难，对近期的发展有了比较具体可行的计划，坚定了对国家已经制定的规划中的发展重点的认识[①]。

总体来看，通过这次考察学习，代表团的科学工作者对半导体各方面都有了进一步了解，尤其是对半导体材料和器件的制作获得了感性认识，与苏联在半导体方面的科学工作者取得了联系。这次考察使我国科学工作者对苏联的研究情况有了较全面和深入的了解，这对发展我国的半导体科学技术提供了借鉴，也为派遣留学生、实习生等工作打下了基础。

这次考察学习，在计划的四个方面都有具体收获：在半导体物理方面，具体学习了半导体材料中少数载流子寿命测量的各种方法，保证了今后国内制造单晶时所必需的检验工作；全面了解了苏联半导体表面的研究以及半导体内杂质的研究情况，使我国即将在这方面开展的研究工作有更明确的方向；进一步认识了理论研究的重要性。在半导体材料方面，具体学习了锗材料的提纯与单晶制备，详细了解了硅材料的提纯，具体学习了硅单晶的制备。这些与我国继续完成锗材料的制备和开始硅材料的制备有直接关系。在半导体器件方面，了解和学习了苏联即将投入生产的中频三极管；学习了研究 PN 结的步骤和方法，将直接有助于我国开展二极管方面的研究工作。在半导体电子学方面，学习了参数测试的一些方法；了解了振荡性能的研究。另外，这次学习考察期间，还从苏联得到了一些研究上急需的器材，如石墨、石英器皿、化学原料和超纯金属材料等[②]。

考察小组也看到了苏联半导体科学技术发展的薄弱方面，当时苏联比较重视光电效应和温差电效应，认为其在能源领域将有重要的应用前景，但在半导体电子学器件研究方面还比较落后，我国学者认为这是半导体技

① A003-34，中国科学院赴苏考察团半导体组工作总结。存于北京中国科学院档案馆。

② 同①。

术的一个新兴的重要方面，应该积极重点研究[①]。

考察小组对苏联发展半导体科学技术的经验和特点做了分析总结。苏联的电子学器件发展速度较快，这和苏联的科学发展政策和体制密切相关，苏联科学院与企业联系紧密，各个研究机构协调合作。苏联半导体科学技术发展的主要特点是：①集中人力、物力；②在半导体电子学器件的发展中，产业部门研究所的工作占有十分重要的地位；③科学研究工作的目的性明确、具体，理论与实验密切结合；④虚心踏实的工作作风，注意学习国外的新科学进展。“对于美国在有关半导体电子学器件方面发展出的一些基本研究方法，花了较大的力量来认真掌握，使得在这方面可以建立起可靠的研究力量，而不是追求新的研究成果，这样做的结果，不单是掌握了这些方法的优点与限度，而且作出改进；也通过这种工作方式，以较少的具体指导培养出较多的青年工作人员。”[②]

根据苏联的发展过程和我国当时的实际情况，考察组认为，我国半导体研究的发展方向还是应该按照十二年科学发展远景规划进行，但在具体环节上可以借鉴苏联的经验。他们提出多项具体建议，如：

第一，科学院与生产部门共同承担发展半导体电子学器件的迫切任务，需要集中人力、物力来优先发展，对器件的物理性质研究、器件制备工艺、新器件的发展、应用的研究（电子学）和器件的生产要有统一的规划。

第二，应该设法发挥高教系统的研究潜力。当时高等学校中展开半导体研究工作上的困难是：缺乏有半导体研究工作经验的教师来领导工作，缺乏仪器设备，任务不明确。由于目前必须将有限的人力、物力集中在科学院与产业部门的研究所，以求最快地发展起半导体电子学器件的研制工作，因此对于高教系统还不能在人力、物力上大力支持，否则分散了我国薄弱的力量，将使半导体研制的发展受到影响。但在高教系统内，可采取联合几校或校内几个教研室的力量，派教师参加科学院与产业部门的工作等办法，发挥他们的作用。

---

① A003-34，中国科学院赴苏考察团半导体组工作总结。存于北京中国科学院档案馆。

② 同①。

第三，应用物理所半导体室的工作应包括半导体材料、器件、物理和电子学的研究。

考察小组注意到，在苏联，这些方面的工作不是都在一个研究所内展开，有多个科研和工业企业内的相关机构各有侧重地参与某个方面的研究，而且苏联几乎每一个物理研究所内都在进行着多方面的半导体研究工作。但是，我国当时还不具备全面开展半导体科学技术研究的条件，我国采取的将研究力量先集中起来的作法是适当的。集中力量在锗与硅电子学器件的有关工作上，可以使材料、器件、物理、电子学等方面工作互相推动，同时可以给工业部门以有力推动。

第四，在材料准备方面，应用物理所将继续完成锗的物理冶金工作，并在1957年下半年开始硅的物理冶金工作及硅晶体的物理性质研究。

第五，在器件的发展方面：应用物理研究所将在1957年底完成锗的合金PNP中频三极管的实验室定型制备，并继续开展其他不同类型的三极管的试制。晶体管大量生产所需要的操作规程的确定及中间工厂试生产工作计划将在二机部研究所内进行。

考察组的建议还有加强和苏联有关机构的联系、选派留学生等。

这次考察实现了最初拟定的任务，中国半导体工作者收获颇大。他们看到了苏联在半导体科学技术各方面的成果，但并没有转向完全依赖苏联的技术支持，在选择我国半导体科学技术的发展道路、发展重点和发展方向上，也没有完全接受苏联专家的意见。考察组对我国发展半导体的建议不仅吸收了苏联的经验，也充分考虑到我们和苏联在研究基础等方面的差别，他们还指出了苏联某些做法的问题。我国科学家选择了一条在独立自主的基础上，积极争取外援的发展道路。在制定科学规划时，苏联专家曾提出，我国可以不必做半导体材料，而使用苏联给的锗晶体材料做器件，但由于得到的材料有限，如果这样将限制我们的发展。另外，考察团成员在苏联参观时了解到，苏联半导体研究的元老约飞认为，热电效应是半导体研究的主要方向，但鉴于对1947年半导体晶体管出现后世界半导体科学技术快速发展的了解，我国科学家认为，半导体电子学是当时最有应用前途的领域，是我国最应该着力发展的方面。第三，积极开展硅材料研制工作。从制定十二年远景规划时开始，“苏联专家一直建议我国只作锗，他们低估了我国科技工作者自力更生、艰苦奋斗、勇攀科学高峰的能力，建议我们不要把硅材料和器件的研制列入规划，因为硅材料的化学性强，难于提纯，等苏联方面摸索出一套经验后再列入我们的规划。我们毫不犹豫地否决了他们的建议。”① 但我国科学家还是没有等，终于很快自己制作成功，为我国半导体科学技术发展赢得了时间 ② 。

1960 年，王守武作为物理所访苏小组成员，再次赴苏联考察，了解苏联有关方面的发展情况，并希望与苏联科学院有关研究所建立经常联系。考察发现，“苏联科学院半导体方面的工作有很大一部分力量是放在新半导体材料方面，而在新半导体材料的工作中，绝大部分又是为了寻找好的温差电材料。半导体研究所除了铁氧体的工作外，几乎所有工作都是围绕这个中心任务进行的。”“在半导体电子学器件方面，晶体三极管的工作苏联科学院内很少，据说主要是在工业部门做。” ③

从后来半导体科学技术的发展情况看，早期是半导体电子学迅速发展，20 世纪 60 年代后，随着半导体激光器和光导纤维技术发展，半导体在信息技术领域发挥越来越大的作用，半导体光信息技术日益广泛使用，半导体电热技术虽一直有所进展，但影响远不及前两个方向，应该说，中国学者这个时期对半导体科学技术发展方向的把握是准确的。

半导体研究室时期的重要成果

从应用物理研究所半导体研究室成立的 1956 年，到 1960 年半导体研究所成立的短短几年里，在王守武的组织领导下，半导体研究室取得了一

① 王守武：我国半导体科学技术发展历史回顾与思考。见：中国科学院半导体研究所建所四十周年纪念文集编委会编，《中国科学院半导体研究所建所四十周年纪念文集》。内部资料，2000 年，第 18 页。

② 王守武访谈，2011 年 7 月 22 日，美国加州。资料存于采集工程数据库。

③ A003–95，物理所访苏小组总结报告。存于北京中国科学院档案馆。

系列开创性成果，为经济建设和国防任务的完成奠定了基础。这些成果主要有：研制成功我国第一根锗单晶、研制成功合金结锗晶体管和金键二极管、拉制成功掺杂的锗单晶并完成我国锗单晶的实用化、拉制成功我国第一根硅单晶并实现我国硅单晶的实用化、成功研制我国第一只锗合金扩散高频晶体管、参与研制成功我国第一台大型晶体管计算机①。王守武领导和参与了这些研究工作，并亲自解决了很多技术难题。

拉制半导体锗单晶

应用物理所半导体研究室建立后，根据“十二年科学技术发展远景规划”的精神，停止了氧化亚铜整流器等方面的研究工作，转而进行锗的研究，主攻半导体器件。在制定“科学远景规划”时，苏联专家曾送给我国一些做晶体管用的锗单晶。王守武等科学家认为，苏联提供的量太少，如果我们不自己制备材料，只依靠苏联提供锗单晶来做晶体管意义不大，因此决定首先从材料入手，自己拉制锗单晶②。

1957 年 3 月从苏联考察回来后，在王守武与吴锡九的组织领导下，集中了华北无线电元件研究所、南京工学院等单位的 40 余名科学工作者，开始了半导体锗材料和锗器件的研究工作。当时是从烟灰中收集锗，用区域熔化法提纯，提纯的工作由有色金属研究院负责。王守武亲手设计了我国第一台拉制半导体锗材料的单晶炉，并于 11 月领导拉制成功我国首根锗单晶。参与这一工作的尤兴凯在 2010 年回忆：

1956 年 5 月，我从东北沈阳来到了北京，在中国科学院的应用物理研究所工作，分配到单晶组的姜文甫手下从事锗单晶的拉制。单晶组组长是从美国归来的王守武。我来到组里时，由王守武与来所的大学生廖德荣、姜文甫负责设计的单晶炉，已经由所里的金属加工厂的

① 半导体所所庆纪念册编委会编：《物穷其理　宏微交替——中国科学院半导体研究所 50 周年》。内部资料，2010 年，第 60-65 页。

② 王守武访谈，2011 年 1 月 3 日，美国加州。资料存于采集工程数据库。

工人们加工好了，是用黄铜材料加工成的。这时，姜文甫正在对炉体进行安装调试，我就给他当助手，协助他工作，并开始做拉锗单晶的准备。

由于这是一项开拓性工作，无经验可取，无规章可循，炉体的调温调压，坩埚的升速转速控制，籽晶的升降与转速的控制，避免杂质沾污等等，全靠自己摸索。在这段工作中，经过长时间的实践，我们两个人掌握了单晶炉的调试安装技术和基本实验操作技术，也自力更生地创造了拉制锗单晶的条件。①

锗单晶的拉制成功为我国研制锗晶体管奠定了基础。

解决跳硅问题

硅材料是制备晶体管和集成电路芯片最重要的材料。20 世纪 50 年代初期，美国已经基本停止锗单晶的研究。1957 年，林兰英从美国回国，在应用物理所半导体室作材料组组长。她提出研制硅单晶的建议，得到各级领导的支持②。林兰英决定用拉锗单晶的炉子拉制硅单晶。硅的熔点为 1420℃，对设备的要求相对也高，但当时只有这么一台设备可以利用。因为没有经验和急于求成，曾经出现过几次“跳硅”和籽晶熔化现象③。

硅经过加热熔化后，经常发生气体从石英坩埚底部冒出，从而把熔硅也一起带出的现象，就好像锅中的开水，在高温加热中被溅出锅外一样。当时把这一现象称为“跳硅”。熔硅的溅出，不但不能进行正常单晶生长，还会损坏单晶炉中的石墨加热器及保温罩等。了解到这一情况，王守武做了细心观察，他发现熔硅所处位置的温度过高，与石英坩埚化学反

① 尤兴凯：首根锗硅单晶的拉制。见：李晋闽主编，《拓荒者的足迹——建所初期科技人物事迹选》。北京：科学出版社，2010 年，第 425-427 页。

② 林兰英：我与半导体材料。见：夏建白、陈辰嘉、何春藩主编，《自主创新之路——纪念中国半导体事业五十周年》。北京：科学出版社，2006 年，第 129 页。

③ 同①。

应剧烈，从而产生大量气态反应物，它在炉内的真空状态下溢出，引起熔硅喷溅。王守武建议改进加热器的设计并提出了非常具体的改进意见。研究人员按照他的意见改进了加热器。再进行实验时，王守武站在炉前仔细观察，硅慢慢地熔化了，熔硅安安静静地在旋转的石英坩埚内不再“跳”了[①]。1958年国庆前夜，拉制出了中国的第一根硅单晶（图4-2），在1958年中国科学院举办的科研成果展览会上进行了展出。

图4-2 半导体研究室拉制的首根硅单晶
（来源：《半导体所五十年》）

由于硅的熔点比锗高很多，受设备的限制，半导体所最初拉制出的硅单晶完整性差，位错密度高，不能满足制作硅器件的要求。1959年，林兰英参考苏联莫斯科冶金研究院的图纸，组织人员，另行设计制作了新的单晶炉，到1962年秋，拉制成功无位错的硅单晶，质量接近当时的国际先进水平[②]。

半导体晶体管的研制和批量生产

为了加速半导体科学技术的发展，南京大学的熊子儆、吴汝麟教授，武汉大学的戴春洲教授，二机部11所的乌拉（后改名武尔祯），一机部电器科学研究院的邓先灿、常振华、杨姮彩，北京工业学院的李卫、刘颖等都曾到半导体研究室参与研究。1956年夏天，吴锡九从美国回国时，带回了锗片、铟球、合金烧制PN结的石墨模具及有关工艺资料。1956年冬季，在王守武的领导下，由吴锡九、廖德荣、邓先灿、常振华、陈莹瑜、过隽石、刘家树、魏淑青、周帅先等参与，采用盐酸加冰醋酸加水作腐蚀剂，在氮氢混合气体中进行合金烧结，首次成功制成合金结锗晶体管。与此同

---

① 周煌：印象深刻的一件事。见：《王守武院士科研活动论著选集》编辑委员会编，《王守武院士科研活动论著选集》。北京：科学出版社，1999年，第21页。

② 范春蕾：倔强的人生。见：李晋闽主编，《拓荒者的足迹——建所初期科技人物事迹选》。北京：科学出版社，2010年，第33-52页。

时，吴锡九、周帅先、邓光灿、刘颖等人也首次制成金键二极管，开始进行小批量生产。1957 年 3 月，赴苏考察半导体归来后，在王守武、吴锡九的指导下，由邓先灿、常振华、刘家树、陈莹瑜、过隽石等操作，采用苏联的工艺，于 1957 年底制得锗合金结晶体管，性能稳定 ① 。

参加中国第一只晶体管研制的邓先灿，在 1999 年回忆：

> 那是 1956 年 11 月，在北京东皇城根中国科学院应用物理研究所小楼二层的半导体器件实验室里，中国第一只晶体三极管诞生了，整个实验室充满了喜悦。这一声春雷震撼了全中国，震撼了全世界。和发达国家一样，中国也进入了半导体新纪元。
>
> ……王守武先生这时重点领导半导体器件研究工作，……王先生不仅在理论上全面指导，而且天天都到实验室具体指导实验工作，亲自进行实验结果分析。记得有一次吴锡九先生带回来的做晶体管的小铟球没有了（事实上带回的只有为数极少的数十个小铟球样品，经不起几次实验的失败就没有了），怎么办？王先生让我想办法做出来。这么小的铟球（直径只有几十至几百个微米），就凭一双手，天知道怎么做？我的第一个作品是一根铟“面条”。王先生看到后微笑了，沉思之后，喃喃念道：“表面张力也许……”几天后，小铟球成功诞生。王先生指导研究工作总是那样从容、沉着、分析深刻细致，和他在一起工作不会感到思想受约束，创造性成果则更易产生。②

1957 年底到 1958 年初，王守武与同事合作，不仅研制成功了我国第一批锗合金结晶体管，还掌握了锗单晶中的掺杂技术，能控制锗单晶的导电类型、电阻率及少数载流子寿命等电学指标，达到了从事器件生产

---

① 何春藩：记新中国第一只晶体管的诞生。见：夏建白、陈辰嘉、何春藩主编，《自主创新之路——纪念中国半导体事业五十周年》。北京：科学出版社，2006 年，第 133–135 页。

② 邓先灿：王守武先生与中国第一只晶体管。见：《王守武院士科研活动论著选集》编辑委员会编，《王守武院士科研活动论著选集》。北京：科学出版社，1999 年，第 20 页。

图 4–3　1958 年半导体研究室研制的我国首批晶体管，用于 109 机
（来源：《半导体所五十年》）

的要求[①]。

1958 年 4 月，领导器件组工作的王守觉从苏联短期学习回国，他在苏联科学院列别捷夫研究所从事锗合金扩散高频晶体管的制作，作出了很好的成绩，给苏联同事留下了深刻印象。回国后，王守觉尽心于合金扩散锗晶体管研制。鉴于合金扩散晶体管的性能比合金结晶体管优越得多，经研究室主任王守武决定，半导体研究室终止合金结晶体管的研制，全力投入合金扩散晶体管的研制[②]。王守觉采用以双合金扩散为突破口的研制方案，凭借他于 1949 年前后研制氧化亚铜整流器的实践经验，解决了热处理过程中的精确控制、多元金属均匀性与配比控制以及优化组分等关键问题。1958 年 9 月，研制成功我国第一只锗合金扩散高频晶体管。它的截止频率比当时国内研制的锗合金结晶体管提高了 100 倍，即由原来的 2MHz，提高到 200MHz[③]。

根据当时的计划，中科院计算技术所与物理所协作，提出研制一台用于国防的晶体管型专用机（后因专用机对可靠性要求太高改为通用数字计算机）——109 乙机。为了配合 109 乙机的研制需要，在王守武和有关同志的组织领导下，物理所于 1958 年组建了附属工厂——109 厂，专门生产 109 机所需要的晶体管，它成为我国最早的晶体管生产厂。建厂初期，半导体室的科研人员亲自到厂里指导工人操作，开展锗高频晶体管的批量生产。当时操作完全是手工式的，其中最困难的问题是晶体管的密封。如果不密封，晶体管的稳定性就无法解决。为了解决晶体管的稳定性，科研人

① 霍元春：拳拳报国心——记半导体科学的奠基人与开拓者王守武院士。见：李晋闽主编，《拓荒者的足迹——建所初期科技人物事迹选》。北京：科学出版社，2010 年，第 26 页。

② 何春藩：记新中国第一只晶体管的诞生。见：夏建白、陈辰嘉、何春藩主编，《自主创新之路——纪念中国半导体事业五十周年》。北京：科学出版社，2006 年，第 133–135 页。

③ 贺云霞、林石华：开拓创新之路——记微电子神经网络科学的开拓者王守觉院士。见：李晋闽主编，《拓荒者的足迹——建所初期科技人物事迹选》。北京：科学出版社，2010 年，第 58–59 页。

员到处去找可伐片和一定规格的晶体管用玻璃管。刚开始，每天能供应的晶体管很少，到 1959 年 2 月，一共生产了 6000 余只晶体管，其中密封好的只有 1000 余只。在极端困难的情况下，109 厂到 1963 年底才把 109 乙机所需的锗晶体管全部完成。109 乙机于 1965 年通过国家鉴定，成为我国第一台全部采用国产元件的大型晶体管通用数字计算机[①]。

图 4-4 1958 年用半导体研究室研制的晶体管制造的国内最早的半导体收音机
（来源：《半导体所五十年》）

1958 年，用半导体研究室研制的晶体管制造出了国内最早的晶体管收音机（图 4-4）。

半导体研究室取得的成绩得到了物理所和中科院的肯定。1959 年 11 月，国家主席刘少奇在有关领导的陪同下到中国科学院物理研究所视察半导体研究室。贺龙元帅，张爱萍、刘亚楼、苏振华等将军也先后来室视察。他们主要视察晶体管与由晶体管装成的半导体收音机[②]。

在不断提高锗晶体管性能的同时，王守武还领导半导体研究室举办面向全国的半导体培训班，把已经掌握的半导体工艺技术向全国推广。

远景规划中半导体任务的完成

1956—1960 年，半导体科学技术研究在我国全面展开，并走出了一条以独立自主为主的发展道路。在短短几年的时间里，我国就建立起了半导体研究机构和研究队伍，完成了规划的任务，并为以后的发展奠定了基础，取得这一成就的主要因素之一是这个时期国家科技规划和政策的支持。在国家经济十分困难的条件下，能够集中人力和物力，统筹全国科学

① 王守武：我国半导体科学技术发展历史的回顾。见：夏建白、陈辰嘉、何春藩编，《自主创新之路——纪念中国半导体事业五十周年》。北京：科学出版社，2006 年，第 108-112 页。

② 何春藩：中国科学院半导体研究所大事记（1949-2000）。未刊稿。资料存于采集工程数据库。

研究院所、高等学校和工业企业联合攻关，协调发展。取得成就的另一个重要因素是王守武、黄昆等老一代半导体科学家辛勤组织领导和大胆实践。十二年科学发展远景规划的制定和实施，是我国一次较为成功的科学规划，对我国科学技术发展产生了积极意义。

列入十二年科学远景规划的 57 项任务中的第 40 项任务，对半导体科学技术发展方向阐述明确，重点突出，但其中有明确研究目标的可以考核的任务大致只是三五年的工作。

科学远景规划的第 40 项任务主要由应用物理所（物理所）组织承担，物理所于 1960 年上报了第 40 项任务的完成情况：①

> 第 40 项任务中共有八个中心问题，其中有六个中心问题规划中 62 年的指标，应用物理所应负担的任务，在 1959 年底已基本完成了。它们是：4001 半导体单晶的制备，4002 半导体晶体管的研制，4003 半导体在电子学上的应用，4004 光电，4005 热电，4008 半导体发光材料的研制，据估计除我所以外其他单位也已经完成了这六个中心问题中承担的任务，甚至规划中 1967 年的指标也已经部分完成了（如 4001、4002、4003、4008）。而其中八个中心问题最主要的是 4001、4002、4003，因此我们可以说，整个第 40 项任务到 1959 年止已基本完成了 1962 年的指标，按照目前的进展情况估计，到 1962 年底甚至在更短的时间内完成 1967 年的指标是完全可能的，有的指标还要被超过。
>
> 在 4006 中心问题内，关于新材料的探索方面，高分子的半导体材料和器件的研制，1959 年底被突出出来了，而且在大力进行。……估计在 1962 年底，在高分子半导体的研究以及锗硅器件方面分别可赶上国际先进水平。②

到 1960 年，第 40 项任务基本完成。十二年科学规划中的各个学科可

① A003-81，十二年科学规划执行情况调查报告。存于北京中国科学院档案馆。

② 当时对高分子半导体材料发展抱有很大希望的，但后来因未取得预期成果而被迫下马。

以考核的具体任务大致都在五至七年中完成[①]，半导体科学技术发展任务与此一致，在不到五年的时间中基本完成。

半导体研究所成立和“两弹”专用计算机的研制

1956年制定“全国十二年科学技术发展远景规划”时，半导体科学发展被列为四大紧急措施之一，中科院原计划1959年建立半导体研究所[②]。1959年5月，物理所党委依照中国科学院的指示，开始把半导体研究室扩建为研究所的准备工作。1960年4月，开始实施建立研究所的计划。为此，物理所成立了半导体研究所筹委会，李德仲任主任，王建勋、王守武任副主任[③]。新筹建的机构，以半导体研究室为基础，下设中间工厂（原109厂），行政上设办公室，下属计划、财务、秘书、器材、总务五科，除计划和财务两科，其余半导体研究室都已有[④]。从当时的情况来看，基本条件已经具备，各科、室已经建立，人员配备已基本完善。1960年9月6日，经国家科学技术委员会批准，中国科学院半导体研究所（半导体所）在北京正式成立。所址仍是东皇城根大取灯胡同9号[⑤]。（中科院物理所已经在1958年由东皇城根迁入中关村现址[⑥]。）

半导体所是我国第一个从事半导体综合研究的单位，也是我国第一个

---

① 熊卫民：回顾“十二年科学发展规划”——薛攀皋访谈录。《民主与科学》，2009年第5期，第25–29页。

② A013–1，发展计算技术、半导体技术、无线电电子学、自动学和远距离操纵技术的紧急措施方案。存于北京中国科学院档案馆。

③ 王扬宗、曹效业主编：《中国科学院院属单位简史（第一卷）》。北京：科学出版社，2010年，第621–628页。

④ 关于筹备半导体研究所事（1960–04–04）. 半导体研究所档案，北京：中国科学院档案馆，档案号：A023–1. 1960.

⑤ 大取灯胡同9号原是国家民委大门，1958年国家民委迁走后，产权并给应用物理所，此后应用物理所开始以此为注册大门，原42号甲保留为侧门。

⑥ 王扬宗、曹效业主编：《中国科学院院属单位简史（第一卷）》。北京：科学出版社，2010年，第114页。

半导体科学技术的研发基地。1960年半导体所的第一任领导班子是：党组书记兼所长宋之春，副所长王守武、林平，机关党委书记王微，宋之春未到任前王守武曾短时间代所长。至1966年，半导体研究所所长一直由党委书记兼任，王守武为主管业务的副所长[①]。

半导体研究所建所时，按照当时确定的方向和任务，所内设五个研究室，另有一个附属工厂——109厂。全所共有人员255人，其中研究技术人员约97人[②]。五个研究室的设置情况是：一室（半导体材料室）从事半导体材料的研究，室主任林兰英；二室（半导体器件室）从事半导体器件研究，室主任王守觉；三室（半导体测试室）负责本所及其他单位的半导体材料、器件测试及测试方法的研究，主任由副所长王守武兼任，庄蔚华任副主任；四室（半导体电子学室）从事半导体电子学研究，主任成众志；五室（半导体光电子学室）从事半导体光电子学研究，主任汤定元。另有从事半导体温差电、半导体化学、物理研究工作的七、八、九组，分别由五室、一室、三室代管[③]。从建所之初所内研究室组的设置看，王守武当时不仅主管全所业务，同时兼任测试室（三室）主任和物理组（九组）组长。

建所初期，半导体研究所主要致力于跟踪国际半导体科学技术的发展，建立自己的研究发展基地，努力促进我国半导体技术和电子工业的发展，培养造就一批科研和生产的骨干力量。1960年下半年，半导体研究所将主要任务分为四大方面：硅单晶和晶体管技术的巩固、测试中心的建立、锗的提高工作和新材料、新器件性能的探索[④]。

半导体研究所成立初期，正值国家三年困难时期（1959—1961），当时各项基础投资缺乏，物资短缺，经费欠缺；但科研任务剧增，人员规模

① 中国科学院半导体研究所建所四十周年纪念文集编委会编：《中国科学院半导体研究所建所四十周年纪念文集》。内部资料，2000年，插图页。

② 王扬宗、曹效业：《中国科学院院属单位简史（第一卷）》。北京：科学出版社，2010年，第621-628页。

③ 王微：建所初期的机制与人事活动。见：夏建白、陈辰嘉、何春藩编，《自主创新之路——纪念中国半导体事业五十周年》。北京：科学出版社，2006年，第122-124页。

④ A023-1，关于筹备半导体研究所事。存于北京中国科学院档案馆。

迅速扩大，办所遇到很多困难。全所人员齐心协力，自力更生，艰苦奋斗，完成了上级下达的各项任务。1960 年，林兰英领导材料室开展的两项研究任务取得重大突破：一是硅单晶的质量达到了当时国际上同类产品的水平，满足了半导体所各研究室在分立器件、集成电路、微波器件、太阳能电池以及特种器件研制方面的需要；二是开展了化合物半导体研究。

从三年困难时期（1959—1961）后到 1966 年初“文化大革命”开始，国民经济情况好转，半导体所科研不断前行，在多方面取得可喜成果：成功研制出我国第一只 MOSFET 管芯；为中国半导体电子学学科奠定基础；把硅平面晶体管工艺设备和技术推广到 109 厂，为中国原子弹设计计算需要的 109 丙机提供了全部硅晶体管（图 4–5）；成功研制了我国第一台半导体冰箱；研制成功四种固体组件（后称集成电路），为我国研制固体组件计算机提供条件；配合完成我国第一台导弹专用计算机的研制任务等。

图 4–5 半导体研究所早期研制的硅平面晶体管与普通电子管大小比较

109 丙机是在 109 乙机的基础上，针对原子弹设计计算的需要研制的，它字长 48 位，运算速度每秒 11.5 万次。半导体研究所和 109 厂提供了 1.6 万多只硅平面晶体管及锗大功率管。该机 1967 年通过国家鉴定。我国最早的这台实用化的硅、锗两种晶体管计算机，工作稳定可靠，在二机部的有关单位一直运行到 80 年代初，为我国原子弹事业做出了贡献。1965 年 5 月，半导体所和 109 厂还承担了导弹专用微型计算机研制（156 工程）所需组件的研制和生产任务。到 1965 年 10 月，参加这项工程的科技人员达到近 600 人。当时情况十分艰难。109 厂的硅平面型晶体管的成品率只有 8%，而组件的成品率更低，要完成一台微型计算机需要的组件，就必须投入几万块试制品，工作量非常大。终于在 1966 年 8 月研制成功 156 工程的第一台样机，这是我国最早的一台组件计算机[①]。

从 1960 年半导体研究所成立至 1966 年“文化大革命”开始，半导体研究所的研究重点和突出成果主要集中在半导体电子学领域，成果包括在半导体材料制备、半导体电子学器件研制、电子学仪器研制以及直接服务“两弹一星”的电子计算机的多项任务的特殊半导体电子学器件的研制等。

1956—1967 年任中国科学院党组书记、副院长，主持日常工作的张劲夫，在几十年后回忆了由他负责组织的中国科学院参与“两弹一星”的工作和贡献，其中他谈到了半导体研究所的贡献：“在原子弹研制过程中，三强最感谢的就是科学院提供的计算机，对二机部帮助很大。所以，我当时说如果没有‘四项紧急措施’、没有那几项最重要的技术配合，单独搞原子弹是不行的。我们科学院早在 1958 年 8 月 1 日就研制成功第一台计算机。……再过一段，第二代计算机出来了，晶体管的，科学院半导体所搞的。从美国回来搞半导体材料的林兰英和科学家王守武、工程师王守觉两兄弟，是他们做的工作。第二代计算机，每秒数十万次，为氢弹的研制作了贡献。”[②] 1999 年王守武八十华诞时，85 岁的张劲夫为他题词：“为我国半导体科学事业作出杰出贡献”（图 4–6）。

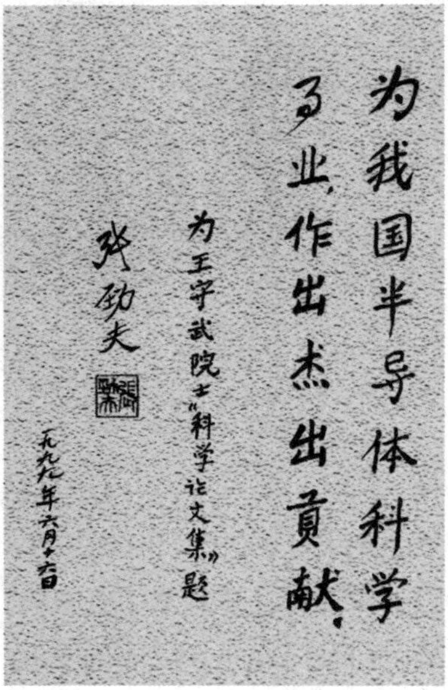

图 4–6　张劲夫题词

直到“文化大革命”前夕，半导体研究所在半导体材料、半导体电子器件和稍后开展的半导体激光器方面，一直处于国内领先地位[③]。

---

① 王守武：“两弹”专用计算机研制回忆。见：科学时报社编，《请历史记住他们——中国科学家与“两弹一星”》。广州：暨南大学出版社，1999 年，第 249 页。

② 张劲夫：请历史记住他们——关于中科院与“两弹一星”的回忆。见张劲夫：《张劲夫文选：世纪回顾》。北京：中国财政经济出版社，2000 年，第 301–322 页。

③ 王守武：半导体所的孕育与发展。见：中国科学院半导体研究所建所四十周年纪念文集编委会编，《中国科学院半导体研究所建所四十周年纪念文集》。内部资料，2000 年，第 18 页。

1966 年 2 月 12 日，中国科学院首任院长郭沫若视察半导体研究所，并很有兴致地书写了毛泽东诗词《满江红》。

组建全国半导体测试中心

20 世纪 50 年代末，自从锗、硅半导体单晶材料和晶体管在物理所的半导体研究室相继问世后，从事半导体材料与器件研制和生产单位如雨后春笋般地在全国发展起来。这时材料和器件质量的检测手段远不能适应技术的需要，测试数据不可靠，很难判断各单位取得的成果水平及研制出的半导体器件的性能。

1960 年，国家科委向中国科学院下达建立"全国半导体材料与测试基地"的任务。半导体研究所成立后，专门设立了半导体测试研究室，对外称"全国半导体材料中心"，承担全国半导体材料和器件测试任务。王守武兼任中心主任，庄蔚华协助常务工作，王启明担任业务处秘书。测试中心设置两个研究组：材料参数测试课题组和晶体管参数测试课题组。材料参数测试课题组由王启明任组长，课题组的主要任务是建立半导体材料的电学参数、寿命复合参数的测试方法和测试标准，同时也开展了相应的材料物理研究。晶体管参数测试课题组由庄婉如任组长，后又扩展为庄婉如和彭怀德分别负责的两个研究组。测试中心建立了多个半导体材料与器件测试系统，并研制成功测试硅寿命的半导体衰退测试仪、同轴型转移参数测试仪等设备[①]。

王守武在半导体测试中心领导并参与了电阻率、少数载流子寿命和晶体管频率特性的测量，建立了测定和测量的各项标准测试系统。王守武指导建立的系列化测试系统，包括有从直流至 300 兆赫的发射极电流放大系数截止频率的测试，至 1500 兆赫的共发射极电流放大系数零增益截止频

① 彭怀德：半导体材料与器件测试中心的建设。见：夏建白、陈辰嘉、何春藩编，《自主创新之路——纪念中国半导体事业五十周年》。北京：科学出版社，2006 年，第 143-144 页。

率测试以及至 300 兆赫的复合频率测试等。他提出了旨在改进晶体管内部本征频率特性的一种新的测试方法。这些测试系统的建立，为晶体管特性的改进提供了有力的测试手段。当时，全国半导体测试中心承接了大量全国各地送来的半导体材料和晶体管的测试定标及性能分析任务[①]。王守武在建立标准测试方法的同时，还着手研究某些简便的测试方法，以满足一些同行所、厂随时抽测样品的需要。

制造晶体管及光电器件所用的锗、硅等半导体单晶材料，都有一定的质量指标。其中它的非平衡载流子的寿命是一个重要的质量指标，由寿命值可确定该材料的晶体完整性和均匀性，判断出该材料是否可用。经过探索，王守武创造性地提出了一种新的测量半导体材料中少数载流子寿命的方法。这种方法是测量触针下分布电阻的光电导衰退。这种方法的优点是：样品不需要切成一定的形状；在样品上不需要做固定电极；可以检测不均匀的材料；不需要一定的表面处理；仪器简单，操作方便；有一定的准确度[②]。这种新方法适合于经常性材料检验，其测量结果与光电导衰退法和双脉冲法所测得的结果基本符合。

王守武 1961 年提出这种方法，1962 年 5 月在实验上取得成功。同年，在中国电子学会第一届年会上报告，受到好评。9 月，王守武把该方案研究形成题为"用触针下分布电阻的光电导衰退来测量半导体中少数载流子的寿命"的论文，于次年 3 月在《物理学报》上发表。论文介绍了这种新的测量方法，对表面复合速度以及光线在样品中的吸收深度的影响进行了理论分析；对锗和硅样品的实验数据进行了讨论。物理学报编委会认为该工作应该用外文登载向国外介绍，遂向《中国科学》编委会推荐，该文于 1963 年 12 月以英文形式刊载于《中国科学》12 月号[③]。该发明在中国科

① 庄婉如：半导体光电子学的开拓性研究——忆王守武院士的指导。见：《王守武院士科研活动论著选集》编辑委员会，《王守武院士科研活动论著选集》。北京：科学出版社，1999 年，第 22 页。

② 王守武：用触针下分布电阻的光电导衰退来测量半导体中少数载流子的寿命。《物理学报》，1963 年第 19 卷第 3 期，第 176-190 页。

③ A023-17，发明报告书（1964）。存于北京中国科学院档案馆。

学院推荐第一批奖励的发明项目中获得三等奖[①]。

全国半导体测试中心成立后，由半导体所组织，国家科委主持分别于1961年和1962年召开了两次“全国半导体测试方法”年会，他们的研究成果都在会上集中作了报告，随后测试中心陆续接待外单位派人实习，对推动国家半导体材料与器件测试标准的建立作出了重要贡献。经过三年的努力，国内半导体测试工作得到普及和深入开展，国内各个半导体研究和生产单位都掌握了半导体材料和器件的测试方法，“全国半导体材料、器件参数测试基地”的历史任务宣告完成，测试中心于1964年撤销[②]。

---

① A023-17，中国科学院对推荐第一批奖励的发明项目划分奖励等级的初步意见（1964），存于北京中国科学院档案馆。

② 彭怀德：半导体材料与器件测试中心的建设。见：夏建白、陈辰嘉、何春藩编，《自主创新之路——纪念中国半导体事业五十周年》。北京：科学出版社，2006年，第143-144页。

第五章
开拓半导体激光器领域

1960 年，世界第一台激光器诞生。1962 年，美国和苏联相继研制成功半导体激光器。王守武得知这一消息后，看准这是一个重大的研究方向，开始组织半导体所第三研究室开展这一课题的探索。自 1963 年起，他先后领导并参与了中国第一只半导体激光器的研制、实现半导体激光器的连续激射、半导体负阻激光器以及激光应用的研究工作。目前，随着技术的进步与和应用的拓展，半导体激光器逐渐成为最实用最重要的一类激光器。它体积小、寿命长，广泛应用于激光通信、光存储、光陀螺、激光打印、测距以及雷达等方面。王守武领导展开的半导体激光器的早期研究工作，为我国在这个技术领域的技术进步奠定了基础。

半导体激光器问世

激光的英文为“Light Amplification by Stimulated Emission of Radiation”，简称“Laser”，意思是“通过受激发射光放大”。吴有训曾说过：“过去以为原子核外电子壳层的研究已做得差不多了，物理学家的工作都转到原子核的内部。现在出现了激光，没想到电子壳层还有这样多花样。”[①] 1964年，在上海召开的全国第三次受激光会议上，曾举行名词统一小组会议，由周同庆主持，参加者有严济慈、王大珩、吕大元、沃新能、颜绍知、王克武等。会上讨论了光受激发射领域中几个最常用而又较为混乱的译名，“Laser”一词确定统一译为“激光”[②]。

受激辐射是产生激光的基础，从理论上讲，光学透明、均匀性好的材料都可作为产生受激辐射的材料，但从激光输出性能方面考虑，要求材料性能稳定、量子效率较高、具有亚稳态能级等特性[③]。

研制激光器要解决三个问题：泵浦源、工作物质和谐振腔。1953年9月，诺埃曼（J. V. Neumann）在一篇未发表的手稿中首先讨论了半导体材料作为工作物质产生激光的可能性[④]。这篇文章中，诺埃曼讨论了向PN结（文中没有使用PN结这一术语，但明确表达出PN结的想法）注入载流子以达到受激辐射方式的可能性，计算了在两个布里渊区之间的辐射跃迁速率。

最早提出利用半导体获得相干光观点的是艾格翰（P. Aigrain）。1956年他在美国无线电公司（RCA）与潘柯夫（J. Pankove）讨论利用半导体材料制作激光器的可能性。1958年，艾格翰在布鲁塞尔的一次国际会议上提出了这个观点，直到1964年他才公开发表文章论述半导体激光器的理论与实验工作[⑤]。与此同时，巴索夫等独立地提出了与艾格翰相近的观点。然而，早期的这些观点只是理论的探讨，并不能确定使用何种半导体材料、电子如何跃迁以实现受激发光。

1958年，苏联的巴索夫和他的合作者考虑如何制作半导体激光器并提出在半导体中实现负温度，但他们发表的许多有关半导体激光器理论与实

---

① 邓锡铭：我国激光的早期发展（1960—1964）。《激光与光电子学进展》，1990年第12期，第13–16页。

② 佚名：简讯。《受激光发射情报》，1965年第1期，第28页。

③ 单振国、干福熹：《当代激光之魅力》。北京：科学出版社，2000年，第10页。

④ J. V. Neumann: Notes on the photon—disequilibrium—amplification schem. *IEEE Journal of Quantum Electronics*, 1953, 23（6）: 659–673.

⑤ Pierre Aigrain: Quantum Electronics: proceedings of the third international congress. New York: Columbia University Press, 1964: 1761–1767.

验的文章都使用锗作为材料。1959 年，拉克斯（B. Lax）也提出使用半导体产生相干光，并最终正确地认识到使用直接带隙半导体比间接带隙半导体更有效。

1960 年，博伊尔（W. S. Boyle）和托马斯（D. G. Thomas）提出谐振腔是加强激光发射的必要组成部分，并建议用半导体的平行解理面做光学谐振腔。

1961 年，伯纳德（M. G. A. Bernard）和杜拉福格（G. Duraffourg）利用准费米能级的概念推导出半导体实现受激辐射的条件，还提出使用直接带隙或间接带隙的半导体材料制作激光器[①]。尽管事后间接半导体材料被证明不适宜实现受激辐射，但他们首次清楚地说明了在半导体 PN 结中实现粒子数反转的必要条件，这对次年半导体激光器的成功研制起到了重要作用。1962 年 3 月，梅贝格（S. Mayburg）指出在 77K 的环境下，砷化镓电致发光的效率可能很高，并在美国物理学会议上做了报告。

1962年7月9日，固体器件研究会议在英国的达拉谟（Durham）召开。这是一届非同寻常的会议。会上，凯斯（R. J. Keyes）和奎斯特（T. M. Quist）报道了在 77K 的情况下砷化镓电致发光的量子效率接近 100%[②]。尽管他们的报告内容是非相干电致发光，但仍然引起了人们对注入型激光器的极大兴趣。

1948 年，霍尔在加利福尼亚理工学院获得博士学位，之后进入通用电气实验室开始半导体器件的研究。1962 年 7 月之前，当被别人问到是否认为半导体激光器能够研制成功时，他的回答都是消极的。7 月 9 日，听完凯斯和奎斯特的报告后，一切都发生改变了。霍尔认为凯斯和奎斯特解决了辐射效率的问题，这让他看到这类激光器成功运行的可能，于是开始集中精力开展半导体激光器的研究。之后的一些天，他和芬纳

---

① Maurice G. A. Bernard, Georges Duraffourg: Laser Conditions in Semiconductors. Physics Status Solid, 1961, 1（7）: 699–703.

② R. J. Keyes, T. M. Quist: Radiation Emitted by Gallium Arsenide Diodes. IRE Transactions on Electron Devices, 1962, 9（6）: 503.

（G. E. Fenner）等人设计基本模型，测试程序，讨论并尽可能找出存在的问题。

一个月后，霍尔等得知纳赛德夫（D. N. Nasledov）已经从砷化镓中观察到相干光 ① 。看到文章后霍尔才知道，纳赛德夫只是观察到光谱轻微变窄，推测这可能是由复合辐射引起的。这个结果让霍尔小组轻松了不少。仔细研究纳赛德夫的文章，发现文中没有提到任何光反馈的事情，因而推测纳赛德夫模型不能产生相干光 ② 。

1962 年 9 月，霍尔小组决定采用一种特殊的谐振腔。这种谐振腔由两个在砷化镓晶体上抛光获得的镜面构成。他们观察到了加正偏压的砷化镓 PN 结发射相干光。根据波长约为 0.84 微米的发射光谱变窄和发射远场图的特点，霍尔断定这是受激辐射现象 ③ 。他们的文章发表在当年 11 月的《物理评论快报》（*Physical Review Letters*）上。令他们意外的是，同一时期，国际商业机器公司（IBM）也宣布获得相干光发射。一个多月后，又有两个实验室宣布获得相干光发射（表 5–1）。

这四个实验室都是使用同质结半导体材料，采用两个抛光的平行端面作为谐振腔，抛光的端面相当于部分反射镜，垂直于 PN 结平面，形成了相当于小型法布里 – 珀罗（Fabry–Perot）干涉仪的谐振腔。

与上述四个实验室制作谐振腔的方法不同，霍利约克（N. Holoyak）找到了更好的解理面法。但是由于材料问题，他没有研制成功半导体激光器 ④ 。

同质结激光器是由两种相同半导体材料构成的，它的致命缺点是阈值电流密度太高，只能在液氮环境（77K）下脉冲工作，因而不具备实用价值。但它的基本理论已成为半导体激光器发展的基石。

---

① D. N. Nasledov et al.: Recombination radiation of gallium arsenide. Soviet Phys—Solid State, 1962, 4: 782.

② R. N. Hall: Injection Lasers. IEEE Journal of Quantum Electronics, 1987, QE—23（6）: 674–678.

③ 刘凤英、王艳辉、李桂琴：半导体激光器发展概论。《物理与工程》，2000 年第 10 卷第 6 期，第 56–59 页。

④ 同③。

表 5–1 最早宣布半导体激光器研制成功的四篇文献

作者	题目	单位	收稿日期	发表日期	杂志
R.N.Hall, G.E.Fenner, et.	Coherent Light Emission from GaAs Junction	General Electric Research Laboratory, Schenectady	962.09.24	1962.11.1	*Physical Review Letters*
M.I.Nathan, W. P.Dumke, et.	Stimulated Emission of Radiation from GaAs PN Junction	International Business Machines Corporation	1962.10.6	1962.11.1	*Applied Physics Letters*
T.M.Quist, R.H.Rediker, et	Semiconductor Maser of GaAs	Lincoln Laboratory	1962.10.23	1962.12.1	*Applied Physics Letters*
N. Holoyak JR. S.F.Bevacgua, et	Coherent (Visible) Light Emission From Ga (As1−xPx) Junctions	General Electric Research Laboratory, Syracuse	1962.10.17	1962.12.15	*Applied Physics Letters*

中国第一代半导体激光器的研制

1961 年，中国科学院长春光机所首先在国内开展了光激射器的研究，并于同年 9 月成功实现了激光输出，开创了我国的激光事业。此后，物理所、电子学所、半导体所、北京大学、清华大学、复旦大学也陆续开展了相关研究。

1963 年 7 月，第二次全国受激光会议在长春召开，会议特邀代表、半导体研究所副所长王守武做了题为《半导体中的受激辐射》的报告，半导体研究所的庄蔚华和长春光机所的王乃弘分别对砷化镓材料进行了介绍。利用半导体材料实现受激辐射的设想，引起了与会科研人员的关注。此后不久，半导体研究所的王守武小组和长春光机所的王乃弘小组开始了半导体激光器的研制工作。

半导体研究所的工作

1963年第二次全国受激光会议之后，王守武、庄蔚华、彭怀德等人开展了半导体激光器的研制工作。

在设计研、磨、抛晶片的加工设备的同时，半导体研究所的研究人员暂时先用手工抛磨砷化镓衬底片。他们与器件室合作，采用闭管扩散锌的工艺得到PN结，并把它制成二极管。当加上较大的正向电流时，在暗室里用变相管可以见到二极管发射荧光①。当电流低于阈值电流发射荧光，高于阈值电流发射激光。这时工艺的焦点就转移到如何利用PN结发光二极管得到激光。王守武带领科研人员摸索出了具有独创性的晶体定向和谐振腔制作工艺，并很快达到相当成熟的程度。

在制造激光器时，精密控制和切割单晶的晶向具有关键意义。“当时可以用X光定向，但是太复杂。我搞了一个用光学定向的方法，就是把解理面和扩散面靠光学的办法使它互相垂直。”② 利用这种方法，只要用最简单的40倍放大镜即可定准到0.08度，对提高激光器的功率及成品率有重要的贡献。此法还可推广到普遍的半导体Ⅲ—Ⅴ族化合物的定向③。

“半导体激光器实际上是PN结的发光二极管发出的光通过一个谐振腔，这样光的波长就集中起来，我们的关键就是做谐振腔。”④ 早期的半导体激光器采用的是两个抛光的平行端面作为谐振腔。如何精密控制腔的平行度和腔面与结面的垂直度是一个难题。最先报道研制出半导体激光器的实验室采用的都是复杂的研磨方法。与他们不同，半导体研究所采用了平面解理的方法。利用砷化镓晶体在<110>面的解理面作为光学谐振腔的端面，采用<100>面作为PN结的结面，从而使解理面与PN结的结面垂直。这种基于半导体材料结构的新方法，优于霍尔等制作谐振腔的方法，提高

① 庄婉如：中国第一支半导体激光二极管的诞生。见：夏建白、陈辰嘉、何春藩编：《自主创新之路——纪念中国半导体事业五十周年》。北京：科学出版社，2006年，第182页。

② 王守武访谈，2011年7月23日，美国加州。资料存于采集工程数据库。

③ A023-17，半导体受激发射器发明记录。存于中国科学院档案馆。

④ 同②。

了谐振腔的质量和重复性[①]。

砷化镓激光器的样品研制出来了，但过高的阈值电流导致激光器还只能在低温下工作。1963 年底，科研人员赶到中关村的物理所低温实验室，开始测量前的各项准备工作。测量从上午持续到晚上，但未见激光。后来庄蔚华又从物理所借来了一台新研制的脉冲发生器，大幅加强了发射光的能量。当电流加到某一值时，产生了受激辐射。科研人员经过仔细的测量，确定砷化镓激光器确实激射发光了（图 5-1）[②]。

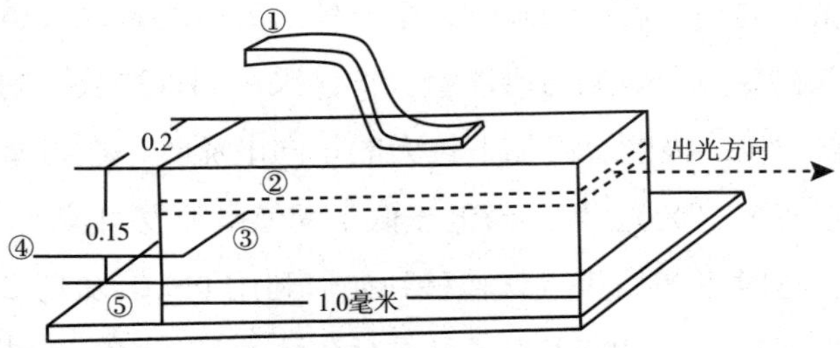

图 5-1 半导体研究所砷化镓激光器结构示意图（图片来源：砷化镓 p-n 结的受激发射）（①⑤为金属电极，②为 P 型砷化镓，③为 N 型砷化镓衬底，④为 N 型砷化镓）

半导体研究所从开展任务到建立器件制造条件，只用了三个月的时间。半导体研究所研制的荧光器件的成品率可达 60% 以上，而相干光器件也能达到 20% 以上，已达到国外同时期的水平[③]。1964 年，科研人员用 10 支器件组成了平均功率 1W、脉冲功率 100W 的脉冲源，并将单个器件用于 10km 通信和闭路电视传输。

半导体激光器的工作获得了中国科学院第一批奖励发明项目的一等奖[④]。1965 年 1 月，由庄蔚华执笔的《砷化镓 PN 结的受激辐射》论文发表在《科学通报》上[⑤]。1964 年 8 月，王守武、庄蔚华、彭怀德、庄婉如等人又对激光的光谱特性进行研究，《砷化镓 PN 结的受激辐射的光谱特性》发表在《物理学报》上[⑥]。

---

① A023-17，半导体受激发射器发明记录。存于中国科学院档案馆。

② 庄婉如：中国第一支半导体激光二极管的诞生。见：夏建白、陈辰嘉、何春藩编：《自主创新之路——纪念中国半导体事业五十周年》。北京：科学出版社，2006 年，第 182 页。

③ 同①。

④ 同①。

⑤ 刘伍林：砷化镓 PN 结的受激发射。《科学通报》，1965 年第 1 期，第 65-67 页。

⑥ 王守武、庄蔚华、彭怀德、庄婉如等：砷化镓 p-n 结的受激发射的光谱特性。《物理学报》，1965 年第 21 卷第 5 期，第 1077-1079 页。

长春光机所的工作

1963 年下半年，长春光机所的王乃弘在得知国外研制成功半导体激光器后，便着手半导体激光器的研究。中国科学院上海冶金研究所（2001 年 5 月更名为中国科学院上海微系统与信息技术研究所）提供了砷化镓材料。王乃弘小组包含王乃弘、潘君骅、聂朝江、刘训阁、杜继禄、秦启梁、丰明媛、金志良、马忠礼等。其中，主要成员之一潘君骅院士回忆：

“制作半导体激光器除了掺杂，有两点很重要，一是做谐振腔，另外是焊电极。谐振腔很小，但那时候解理技术还没有掌握，所以就硬把它磨出来，再用超声波切成小条。另外是焊电极，激光器很小，要焊白金丝电极上去很难，这个办法是我想出来的。起初想用烙铁焊，但烙铁头很大，行不通。后来改用干电池通过可变电阻加热，一点点减少电阻让电流加大，看到白金丝和砷化镓小条接触处的焊锡熔化马上就把电源关掉。”[①]

“国外的文章中，最起作用的一篇是关于用扩散的方法制成 PN 结以后，在显微镜下去观察结缝的文章，要是结缝很整齐很细就肯定能出激光。要是结缝很模糊，不细，肯定出不了激光。如果拿这样的 PN 结去焊电极，那么以后的工作就白做了。这一点很重要，对我们帮助很大。”[②]

长春光机所和半导体研究所制作的砷化镓受激辐射器结构十分相近（图 5-1）。

“半导体激光器在长春光机所不是太受重视，但是领导也鼓励。1964 年的春节左右，一个通宵加班，我们终于看到出激光了，当电流一点点加大到阈值时，通过杜瓦瓶窗口，可看到 PN 结突然发出一个耀眼的红光点。虽然砷化镓的波长在红外（范围），但激光太亮了，肉眼能看到。那时的办公室主任还从食堂买吃的东西慰劳我们。”[③]

1964 年 2 月 5 日，长春光机所的王乃弘小组独立地观察到砷化镓 PN

① 潘君骅访谈，2012 年 5 月 22 日，苏州。资料存于采集工程数据库。

② 同①。

③ 同①。

结的复合受激发光，同年 7 月就将题为《半导体砷化镓的受激发射》一文发表在《科学通报》上[①]。

1963 年底，王乃弘利用非受激辐射的砷化镓二极管进行光电话通话试验。“开始在长春光机所路西大楼和光机学院之间进行试验，大概两千米。后来要求增加距离，就到吉林市去做。当时的四机部曾经和我们联系过，商谈光电话的事情，但没有谈成[②]。光电话热了一阵，不了了之。”1964 年 5 月，为发展激光科学技术而建立的中国科学院长春光学精密机械研究所上海分所（1970 年更名为中国科学院上海光学精密机械研究所，以下简称“上海光机所”）成立。当时共有工作人员 297 名，其中大部分是由长春光机所、电子学所抽调过去的[③]。长春光机所研究激光的人员迁往上海，半导体激光器的工作因此停止。

1964 年 12 月，第三次全国受激光会议在上海光机所召开，这也是 1978 年之前的最后一次全国性激光会议。本届学术报告会约有 140 名代表参加，提交论文报告 103 篇。其中，半导体研究所和长春光机所的科研人员报告了各自在砷化镓激光器研究上所取得的成果，并与参会代表进行了讨论。这次会议展示了中国激光早期的蓬勃发展，也明确了下一步的研究方向。由参会成员来看，中国已经形成了初见规模的激光科技队伍[④]。

半导体受激发射论文内容

长春光机所的论文《半导体砷化镓的受激发射》比较简短，主要介绍

① 王乃弘、潘君骅、聂朝江等：半导体砷化镓的受激发射。《科学通报》，1964 年第 7 期，第 733 页。

② 中国工程院学部工作局编：《中国工程院院士自述》第 2 卷。北京：高等教育出版社，2008 年，第 145 页。

③ 王扬宗、曹效业主编：《中国科学院院属单位简史》第 2 卷（上）。北京：科学出版社，2010 年，第 47 页。

④ 干福熹：回顾中国激光的诞生和早期发展（邀请论文）。《中国激光》，2010 年第 9 卷第 37 期，第 2183–2187 页。

了初次见到受激发光的时间、PN 结和谐振腔制作的方法、样品尺寸和工作方式等，记录了远场干涉条纹、受激辐射和自发辐射的谱线。

半导体研究所的文章《砷化镓 PN 结的受激发射》较为详细，增加了样品结构示意图的介绍，从 PN 结发出的辐射谱线变窄、光束张角的变小及辐射光强随电流陡增的性质，确定得到激光。

表 5–2 半导体研究所和长春光机所发表论文的比较

类　别	半导体研究所的论文	长春光机所的论文
题目	砷化镓 PN 结的受激发射	半导体砷化镓的受激发射
作者	刘伍林	王乃弘　潘君骅　聂朝江等
初见激光时间	1963 年 12 月 1 日	1964 年 2 月 5 日
发表时间	1965 年 1 月	1964 年 7 月
发表期刊	科学通报	科学通报
砷化镓结构示意图	列举	未列举
PN 结制作方法	扩散法，掺碲和锌	扩散法，掺碲和锌
样品尺寸	$(0.15\times0.2\times0.8)\ mm^3$	$(1.3\times0.2\times0.3)\ mm^3$
谐振腔工艺	平面解理技术	抛光磨制
工作方式	液氮温度下脉冲工作	液氮温度下脉冲工作
实验图	不同温度下自发辐射和受激辐射谱线、受激辐射远场相干图样、不同温度下辐射光强随电流变化关系	受激辐射远场相干条纹、受激和自发辐射谱线

原始的学术论文是我们了解中国第一代半导体激光器研制情况的重要史料，论文的内容能够反映研制单位的技术基础和研制目的。

半导体研究所具备砷化镓材料的研制技术，在发表的论文中对所使用材料进行了详细介绍，包括砷化镓结构示意图。而长春光机所的砷化镓材料是由上海冶金所提供，他们在论文中对材料的介绍比较简略。此外，半导体研究所在得到受激发光后，还在不同温度下进行多次实验，观察实验结果。而长春光机所的实验次数和种类相对较少。

通过以上分析可以获知，半导体研究所的工作侧重于半导体材料的受激发光，而长春光机所则将半导体材料作为发光材料之一进行研究。

比较

王守武小组和王乃弘小组在短时间内就将半导体激光器研制成功，他们参考了相同的文献了解半导体激光器的原理和基本结构。他们在研究规模、着眼点和谐振腔的制作工艺上存在差异：

第一，研究规模。在半导体研究所，半导体激光器的研究受到了领导的重视。最初的主要研究人员共有 21 人，后来还有所增加 ①。而在长春光机所，半导体激光器的研制只是众多激光器研究课题的一项，有 9 名科研人员参与研究 ②。

第二，着眼点。长春光机所不关注半导体材料自身的问题，只是把它作为多种激光器工作物质的一种。而半导体研究所却对半导体材料情有独钟，对它的未来发展也更为关注。

第三，谐振腔的制作工艺不同。半导体研究所采用平面解理技术，长春光机所采用抛光晶体的方法。半导体研究所采用的平面解理技术简便、易操作、平行度好，已达到甚至超越了世界先进水平。

中国的科研人员在短时间内就将半导体激光器研制成功，得益于我国良好的激光技术和半导体技术基础。

在半导体技术方面，我国建设了研究队伍，建立了研究单位，在全国范围内开展了半导体材料制备、性能测试、半导体电子学的基础研究。半导体研究所和上海冶金所研制出砷化镓材料，为研制半导体激光器提供了材料基础。

在激光技术方面，我国建立了专门的研究机构，组织研究人员开展了红宝石激光器、氦氖激光器、钕玻璃激光器、CaF_2：Dy^{2+} 激光器的研制工作，定期召开的全国性激光会议为王守武小组和王乃弘小组的交流提供了条件。

---

① A023-16，砷化镓受激发射器研究计划表。存于中国科学院档案馆。

② 王乃弘、潘君骅、聂朝江等：半导体砷化镓的受激发射。《科学通报》，1964 年第 7 期，第 733 页。

我国科学家敏锐地追踪世界科技进展，及时在国内交流情况，大胆提出研究设想，在各自的研究基础上开展工作，使半导体激光器很快试制成功。追寻着国外半导体激光器的发展脚步，我国又进行了进一步的探索研究。

发展半导体激光技术研究的任务书

梅曼的第一台激光器刚刚问世，已经有人开始探索这一重要发明可能给战争带来的影响。利用激光制作武器在很大程度上取决于打击对象，如果目标是在战斗机、直升机、导弹或坦克油箱上烧一个洞，则必须使用功率为数兆瓦量级的高能激光；而如果目标是敏感的光电系统或某种其他类型的传感器系统，需要用激光对其进行干扰和破坏，则可选低能激光。

基于对激光军事价值的认识，中国的激光技术发展被纳入《1963—1972年科学技术发展规划纲要》，并得到国家最高领导人的认同和决策。1963年底，毛泽东对“反导”提出指示，并把高能激光纳入“反导战略发展计划”（640工程）中的“激光反导”（640-3工程）。他说：“死光（激光），要组织一批人专门去研究它。要有一小批人吃了饭不做别的事，专门研究它。没有成绩不要紧。军事上除进攻武器外，要注意防御问题的研究，也许我们将来在作战中主要是防御。”①

1963年，在《1956—1967年十二年科学技术发展远景规划》确定的主要任务基本完成的基础上，我国制定了第二个国家科学技术发展规划——《1963—1972年科学技术发展规划纲要》②。1964年，国家科委下达关于编制国家重点科学技术项目计划任务书的通知，由科学院和教育部共同负责编制六个国家重点科学技术项目的计划任务书。半导体所的光受激发射

① 毛泽东：《毛泽东文集》第8卷。北京：人民出版社，1999年，第352页。

② 杨丽凡：影响深远的《1963—1972年科学技术规划纲要》。《自然科学史研究》，2003年，第22卷第S1期，第70-80页。

的研究试验、固体能谱和固体理论共同成为国家重点科学技术项目[①]。

《光受激发射的研究试验》计划任务书（草案）[②]（以下简称《任务书》）首先介绍了这项研究任务的意义及国际上发展的概况，指出虽然光激射器的研究尚属初级阶段，但它所显示出来的前景却十分远大。在科学研究方面，光激射器提供了前所未有的有力工具。在多种多样的应用中，尽管在当时不能确切地说出光激射器的真正经济价值将落在什么地方，真正的巨大的应用途径将是些什么，但有一点可以断言，光激射器对于未来的科学技术将引起深刻的变化。

任务书在国内的工作基础上，提出对产生光受激发射途径、提高工作物质及器件性能进行研究，同时考虑应用和推广。半导体方面对砷化镓，碳化硅，磷化镓，砷化铟，锑化铟，镓、砷、磷固溶体，铟、镓、砷固溶体和其他材料进行研究，提高半导体器件的输出功率，增加激励源性能，应用于光雷达、光通信。

因考虑到光受激发射是综合性极强的科学技术，不仅需要强大的研究力量，还需具有强大的技术系统以及相应的技术和科学组织管理队伍，并需相关部门协作，建立研究基地。这项工作的主要参加单位有长春光机所上海分所、物理所、电子学所、半导体所、北京大学、清华大学和复旦大学等七个单位，协作单位有长春应用化学所、大连化学物理所、上海有机化学所、冶金所和硅酸盐所等五个单位[③]。任务书给每个单位做了详细分工，半导体研究所主要方向为半导体工作物质、半导体光受激发射器件的研制，以及有关半导体光受激发射的基础理论的研究，如半导体杂质态和复合过程的研究、半导体能谱的研究等。

总投资及经费指标有两种方案，第一种方案总计 6581 万元，第二种方案总计 6016 万元。这两种方案都很重视半导体所基建方面的投资，半导体研究所基建方面的总投资在七个主要参加单位中排行第二，仅次于长

---

① A023-13，中国科学院计划局发送国家重点科学技术项目计划任务书（草案）。存于中国科学院档案馆。

② A023-13，《光受激发射的研究试验》计划任务书（草案）。存于中国科学院档案馆。

③ 同②。

春光机所上海分所。

这项任务书制定后，送半导体所一份，王守武看完后发现了其中的一个问题。光受激发射器件的研究项目有大能量器件、高重复频率器件、高功率器件、连续波器件、新型器件、光接收与调制用的电子器件、高灵敏度接收器件和红外探测器件研制，半导体所是高重复频率器件和连续波器件的试制单位之一，上海分所是新型器件的试制单位。任务书没有将半导体光受激二极管列入，王守武针对这一问题的建议是“半导体光受激发射二极管在光受激发展器件的研究中没有列入，我们建议作为新型器件列入，因此半导体研究所应列入新型器件的试制单位。”（图 5-2）[1] 半导体研究所与技术科学部联系后，王守武的建议被采纳[2]。

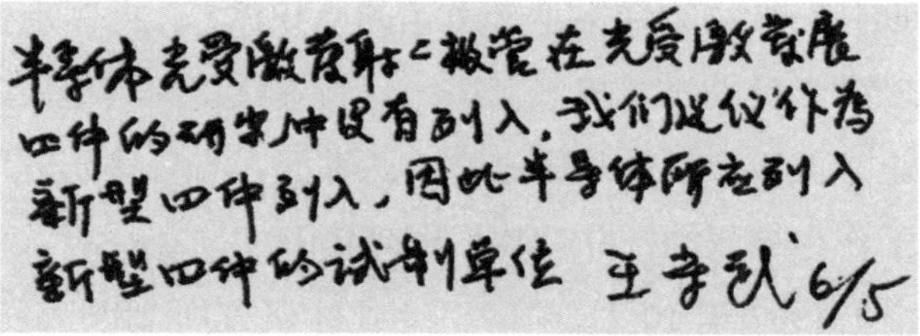
半导体光受激发射二极管在光受激发展器件的研究中没有列入，我们建议作为新型器件列入，因此半导体所应列入新型器件的试制单位 王守武 6/5

图 5-2　1964 年 6 月 25 日王守武的建议
（图片来源：中国科学院档案馆 A023-13）

逆　境

正当王守武领导半导体研究所克服困难，全心全意为发展我国半导体科学事业而努力工作、多项研究取得可喜成果的时候，“文化大革命”爆发了，半导体所的各项工作都受到严重冲击，王守武离开了领导岗位，科研工作也被迫停止。

> “文化大革命”的十年浩劫，完全打乱了我们前进的步伐。首先，“文化大革命”一开始，几乎所有的科研工作都停了下来。更为严重的是，陈伯达提出了所谓的“电子中心论”。他们不讲科学，否定半

① A023-13，处理文件。存于中国科学院档案馆。

② 同①。

导体对超净环境的要求，鼓动大家用群众运动的方式来发展半导体技术。在“电子中心论”的错误引导下，许多人大搞用小高炉提炼硅单晶，用厨师“炒菜”的方式来生产半导体器件。净化厂房受到了批判，科学被指为“走白专道路”。在一部分人群中曾流传过“厕所里也能搞半导体”的口号。这种不科学的群众运动，既浪费了国家大量人力物力，又给以后发展我国半导体事业带来了恶劣影响①。

“文化大革命”初期，中科院的造反派批判“资产阶级的科研路线”，批判一批“走资本主义道路的当权派”，批判走资派别有用心地重用“资产阶级反动学术权威”……。王守武曾和其他所领导一起被冲击，被迫停止了他所热爱的科研工作。这期间，半导体研究所物理组及有关基础研究工作也被取消，并解散了研究队伍。

1967年10月25日，半导体研究所划归国防科委，直属国防科委第十四研究院，更名为1420所，代号“中国人民解放军京字129部队”。同年底，所里从上到下各科室部门全部由军管人员负责②。

1968年5—6月，一场叫作“清理阶级队伍”的政治运动在全国陆续展开，王守武和葛修怀都成了这场运动的对象。

1968年夏天，“清理阶级队伍”运动开始后不久，一批红卫兵冲进王守武的家中，他们是以中科大红卫兵名义来抄家的，当时，葛修怀在中科大教基础课，王守武是中科大物理系的兼职教授。8月的一天，葛修怀到中国科学技术大学上班，晚上突然就没有回家。王守武很担心，第二天，他叫女儿去学校了解情况，得知葛修怀被隔离审查了。是年12月的一天，王守武下班回家时，半导体所派了专人一起回来，王守武也被隔离审查了，他要搬到所里去住，专案组派人来随他拿被褥和换洗衣物。这次隔离审查是王守武在“文化大革命”期间遇到的最大的麻烦，也是他人生中受

---

① 王守武：我国半导体科学技术发展历史的回顾。见：夏建白、陈辰嘉、何春藩编，《自主创新之路——纪念中国半导体事业五十周年》。北京：科学出版社，2006年，第110页。

② 王扬宗、曹效业主编：《中国科学院院属单位简史》卷1（下）。北京：科学出版社，2009年，第630页。

到的最严重的一次政治冲击。

隔离审查期间，王守武被要求反复交代自中学开始后各个阶段的个人经历，每个阶段都要写明在什么地方、做什么、有什么证明人，以及证明人的联系方式，等等。在隔离审查中，专案组认为王守武最严重的一个问题是，王守武出国留学前曾在中央训练团参加过培训。专案组的人认为，中央训练团是培训特务的，因此，王守武有特务嫌疑。他们要王守武对此反反复复进行交代。

对于在中央训练团的培训，和王守武同期考取自费留学的侯祥麟回忆说："国民党政府在全国举行留学考试，考上了就可以出国。……我考上了。国民党政府没有立即让我们去美国，而是让我们先接受培训。那时候，有一个中央训练团，主要是培养忠于国民党的一些骨干，所有的要出国的学生必须接受培训，以防出去后反对国民党。培训团专门邀请了国民党的一些大官给我们做报告。直到秋天，培训结束后，才允许我们出国。"①

对王守武的隔离审查直到 1969 年 3 月前后才结束。审查期间王守武仅在 1969 年春节期间回家三天，见到了家中卧床养病的老母亲和子女。葛修怀隔离审查期间一直未能回家，且被扣发了部分工资，每月仅剩 15 元。在谈起这段时光时，王守武的女儿说：我父母在清理阶级队伍中被迫写了不少"交代"，但是他们从没有承认过任何乱加在他们头上的"罪行"，他们的"交代"多是历史事实。总的来说，他们在"文化大革命"中算是坚强的。我觉得这一是因为他们年轻时也经历了一些困难坎坷，在困难的时候能沉得住气；二是因为当时和他们有类似经历的知识分子大多都受到冲击，有些比他们还严重②。

隔离审查结束后，王守武逐渐地恢复了科研工作。他先被安排在七室的一个组里改革工具，修理仪器。为了解决激光器研究缺少分析激光特性

---

① 侯祥麟、罗沛霖、师昌绪等口述：《1950 年代归国留美科学家访谈录》。长沙：湖南教育出版社，2013 年，第 3 页。

② 王义格访谈，北京，2013 年 10 月 9 日。资料存于采集工程数据库。

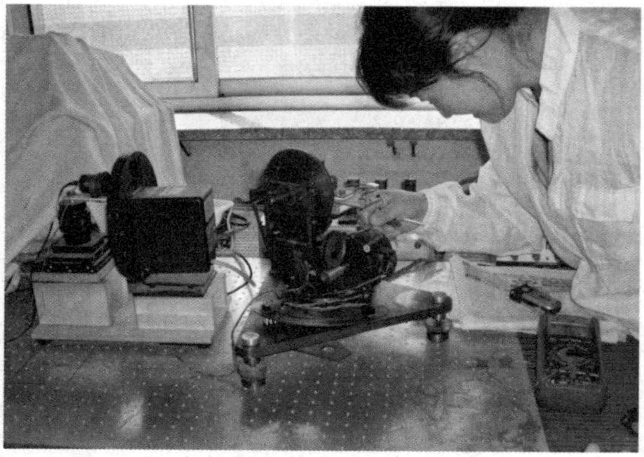

图 5-3　激光发散角分布测试仪（何春藩先生提供）

手段的问题，王守武主动提出自行设计和研制激光发散角分布测试仪[①]（图 5-3），获得成功。

1972 年，王守武成为 1420 所（即半导体研究所，1967 年至“文化大革命”结束称为“1420 所”）党的核心小组五名成员之一[②]。这个时期，王守武主要致力于实现半导体激光器室温连续激射和激光应用的研究。同质结激光器阈值电流密度很高，对温度敏感，不能在室温下连续运转。外延同质结的生长，虽然具有很多优点，但仍然只能脉冲工作[③]。1967 年，国际上对异质结构的研究开始活跃起来。1969 年，单异质结激光器问世，这种激光器阈值降低了约一个数量级。半导体所于 1969 年开始进行单异质结激光器的试制工作，1970 年研制出了脉冲激射的单异质结激光器[④]。虽然光输出功率和脉冲功率较同质结激光器有很大提高，但是这种激光器仍不能满足室温下连续工作的要求。

1970 年秋，美国贝尔实验室首次报道了双异质结构，实现了人们梦寐以求的室温连续激射。这是半导体激光器件研究的重大突破，引起世界各国的高度重视。1972 年，半导体所将研制室温连续激光器列为重大任务，王守武要求激光器研究室主攻室温连续激射。1975 年 4 月，我国第一只室温连续激射半导体激光器在半导体所研制成功[⑤]。

---

① 何春藩、夏永伟：报国惟真、创新求实——王守武院士传略。见：《王守武院士科研活动论著》编辑委员会编，《王守武院士科研活动论著选集》。北京：科学出版社，1999 年，第 6 页。

② A023-68，关于增补二零所党的核心小组成员批复。存于中国科学院档案馆。

③ 王启明：中国半导体激光器的历次突破与进展（邀请论文）。《中国激光》，2010 年第 37 卷第 9 期，第 2190-2197 页。

④ 同③。

⑤ 同③。

70 年代中期，基于在器件实验研究中发现的负阻现象以及国际上对异质结构功能性光电器件开拓的启发，王守武与光电室负阻激光器小组研究引入异质结构对 PNPN 激光器电导通性能的影响，他们分析了异质结构负阻激光器的电导通机理，采用改进的液相外延生长技术，获得了阈电流密度低和电导通良好的 PNPN 型负阻激光器。这种结构可以有效地解决 PNPN 型负阻激光器不易克服的低激射电流密度和高导通电流的矛盾，从而使激射特性及电导通特性能很好地统一起来[①]。这种器件具有线路简单、设备轻便、调制容易等优点。在王守武的指导和参与下，在多方面实验研究的基础上，采用输运方程及电荷存储理论深入、系统地分析了器件稳态和动态电输运、通导及关断特性、激射特性、光自振荡频率及光控特性、光开关限幅、光放大、光学双稳态、大功率超短光脉冲输出等实验行为的物理内涵。这是一项基于物理原理，实验与理论紧密结合、创造新器件、发展器件新功能的系统性研究[②]。在这种新的低阈值 GaAs/GaAlAs PNPN 负阻激光器的基础上，适当调整结构参数，首次研究了由于光注入在 PNPN 器件内部因电学正反馈作用增强而产生的光学双稳态及光开关特性。通过实验证明，器件具有良好的光双稳及光开关特性[③]。这些工作获中国科学院科技进步奖等两项奖励，在国内外发表论文多篇。在此基础之上，王守武等还对 GaAs/GaAlAs 半导体激光的淬灭效应进行了研究，以期引入淬灭机制，实现淬灭型双稳态运转。这些理论和实验研究丰富了半导体光电物理内容，为新型半导体异质光电器件的发展与应用提供了充分依据[④]。在这些工作中，王守武先生显示出了深厚的理论基础、高超的分析能力和杰出的实验技巧。

---

① 王守武、吴荣汉、朱其高等：低阈值 GaAs/GaAlAs PNPN 负阻激光器。《电子学报》，1979 年第 9 期，第 35-43 页。

② 吴荣汉：科研一卒的探索之旅。见：李晋闽等，《拓荒者的足迹——建所初期科技人物事迹选》，北京：科学出版社，2010 年，第 240 页。

③ 王守武、吴荣汉、张权生等：GaAs/GaAlAs pnpn 负阻激光器中的光开关、光双稳特性。《半导体学报》，1986 年第 7 卷第 2 期，第 147-153 页。

④ 王守武、刘文旭、杨朴等：GaAs/GaAlAs 半导体淬灭型双稳态现象的实验研究。《半导体学报》，1990 年第 11 卷第 9 期，第 724-726 页。

半导体激光器应用研究

“文化大革命”开始前，半导体研究所已经开始用半导体激光器展开激光测距、激光夜视和激光通信等三个方面的应用研究。

1964年9月，王守武与陈遥刍、干福熹、刘顺福、周炳琨去英国参加国际发光会议和激光及其应用会议。会议讨论了将半导体应用在通信和测距方面的可能性，认为因半导体激光器的输出功率太小，大气吸收及抖动严重，所以近期内激光器在通信上的实际应用可能性较小。相比较而言应用于测距较为现实，如果输出功率提高，重复频率达到1MHz/s，有可能制成3—5km的显像雷达[①]。我国早期制定研究项目时，先考虑到将半导体激光器用于通信[②]，后又着手进行激光夜视和激光测距的工作[③]。

光通信是以光波为载频，以光导纤维为传输媒介的通信方式，而激光器的发明解决了光通信光源的问题。激光通信机是用激光代替无线电波的一种通信设备，它方向性好，保密性强，传播效率高。半导体所1963年制定砷化镓激光器的研究计划时已经将“通信”列为研究项目[④]，1965年成功地完成了一套小型室温通信装置[⑤]。

“文化大革命”初期的冲击造成研究工作停滞后，1969年半导体研究所恢复了半导体激光通信机研制工作（图5-4）。1972年半导体研究所又进行多路激光通信机研制，当年做出通信距离为2km的样机一台[⑥]。1974年，王守武与研究人员研制了单路和三路半导体激光通信机，该通信机在

① 中国科学技术情报研究所编：《出国参观考察报告编号：(65) 077英国发光、莱塞及其应用会议概况英国第49届科学仪器设备展览会、亚毫米波产生和接收及其特性会议概况》。北京：科学技术文献出版社，1965年，第1-10页。

② A023-16，砷化镓受激发射器研究计划表。存于中国科学院档案馆。

③ 高季麟：科研岁月也峥嵘。见：李晋闽等编，《拓荒者的足迹——建所初期科技人物事迹选》。北京：科学出版社，2010年，第304页。

④ 同②。

⑤ A023-37，半导体研究所1965年科研计划执行情况。存于中国科学院档案馆。

⑥ A023-72，1420所1972年工作总结。存于中国科学院档案馆。

能见距离为2km时通话距离为10km，而且能克服大气通信中幅度调制受大气干扰影响大的问题[①]。最初研制的激光通信受气候影响极大。晴朗的天气下，可实现几千米的通信，但在不良天气时，通信质量极不稳定，特别是雾对通信距离的延伸影响较大。半导体激光通信机的探索性研制持续了十多年，虽然技术不断进步，但这种在大气中进行激光通信的方式还是被科学界否定了。直到低损耗光纤的出现，解决了光传输介质的问题，使光通信从理想变为现实。

图 5-4　1969 年半导体研究所研制出的半导体激光通信机（图片来源：中国科学院档案馆 A023-260）

激光夜视研究开始于“文化大革命”前的1965年初，是半导体研究所当年三项重大任务之一，这项任务是为空军在夜间执行任务服务的。当时王守武负责提出总体方案，全所人员积极参加。一室要解决激光器材料问题，二室要研制替代真空闸流管的固态闸流管，四室要以固态闸流管为基础研制大电流脉冲源，低温组要研制小型制冷机替代液氮杜瓦瓶[②]。同年12月中旬，连续几次外场试验都成功地达到夜视任务规定的距离。（图5-5）

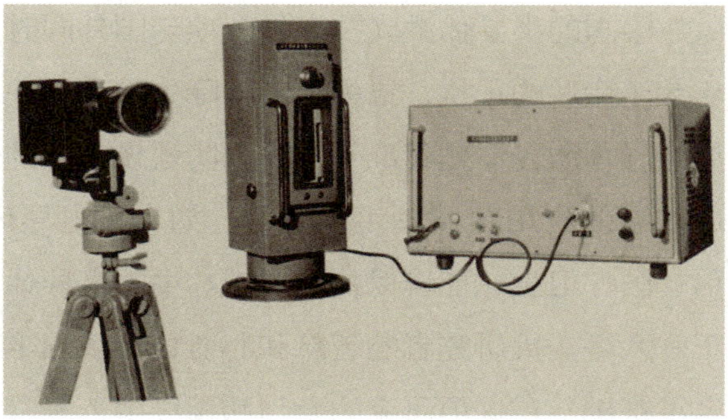

图 5-5　1965 年半导体研究所研制的激光夜视仪（何春藩先生提供）

结束了激光夜视的探

① 邓锡铭：《中国激光史概要》。北京：科学出版社，1991年，第69页。

② 高季麟：科研岁月也峥嵘。见：李晋闽等编，《拓荒者的足迹——建所初期科技人物事迹选》。北京：科学出版社，2010年，第304页。

索任务后，研究人员顺势开始激光测距的研究。这项工作同样也是国防任务，用以空战中测量目标距离。激光测距仪在工作时，向目标射出一束很细的激光，由光电元件接受目标反射的激光束，计时器测定激光束从发射到接受的时间，计算出从观测者到目标的距离。当时的半导体激光器都是脉冲工作的，功率很低，还达不到用于测距的要求。任务下达后，王守武却接受了，他说“我们试试看。”①

固体激光器脉冲能量很大，但可重复率很低，半导体激光器恰好能够高重复率地工作，这就为接收回波时采用“数字积累”技术创造了条件。当时科研人员只看到一些国外文献提到过“数字积累”，知道原理，但不知道如何实施。他们找到王守武请教。“过了几天他来了，给我们画了一张大草图，具体的方案都出来了。因为数字积累用的电路量庞大，如果用晶体管组成电路就大得不得了，相当于一台计算机，当时国内生产集成电路的单位是 156 厂，就是西安的第三电子所，因为他们为‘两弹一星’服务，所以设备是比较好的。根据当时国内能制造的集成电路器件，王守武先生设计一套‘数字积累’的接收方案。”② 根据此方案，科研人员设计了一台接收机，在进行户外试验时达到了设计要求。回所后，样机经过改善，以技术转让的方式交给了协作单位，并有几千元象征性的“转让费”③ 。

中国的半导体激光技术是一项与国外同时起步的新技术，但受到“文化大革命”的干扰，错失了与国际先进水平一同发展的机会。我国最初发展半导体激光器是看准了它在国防建设方面的价值，但是经过数十年的发展，它的应用领域发生了变化。如今，半导体激光器被广泛地应用于通信、医疗卫生、环境保护等领域。中国半导体激光器的早期发展，凝聚着王守武等一代研究者的智慧和心血，为我国半导体激光技术的后期发展奠定了基础。在这项研究的参与和领导中，王守武具有远见卓识的眼光、扎

---

① 高季麟访谈，2011 年 7 月 5 日，北京。资料存于采集工程数据库。

② 同①。

③ 高季麟：科研岁月也峥嵘。见：李晋闽等编，《拓荒者的足迹——建所初期科技人物事迹选》。北京：科学出版社，2010 年，第 305 页。

实的半导体理论储备和丰富的工作经验。他能够在仅有几篇原理性报道的情况下，领导研制出我国第一代半导体激光器，并能带领研究人员将半导体激光器从扩散结发展到同质结和异质结，使激射从低温到室温、从脉冲到连续。他还为量子阱激光器的研制做出重要贡献，使其能够在实际中得到应用。

第六章
畴雪崩现象研究

1974 年 7 月，中国科学院颁布《关于制定我院十年规划工作的安排意见（草案）》，提出要为实现我国四个现代化解决一些关键的科研课题，提供一定的科学储备。在基础科学和应用科学方面，包括在当代一些新兴技术的研究方面，开拓一些新的科研领域，做到有若干较大突破，有更多的重大科学研究成果赶上和超过世界先进水平[①]。王守武组织领导的畴雪崩现象研究就是在这样的科研背景下展开的，他们这项理论研究成果引起了国际学术界的关注。

畴雪崩现象的发现

“文化大革命”后期，半导体所成立了一个新器件研究室，成众志任主任。该研究室经过考察和讨论，决定研究器件的高电场效应，研制新器件的材料以砷化镓等化合物为主。同时还确定，砷化镓以体效应耿氏

① 陈建新等 :《当代中国科学技术发展史》。武汉 : 湖北教育出版社，1994 年，第 254 页。

（Gunn）器件为主，硅材料以雪崩管毫米波器件为主。

在平面耿氏器件研究中，一次测试器件的伏安特性时，偶然发现在电压达到阈值以后开始出现耿氏振荡。但是经过N型负阻区以后，再加高电压，会突然出现一个S型负阻，这时电流突然增加，电压反而变小，在图示仪上可以看到一个环状的图形，这表示有振荡出现。他们在示波器上观察，果然有电流、电压的振荡波形，用取样示波器观察到振荡频率达到1GHz，效率为36%。在耿氏器件中，通常是耿振荡，为什么耿振荡后还会出现振荡？这是什么现象？当时在场的人都很疑惑，有人赶紧把业务副所长王守武找来。王守武一看很高兴，觉得这很有可能是新发现。经过详细的机理分析后他得出结论，这是高场畴的畴内电压达到电离所产生的雪崩现象。

这个过程的模型如下：耿振荡之后有畴产生，畴有耗尽层和积累层。外面加电压主要在耗尽层，相当于反向二极管。当耗尽层加电压后，积累层的电场就会提高，半导体价带的电子跑到导带，产生电离，进而产生雪崩。雪崩之后，产生电子空穴，电压下降，电子空穴逐渐复合，于是电阻升高又产生耿振荡。

王守武提出基本的模型后，进行了初步的分析。因为国外没有可以借鉴的内容，只能自己思考，这让王守武动了不少脑筋。

为了证明雪崩现象的存在，研究人员进行了发光现象的观测。王守武与研究人员开始思考：既然有载流子复合，就应该会复合发光。起初他们用光电倍增管观察发光，但是光比较弱。后来开始用液氮给光电倍增管降温，提高它的灵敏度，这样光就会很强。到这个时候，王守武还不满意，他要把发光光斑照下来。因为光很弱，需要找人到保定买红外胶卷，将胶卷放在发光的位置上拍摄。所里的研究人员工作一天一夜，把照片冲了出来。他们发现照片上有小黑点，用这种方法证实光电倍增管接收到光了，小黑点是感光的见证[①]。到此，实验工作基本结束，由王守武起草写成的论文“平面Gunn器件中的畴雪崩弛豫振荡”一文，1975年发表在《中国科学》的中英文版上。

---

① 郑一阳访谈，2011年4月，北京。资料存于采集工程数据库。

畴雪崩现象研究的创新之处在于研究人员将耿氏器件的偏置电压加得很高，得到雪崩弛豫振荡。他们了解到，1966年国外就已经开始研究耿氏器件，当时人们对高场畴中的碰撞电离现象进行了很多研究工作。有人曾在N型砷化镓中观察到由于碰撞电离引起的S型负阻，但是没有得到明显的振荡。有人对高场畴中的碰撞电离现象进行仔细观察，他们所加的电压一般离耿振荡的阈值电压不太远，引起耿振荡的不稳定性，最后使振荡成为噪声而限制了耿氏二极管的使用。还有人曾在薄层外延耿氏二极管中，观察到由于碰撞电离而引起的弛豫振荡，但他们得到的弛豫振荡的振幅比较小，频率比较低。王守武和研究人员在实验中将偏置电压加得很高，达到阈值电压的数倍，使高场畴中的电场达到了一般二极管雪崩击穿所需要的电场。于是得到一种振幅比耿振荡大得多的雪崩弛豫振荡，这种弛豫振荡的频率比耿振荡低好几倍，但有比较高的效率[①]。

深入研究及成果

在以后的一段时间里，王守武指导科研人员进一步研究“畴”的性质，包括畴静止，畴状态的转变等。

1978年他们对耿氏器件中渡越畴和静止畴雪崩进行了实验观测，发现两种模式的雪崩电压有较大的差别。王守武等人进行了“Gunn器件中的渡越畴和静止畴雪崩研究”[②]。研究分为两部分：第一部分讨论渡越畴和静止畴，并指出静止畴过渡到渡越畴的条件。第二部分说明静止畴和渡越畴雪崩阈值的电压区别。研究静止畴是为了得到双稳态开关，而对于耿氏器件则阳极杂质分布要做得平缓一些，以便保证不会出现静止畴而又有较高的畴雪崩电压，这对耿氏器件功率输出可靠性有好处。

---

① 王守武、郑一阳、刘朝中：平面Gunn器件中的雪崩弛豫振荡。《中国科学》，1975年第6期，第577-583页。

② A023-420，Gunn器件中的渡越畴与静止畴雪崩研究。存于北京中国科学院档案馆。

王守武当时经常讲："现在国外发表的文章，很多是借助于先进的计算机模拟，这样可以节省很多实验开支，而且可以预测一些新的结果。"[①]为了缩短差距，1978 年王守武指导大家开展计算机模拟实验研究，运用半导体所引进的一台计算机开展工作。因为计算机是一件新东西，有很多人感兴趣，要计算的人很多，大家要排队等机器[②]。通过计算机模拟计算，每天的计算结果都有一些新的内容。研究人员有时晚上下班后去王守武家中讨论。对于讨论中的不同看法，王守武均反复思考、论证，最后达成共识。在他的指导下，畴雪崩现象的研究工作进展很快。

在器件阳极端的掺杂存在一定递增梯度的情况下，静止畴可能有两种产生方式：渡越式的静止畴和非渡越式的静止畴。两者都导致一静止态负阻特性，但电流波形不同。从计算中归纳出掺杂梯度引起的静止畴的普遍特征：在靠近阳极一侧边缘处的扩散速度等于或大于漂移速度的二分之一，畴区内电子浓度分布趋于平坦。计算中发现，当偏置电压高达一定值时，静止畴将转变为渡越畴。在分析了这种转变的原因后，得出转变电压与均匀掺杂区的杂质浓度，阳极端的掺杂梯度与阴极端的凹口大小有关[③]。

静止畴现象可应用于快速开关电路及高速逻辑电路中。Gunn 器件中掺杂梯度引起的静止畴的计算机模拟是从计算机模拟中得出了实现静止畴的条件以及增大电流峰谷比的途径。通过大量计算归纳出静止畴的普遍特征及静止畴在一定偏压下转变为渡越畴的结论，并找出发生这种转变时的偏压大小与什么因素有关。这些结果都是当时文献中尚未看到的新结论[④]。经过半导体所学术委员会审查与讨论，认为计算所得出畴静止的条件及静止条件的普遍特征是有价值的。1979 年 12 月，王守武等人申请参

---

① 郑一阳：良师教导　终生难忘——记与王守武院士共同工作的日子。见：《王守武院士科研活动论著选集》编辑委员会编，《王守武院士科研活动论著选集》。北京：科学出版社，1999 年，第 25 页。

② 郑一阳访谈，2011 年 4 月，北京。资料存于采集工程数据库。

③ 王守武、潘国雄、王重云：Gunn 器件中掺杂梯度引起的静止畴的计算机模拟。《半导体学报》，1980 年第 1 卷第 3 期，第 204-219 页。

④ A023-420，技术改进成果：Gunn 器件中掺杂梯度引起的静止畴的计算机模拟。存于北京中国科学院档案馆。

加中国科学院技术改进奖，该项目获得半导体所科技成果奖三等奖[①]。

通过计算机模拟计算，获得了静止畴的存在与转变条件。开始研究人员对这一结果有疑义，但计算得到的畴的静止—渡越—静止—畴雪崩过程很快被实验所证实，计算机模拟计算与实验得到完全一致的结果，他们发表了论文“Gunn 器件中畴的静止—渡越—静止—模式的实验观察及计算机模拟”[②]。用计算机模拟和实验观察研究结合进行深入研究，可以解决很多难题。

1978 年国外研究者在计算机模拟中发现，当外加电压升高时，静止畴会转变为渡越畴。王守武等人在实验上观察到这一现象，在计算机模拟中也得到这一转变。但这些现象都是在夹层器件中得到的，还没有人在平面器件进行研究。80 年代初期，王守武等人着手进行“平面耿氏器件中静止畴的形成和转变”的研究工作。他们首先从实验上观察了静止畴的形成和转变，然后用计算机模拟研究了这些过程。根据计算结果进行分析，对平面耿氏器件中静止畴的形成和转变机理进行了探讨，对影响上述过程的有关因素进行了研究[③]。

关于耿氏器件中高场畴动力学的研究持续了多年，王守武花了大量时间进行这方面工作，同时也取得了丰硕的成果。王守武和研究人员共同完成了多篇论文，除了“Gunn 器件中的渡越畴与静止畴雪崩的研究”，其余文章发表在《中国科学》、《半导体学报》上。

与美国科学界的交流

20 世纪 60 年代初，美国一些学者认为，“科学是无国界的”、“科学

① A023-420，技术改进成果：Gunn 器件中掺杂梯度引起的静止畴的计算机模拟。存于北京中国科学院档案馆。

② 王守武等：Gunn 器件中畴的静止—渡越—静止模式的实验观察和计算机模拟。《半导体学报》，1983 年第 4 卷第 4 期，第 321-333 页。

③ 王守武等：平面 Gunn 器件中静止畴的形成和转变。《半导体学报》，1983 年第 4 卷第 5 期，第 422-431 页。

技术与政治无关”，主张同中国学术界交往。直到 1966 年，一个开展中美民间文化和科学交流的非政府机构成立，1970 年 1 月更名为美中学术交流委员会。委员会成立后，曾多次表示想同中国学术界建立联系的愿望，但都没有得到回应。1972 年 2 月，美国总统尼克松访华并签署了《中美联合公报》。自此，中美之间开展了科技、文化等方面的民间交流①。

1974 年，通过美中学术交流委员会和中国科学技术协会的协商，中美决定派固体物理学代表团进行互访。1975 年 3 月 22 日至 4 月 24 日，由王守武为组长、卢嘉锡为副组长的中国固体物理考察组对美国进行访问②。在美国期间，他们共参观了 12 所大学及单位，有：哈佛大学、麻省理工学院、康奈尔大学、芝加哥大学、伊利诺伊大学、加州大学伯克莱分校和斯坦福大学；美国国家标准局、布鲁格海文国家实验室、阿冈实验室、国际商业机器公司和贝尔电话公司的研究中心。中国固体物理考察组考察了半导体、晶体增长、晶体结构、磁学、固体表面研究、高压物理、超导、光谱工作及一些新器件、新技术等方面的工作，使我国对美国固体物理基础研究方面有了一个基本了解。但因固体物理与新技术关系密切，美国对新技术保密限制很严，我国考察人员很少看到这方面的研究。3 月，考察组还参加了以固体物理为主要内容的美国物理学会年会③。王守武在大会上介绍了耿氏器件畴雪崩现象的研究成果，引起了与会学者的关注。

1975 年 9 月，美国固体物理代表团回访中国。该团由 12 位团员组成，其大部分成员是固体物理学家，他们大多从事过固体物理的基础和应用研究，并且熟悉固体物理教学，他们中有四名诺贝尔物理学奖获得者。这次访问的基本目的是增加对中国科学教育、基础科学及其应用研究的了解。代表团在华 29 天，先后到达北京、西安、南京、无锡、上海等地，参观了中国科学院物理研究所、半导体研究所、生物物理研究所、半导体设备工厂、上海光学精密机械研究所、上海硅酸盐研究所、上海机械厂、无锡

---

① 顾宁：中美学术交流的桥梁——美中学术交流委员会简史。《美国问题参考资料》，1989 年第 11 期，第 38–40 页。

② 中国固体物理考察组访美后回到北京。《人民日报》，1975 年 4 月 28 日第 4 版。

③ 中国科学技术情报研究所编：《出国参观考察报告——美国固体物理研究工作情况》。北京：科学技术文献出版社，1978 年，第 1 页。

图 6–1　1975 年 3 月王守武作为固体物理考察组组长访问美国
（来源：《王守武院士科研活动论著选集》）

农村工厂等单位，访问了北京大学、清华大学、西安交大、南京大学、复旦大学，还游览各地的名胜古迹 ① 。

9 月 9 日，王守武在半导体所接待美国固体物理代表团。代表团成员对王守武并不陌生，他们中很多人半年前曾在美国见过王守武，代表团到达北京时王守武也前往机场迎接他们。

王守武首先给代表团介绍了半导体所的组织机构和开展工作遇到的主要问题。根据王守武的介绍，代表团认识到半导体所有两个问题尤为突出：一个是因为研究所位于市中心，房屋紧张，工作空间狭窄；另一个是所里年轻人较多 ② 。

① Fitzgerald A, Slichter P. Solid State Physics in the People's Republic of China. Washington: National Academy of Sciences Press, 1976: 13–45.

② Fitzgerald A, Slichter P. Solid State Physics in the People's Republic of China. Washington: National Academy of Sciences Press, 1976: 18–19.

图6-2　1975年9月美国固体物理考察团访问半导体研究所［巴丁（左四）、王守武（左五）、王守觉（左一）、成众志（左三）、吴锡九（右一）、庄蔚华（前排右一）（来源：《王守武院士科研活动论著选集》）］

代表团在参观实验室过程中和一些科学家交流工作经验。在这过程中，他们将高场畴中雪崩弛豫振荡工作列为重点参观项目之一。代表团详细地观看演示，听取研究报告，他们在这过程中提了很多问题。代表团在回国的考察报告中写到：

有关耿氏器件中雪崩弛豫振荡的工作，类似于我们的研究工作，探索偶然发现的一种现象，同时在分析指导下提高耿振荡的阈值电场到雪崩值。研究工作已经进展到观测和分析耿振荡所伴随的复合辐射。虽然这种振荡最终可能会找到用途，然而目前阶段的兴趣可能主要是学术性的。①

在我们所看到的工作中，大多数都是面向特殊发展方向或教育方向的，而不是以增加世界更广泛应用的知识库为目标。然而，我们也

① Fitzgerald A, Slichter P. Solid State Physics in the People's Republic of China. Washington: National Academy of Sciences Press, 1976: 56–57.

看到了一些有意义的贡献，这些可以在世界性的科学杂志上发表。它们是耿氏器件弛豫振荡……①

此后，多个外国代表团来访半导体研究所时，都参观过有关耿氏器件中畴雪崩弛豫振荡的研究成果，王守武在访问澳大利亚及德国时也做过有关学术报告。

耿氏器件中畴雪崩弛豫振荡是王守武在“文化大革命”期间一项重要的创新性研究项目。通过研究，人们对高场畴的动力学过程有了较深入的了解。王守武非常关注国外科技的最新进展，要求年轻的科研人员也要及时了解国外的研究动态。一次，王守武骑自行车不慎摔伤了腿，在家休息期间，他把新出版的厚厚的一本英文著作《转移电子器件》译成中文，写成讲稿。病情稍微好一些，就到半导体所给大家讲课，每周一两次，提高了大家的理论水平②。

① Fitzgerald A, Slichter P. Solid State Physics in the People's Republic of China. Washington: National Academy of Sciences Press, 1976: 134.

② 郑一阳：良师教导　终生难忘——记与王守武院士共同工作的日子。见：《王守武院士科研活动论著选集》编辑委员会编，《王守武院士科研活动论著选集》。北京：科学出版社，1999 年，第 25 页。

第七章
执着创“芯”

1952 年英国人达默（G. W. A. Dummer，1909—2002）第一次提出了集成电路（integrated circuit，IC）的设想：“晶体管启示人们有可能把电子设备做在一块固体中而不需要外加联结。这块固体中可包含各层用于绝缘、导电、整流和放大的材料，电学功能可由分割开的各层各个区域直接相互联结而实现。”[①] 1958 年美国仙童半导体公司（Fairchild Semiconductor）宣布制成单块集成电路。集成电路是一种电子器件，通常所说的“芯片”就是指集成电路，它能将一个电路所需要的晶体管、二极管、电阻、电容等同时做在一个面积很小的半导体硅片上，具有体积小、重量轻、速度快、耗电少、性能强、价格低的优点。集成电路技术发展十分迅速，很快显示出其在数控、电讯、空间技术、电子计算机技术等诸多行业中的广泛应用。“文化大革命”结束后，王守武领导半导体所的科研人员克服困难，协作攻关，完成了 4 千位和 16 千位动态随机存储器等大规模集成电路的研制，随后他又在 109 厂领导了集成电路大生产试验项目，推动了我国集成电路技术的发展。

① G. W. A. Dummer. Miniaturization and Microminiaturization. New Scientist, 1960（04）：546.

集成电路的初步探索

集成电路由于电路复杂程度不同，可根据集成规模分为小规模集成电路、中规模集成电路、大规模集成电路和超大规模集成电路。对于数字集成电路来说，习惯上认为小规模集成电路是集成度小于 10 个门电路或集成元件数少于 100 个元件的集成电路；中规模集成电路是集成度在 10—100 个门电路之间，或集成元件数在 100—1000 个元件之间的集成电路；大规模集成电路是集成度在 100 个门电路以上或集成元件数在 1000 个元件以上的集成电路。大规模集成电路是在一般中、小规模集成电路的基础上发展起来的，中、小规模集成电路一般是以简单的门电路或单级放大器为集成对象的，而大规模集成电路则以功能部件、整机、子系统为集成对象。从分立元件发展到集成电路是半导体电子技术发展的一次飞跃；从一般中、小规模集成电路发展到大规模集成电路是又一次飞跃[①]。从集成电路到超大规模集成电路既是集成度的提高，也是存储能力的提高。

集成电路的结构非常复杂，元器件越小，工艺技术控制的精度越高，构成器件的线度宽越小，因此集成电路的制作面临一系列问题。研制集成电路的一个重要基础是硅材料的质量。20 世纪 50 年代中国科学院应用物理研究所开展了晶体管材料的研究。1962 年，在林兰英领导下研制了我国第一根无位错硅单晶和区熔硅单晶，保证了半导体研究所研制第一批硅平面管和硅集成电路获得成功[②]。

1961 年，王守觉等领导半导体研究所在国内首先开展了半导体器件的平面工艺研究，逐步解决了硅平面工艺的许多技术难题。1963—1965 年，我国有高频小功率晶体管、高频功率管、高速开关管等五种硅平面晶体间

---

① 王守觉、孙祥义：集成电路。见：《中国大百科全书》总编委会编，《中国大百科全书·电子学与计算机》。北京：大百科全书出版社，1986 年，第 411-413 页。

② 《林兰英院士科研活动论著选集》编委会编：《林兰英院士科研活动论著选集》。北京：科学出版社，2000 年，第 62 页。

世。由于硅平面管的管芯表面是呈平面状的，表面又有绝缘层保护，如果把许多硅平面管制作在同一块硅片上，通过制作铝布线进行层互联就可组成电路，这就是最早的集成电路的思想。有了硅平面工艺的基础后，1964年秋，半导体所在王守觉的领导下开始了固体组件的研制工作。1965年4月，研制成功四种固体组件，其中一种组件是在指甲盖大小的一块硅片内刻蚀上由七个晶体管、一个二极管、七个电阻和六个电容组成的电子线路。这是中国最早的集成电路。这一突破受到国家科委的重视，后拨专款在半导体所建造了一幢全封闭的工艺楼（固体楼），为进一步研制集成电路创造了更好的工艺条件[①]。这一成功使我国具备了研制固体组件微型计算机的必要的条件。

1966年，“文化大革命”开始，打乱了中国的科研秩序，包括集成电路在内的许多研究工作进程都延迟了，耽误了许多宝贵的时间。1969年，半导体所完成了用于“两弹一星”工程的卫星轨道参数存储器的研制，制成了门电路、驱动电路、触发器及存储器等四个品种的金属氧化物半导体（Mental Oxide Semiconductor，MOS）小规模集成电路。1972年，完成了超高速缓冲存储器的研制，这种集成电路保证了远洋测量船用的巨型计算机的研制。该计算机在1980年5月执行首次向太平洋发射洲际导弹的任务中，工作可靠稳定。1973年，半导体研究所研制成功半导体缓存集成电路和STTL高速“与”、“非”门集成电路，供国防工程使用。1970—1976年，半导体所研制了国防工程使用的混合集成电路高阻抗运算放大器[②]。

1977年7月16日，中共十届三中全会恢复了邓小平中共中央副主席、国务院副总理等职务。8月4—8日，分管科教工作的邓小平邀请30位老中青科教工作者在人民大会堂举行座谈会。王守武作为中国科学院系统的代表参加了会议（图7-1），中科院系统与会的科学家还有：吴文俊（数

---

① 姜文甫：硅平面工艺技术、平面晶体管和中国最早的集成电路。见：中国科学院半导体研究所建所四十周年纪念文集编委会编，《中国科学院半导体研究所建所四十周年纪念文集》。内部资料，2000年，第93-94页。

② 王扬宗、曹效业主编：《中国科学院院属单位简史》。北京：科学出版社，2010年，第629-632页。

图 7-1 1977 年邓小平与科教工作者座谈会代表合影，第二排右三为王守武

学所）、马大猷（声学所）、郝柏林（物理所）、汪猷（上海有机所）、钱人元（化学所）、邹承鲁（生物物理所）、张文佑（地质所）、叶笃正（大气所）、黄秉维（地理所）、王大珩（长春光机所）、严东生（上海硅酸盐所）、许孔时（计算技术所）、高庆狮（计算技术所）、温元凯（中国科技大学）。其余 15 位与会科教工作者，13 位来自高等院校，另两位分别来自中国农林科学院和中国医学科学院[①]。座谈会由当时主持科学院工作的方毅主持，与会科学家围绕科学和教育的实际问题发表意见。王守武在发言中汇报了我国半导体工业发展的情况。他讲道：

全国共有 600 多家半导体生产工厂，其一年生产的集成电路总量，只等于日本一家 2000 人的工厂月产量的十分之一。这种分散而低效率的生产方式应该尽快改变。

接着，王守武提出两点建议：

一是抓住要害，解决提高大规模集成电路成品率的问题。二是集中力量，把几百家工厂的人力物力集中使用到两三家重点厂上去，使

① 樊洪业主编：《中国科学院编年史：1949—1999》。上海：上海科技教育出版社，1999 年，第 241 页。

重点厂的设备条件能够赶上国际水平。[①]

邓小平在听取大家的发言后作重要讲话，强调我们国家要赶上世界先进水平，就要从科学和教育入手。这次会议在我国科学和教育界立即产生了极大的震动。王守武在会议上提出的建议得到了领导的认可。

1977 年 10 月，全国自然科学学科规划会议在人民大会堂召开。邓小平等国家领导人在接见与会代表时，对发展我国集成电路技术做了新的指示：

1977 年 10 月 24 日人民大会堂的大厅里灯火辉煌，参加全国自然科学学科规划会议的代表们站在架台上，等候着中央领导同志的接见和摄影留念。在热烈的掌声中，邓小平同志出现在我们的面前。他微笑着正好坐在我的面前。坐定之后，他回过头来问我们："你们是哪个单位的？""中国科学院半导体所。"我们答。"你们一定要把大规模集成电路搞上去，一年行吗？""行"……[②]

全国自然科学学科规划会议后，11 月 21 日，中国科学院向中央提交了"关于加速发展大规模集成电路"的请示报告，并很快得到批准[③]。该请示报告首先介绍了国外集成电路技术的发展情况，说明我国的差距。国外的大规模集成电路在 1969 年开始批量生产，1977 年集成度每片 16 千位的大规模集成电路已投入工业生产，每片 64 千位的超大规模集成电路已做出样品。我国却只有少数单位仿照国外产品做出了大规模集成电路的低档样品（每片近千位），相当于国际上 1970 年的水平，但是成品率极低，不能投入生产。同时，国外各种不同结构的新电路不断出现，而我国独创

① 王守武：我国半导体发展的历史回顾。见：夏建白、陈辰嘉、何春藩主编，《自主创新之路——纪念中国半导体事业五十周年》。北京：科学出版社，2006 年，第 110 页。

② 王守武：MOS 大规模集成电路的研制。见：夏建白、陈辰嘉、何春藩主编，《自主创新之路——纪念中国半导体事业五十周年》。北京：科学出版社，2006 年，第 211 页。

③ A023-110，关于加速发展大规模集成电路的请示报告（1977-11-21）。存于北京中国科学院档案馆。

性的新电路、新结构的研究工作尚属空白。

该报告中，中科院提出发展我国大规模集成电路的规划目标："一年内，我院半导体所和上海冶金所，决心克服一切困难，充分发动群众，依靠现有技术基础和设备条件，开展攻关会战，坚决拿下每片 4 千位的随机存储器等三个大规模集成电路典型品种和我们独立设计的新型电路，做出样品并进入批量生产。"三年内，把大规模电路成品率搞上去，八年内超大规模（64 千位）集成电路能批量生产。报告还提出了一系列具体措施，其中包括组织科学院内光学、精密机械、自动化、化学、感光化学、电工学科等方面的研究所及科学仪器厂，进行联合攻关会战[①]。

研制 4 千位动态随机存储器

临危受命

存储器位数表示存储器的容量和集成度，如 1024 位存储器，表示一块硅片上共有 1024 个存储单元，可以存 1024 个二进制的数（"1" 或 "0"），有时把 1024 位称为 1 千位，同理，4096 位称为 4 千位。在接受了大规模集成电路的研制任务后，半导体所决定首先研制 4 千位动态随机存储器（简称 DRAM），并采用当时世界上比较先进的 NMOS 电路工艺。

MOS（金属－氧化物－半导体）集成电路是以金属－氧化物－半导体器件为基础的单片集成电路。主要是以硅为衬底，SiO_2 为氧化层的硅 MOS 集成电路。N 沟道金属－氧化物－半导体集成电路是以 N 沟道 MOS 场效应晶体管为基本元件的集成电路，简称 NMOS。NMOS 电路于 1972 年才研制成功，但技术发展很快，其大规模集成电路的代表性产品是各种高速、低功耗、大容量的存储器和微处理器。当时，NMOS 电路一般采用性能良好的硅栅结构（图 7–2）。衬底是轻掺杂的 P 型硅，栅的材料

① A023–110，关于加速发展大规模集成电路的请示报告（1977–11–21）。存于北京中国科学院档案馆。

为多晶硅。一条多晶硅栅及其左右两个N型扩散区连同衬底组成一个N沟道MOS晶体管。硅栅MOS结构中，铝线扩散线和多晶硅线均能作为内部联线，所以有三层布线。铝线同多晶硅线，铝线同扩散线可以交叉（如图7-2左右两侧）[①]。

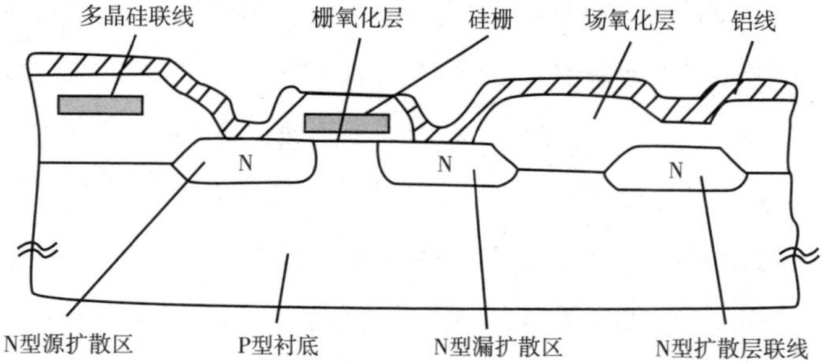

图7-2　硅栅NMOS结构剖面图

1977年10月，半导体所成立了参加全国科学大会筹备组，准备将“N沟硅栅MOS集成电路单管单元4096位随机存储器的工艺和电路的研究”作为向科学大会献礼项目。提出的该项目的意义和当年的主要工作内容为：

“为电子计算机提供硅栅N沟MOS大规模集成电路的基本工艺问题，并建立研究的工艺措施，提出工艺报告，研制出样品，填补国内空白。”该项目组采取了“(1）要在超净线试验，要求在12月中旬做出投试前的各种准备；(2）做好以下协调工作：研制高平整度和高光洁度的抛光；Si_3N_4膜的研究；金工车间和七室尽快完成激光测厚监控装置，提供使用；(3）要求提高低温淀积层的质量——解决一套3000瓦高频感应炉；(4）落实并解决掺磷SiO_2钝化层工艺；(5）与一室协作加速和准确测量注硼区的掺杂分布；(6）12月底落实并保证精缩版，保证超纯气体和电子纯化学试剂；(7）加强压焊封装工作。”[②]

1977年11月，科学院半导体所制订了“1978—1985年中国科学院半导体科学技术发展规划（草案）”[③]。草案中将“开展影响大规模集成电

① 申明.N沟道金属－氧化物－半导体集成电路。见《中国大百科全书》总编委会编，《中国大百科全书·电子学与计算机》。北京：大百科全书出版社。1986年，第601页。

② A023-120，中国科学院半导体研究所参加全国科学技术大会筹备组工作向科学大会献礼项目计划表。存于北京中国科学院档案馆。

③ A023-121，1978—1985年中国科学院半导体科学技术发展规划（草案）(1977-04)。存于北京中国科学院档案馆。

路成品率和可靠性主要因素的研究，为巨型计算机研制高质量、高水平的集成电路”列为重大科研项目。同时提出总目标，争取在1982年大规模集成电路成品率达到30%，1985年成品率接近当时的国际水平。为了配合MOS随机存储器的研制，院里同意在河北廊坊工厂扩建超净厂房。

此后，经过大约一年的研究，虽然半导体所超净线的同志们夜以继日地奋战，但是由于操作规程不规范，到了制作4千位动态随机存储器时，成品率提高不上来，进展缓慢，中科院和半导体所的领导都有些着急。

1978年10月，王守武被请到中国科学院主要领导同志的办公室，要他全面负责4千位MOS动态随机存储器这一大规模集成电路的研制任务。

猛攻成品率

大规模集成电路的成品率随集成度的增加成指数下降。此时，王守武脑海中首先闪现“做有用的东西”的想法，他认为搞一种新产品，只出样品、礼品、展品，没有一定的成品率，不能真正解决国家的急需，只有在国产设备的基础上提高成品率，才有推广生产的现实意义[①]。当时所里有人主张快做，不管成品率，王守武坚持自己的观点，认为“这个不能跟炒菜似的，要有一个规章制度。”他从开始就强调“不仅要研制成功样品，还要有一定的成品率”[②]。

大规模集成电路的制造需要经过数十道工序，每道工序都有它的合格率。如果每道工序的合格率为90%，那么30道工序之后总的合格率就只有4%。所以王守武对工艺线上的工作人员说：“我们必须保证每道工序的合格率大于90%”[③]。要实现这样的要求并不是轻而易举的。王守武立即重新组织人员，调来了包括吴德馨在内的一批骨干，着手分析成品率低下的原因。

① 王守武：国家需要什么我就做什么。《科学时报》，2006年11月8日，第B03版。

② 吴德馨：学习王守武先生献身中国微电子事业的精神。见：《王守武院士科研活动论著选集》编辑组编，《王守武院士科研活动论著选集》。北京：科学出版社，1999年，第15页。

③ 王守武：MOS大规模集成电路的研制。见：夏建白、陈辰嘉、何春藩主编，《自主创新之路——纪念中国半导体事业五十周年》。北京：科学出版社，2006年，第211-214页。

首先，在理论上，硅材料的制备影响成品率的高低。硅片表面层附近的微缺陷密度直接影响大规模集成电路的成品率，其间关系可以近似地由下式表示

$$Y \propto e^{-CPA}$$

式中Y为成品率，A为芯片面积，P为表面层附近单位面积内的微缺陷数，C为一个常数，一般是0.7左右。因此，要使大规模集成电路有较高的成品率，芯片面积不能太大，当时一般大约为1/4平方厘米，随着集成度的提高，芯片面积不能按比例地提高，因此每个晶体管的面积就必须相应地缩小，这是超大规模集成电路所面临的主要问题。硅片的直径大对成品率有好处，但是直径越大，在高温下硅片越容易形变，因此发展的趋势是使高温工艺的温度逐步下降①。

其次，王守武意识到，提高成品率，与设备有关。当时半导体所试验中所用的设备和基础材料，只有三样是进口的，一是显微镜，二是光刻胶，三是做板的乳胶版，其他都是国产设备，很多设备国外不卖给中国。所以王守武不得不立足于国产设备，他意识到必须先解决国内生产设备质量不稳定的问题，才能消除影响芯片质量的因素。

基于以上分析，王守武领导科研小组决定在研制工作中分三步走：

第一，从稳定工艺入手。把整个工艺流程，分为40多道工序，这样如果每道工序能保证95%的完好率，最后完好率也只有30%。如每道工序都保持99%以上的完好率，最终的完好率是67%。王守武定的指标是：每道工序的完好率不低于95%。对关键工艺，如氮化硅的淀积，要求做到99%完好率。

王守武花了两三个月的时间，找出国内设备元器件损坏的主要原因：一是质量不好；二是设计不合理。对设计不合理的地方改革创新，保证其质量，使其稳定可靠。如超净线的风浴门，这是王守武刚着手时就遇到的一个棘手问题。超净区入口处的风淋浴室的门经常坏。按照要求，每个工作人员进入超净区前必须经过40秒钟的风淋浴。风淋浴室有一个自动控

① 王守武：大规模和超大规模集成电路。《物理》，1983年第5期，第271页。

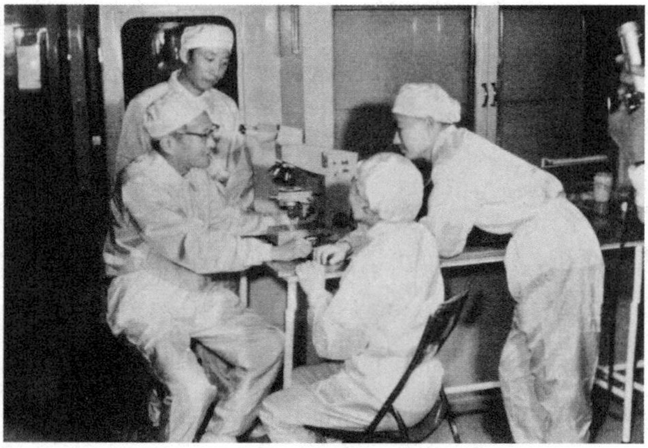
图 7-3 王守武与研究人员在超净线工作

图 7-4 王守武在调试探针台（摄于 1979 年）

制门，经风淋浴 40 秒钟后，出口处的门才会自动打开，允许进入超净区。但是当时国产风淋浴门的质量不过关，经常发生故障，使工作人员被闭锁在风淋浴室内进出不得，因此有人把自动控制门改为手动开关。虽然人员进出方便了，但是很难保证每人都能经过 40 秒钟的风淋浴才进入超净区。王守武要求把自动控制门修好，但电工班的修理人员束手无策，于是他就亲自动手修理。经过分析，发现故障主要发生在一个继电器的接触点上，是接触材料没有过关。于是王守武想到用白金来做接触点材料，因为白金的熔点很高，在高温下不易氧化。自从他把两片白金焊接在接触点上以后，自动门就再也没有出现过问题。像这样的事情在工作中还有许多。（图 7-3，图 7-4）

1979 年，《人民日报》对王守武的工作进行了报道：

超净线是研制大规模集成电路的一条关键的工艺线。王守武在抓大规模集成电路的工作中，每天都是早来晚走，经常在超净线内一呆就是几个小时甚至十几个小时……在王守武同志严谨的科学作风带动下，超净线里的风气焕然一新，科研人员各守其职，严格把关，工人认真操作，一丝不苟，使研制工作取得了可喜的进展。①

就是通过这样一丝不苟的认真工作，王守武对国产设备存在的设计上不合理的地方进行了不断改进，使得国产设备的运行达到了稳定可靠。

第二，对材料进行严格的质量检查。当时国产的试验材料，如气体和试剂，各批的质量都有差异，一时好，一时差，或者纯度不够，杂质多。王守武要求在使用前，对每批都进行分析检验。有些关键性试剂，他带领工作人员自己加工提纯。例如用的硅材料有的由所里拉制，有的用外单位的。王守武要求检验硅材料的方法是：高温三小时湿氧氧化，剥去氧化层，进行化学深腐蚀，再检测微缺陷数目，尽量减少微缺陷数目。总之，凡是使用的原材料，都要经过分析，达不到指标要求的就不用②。

第三，严格的操作规程和管理制度。做大规模集成电路，工序多，管理制度最重要的是操作规程。在仔细观察了每道工序的操作过程后，王守武发现影响一道工序合格率的因素大概有三方面：一是操作人员有意识地调整工艺参数（如炉子温度，加温时间等）；二是环境条件中的随机变动（如空气中的尘粒、试剂中的杂质等）；三是工艺设备发生故障。为了要严格控制这三方面的因素，王守武提出要建立三项规定：

（1）操作人员必须按照事先订好的操作规程进行操作，不得任意调整工艺参数，实在必须改变工艺参数时，需要通过会议讨论确认后，经过一定的批准手续才能执行。工人与技术员的职责要分明。工人管操作，技术员负责工艺质量检查。工艺卡上工人与技术员都要签名，二者对工艺质量都要负完全责任。严格分工，有利于稳定工艺。要求做到每项工艺任何时候投片，一开始就合格。在研制中，规定每道工序做五次，全部合格才算通过，如一次不合格，就再做十次，如仍有一次不合格，就得查找原因，修改操作规程。

经过几个月的努力，超净线上的研究人员对每道工序都制定了严格的操作规范。为了严格管理，王守武要求每道工序都必须通过考核、验收后才

① 柏生：攀登半导体科学高峰的人。《人民日报》，1979年10月5日，第4版。

② 王守武：猛攻成品率。《科学报》，1979年11月21日，第3版。

能把最后的操作规程定下来。考核中要按操作规程操作，合格率要大于90%才能验收。就是这样，研究人员对30多道工序进行了逐一的考核和验收。

（2）严格控制超净区空气中的尘粒数，所有人员必须按规定穿好超净服经风淋浴后才能进入超净区。人是灰尘的重要来源，进线人不能多，参观者尽量不进线，在走廊通过观察窗参观。对超净区内的尘粒数要经常检测，做到心中有数，尘埃数在1000级（每立方英尺有1000个颗粒）以下，操作台内在100级（每立方英尺有100个颗粒）以下。超净线要求保持24小时通风，炉子24小时通电通氮，以保证清洁。

王守武要求超净线争取室内达到数百级水平，超净台内和气体中颗粒达50级以下。另外，如果气体中含有钠离子会直接影响到表面态和电路功能。所以王守武要求科研人员对每批材料都要进行分析检验，要求试剂中钠的含量达到百万分之一，即1ppm（10^{-6}）以下。对于某些关键试剂如HCl和HF，自己进行提纯，当时这些试剂的提纯能够达到十亿分之一，即1ppb（10^{-9}）级①。

（3）对仪器设备要定期检修，环境要不断检查测量，尽量做到把事故消除在萌芽中。工艺设备检修时，必须针对其故障产生的情况，分析原因，改善其结构设计，避免同样故障再次发生。强调镜检很重要，抛光、清洁处理、气相淀积后，都要用镜检。用它检查晶须、污点等，还得测薄层的厚度。特别值得注意的是光刻工艺。因为用的是接触式曝光，易造成掩膜版的损伤，故对版也要镜检。如果版上坏了五个以上的图形，就不能用了。在光刻后，也要镜检，做坏了重新涂胶光刻。超净线内，只考虑恒温、清洁度是不够的，还要考虑控制湿度。夏天做不出东西，多出于湿度的影响。关键工艺要通以干氮，减少湿度②。

由于练兵时一些研究人员有急躁情绪，急于要正式投片，刻孔、刻铝和烧结等后几项工序，没有按上述规定要求通过，到投片时，也正好卡在

---

① A023-349，N沟MOS4096位动态随机存储器的研制报告（1979-12-10）。存于北京中国科学院档案馆。

② 王守武：MOS大规模集成电路的研制。见：夏建白、陈辰嘉、何春藩主编，《自主创新之路——纪念中国半导体事业五十周年》。北京：科学出版社，2006年，第211页。

这几道工艺上，耽误了一个多月的时间。有了这些经验教训，王守武更坚定了不急于出成果的决心，坚决严格工艺检查，只有每道工序都检查，找毛病，问题解决后才能提高成品率。

开始，一些工人不习惯于严格操作，王守武做了大量思想工作。规定了每道工艺的操作规程，并写下来，任何人不得随意改动。只有提出要改动的原因，经工艺负责人同意后才能改。有了规定，执行起来还有困难，要经常检查、把关。工艺规程订得越细越好，如光刻工艺的曝光时间，过去习惯的写法是八秒到十秒，王守武刨根问底，到底是八秒还是十秒，定下来就不能变。在这些细小问题上，若不够细致，规定不严，就会影响到成品率。

经过王守武和研究人员的不断努力，以上三项规定严格执行后，取得了良好的效果，4 千位 N 沟 MOS 动态随机存储器管芯的成品率终于有了大幅提高。在全所各有关单位大力协同下，从 1978 年 10 月承担研制任务，到 1979 年 9 月不到一年的时间里，共做出大规模集成电路三种版图的样品 104 个，从 10 月到 11 月连续八批正式投片做出成品 275 个，获得了 20% 以上的管芯成品率，并且进行了可靠性摸底实验。

此外，王守武还发现并解决了研制中的一个问题，在负责 N 沟 MOS 4 千位动态随机存储器的整个任务中，王守武坚持要对出现的问题认识清楚，解决彻底，不能绕着问题走。例如，在二氧化硅抛光后，为了减少表面层伤痕，要进行化学剥离，以减少氧化层错的产生。但是剥离后，在长氮化硅时发现在生长氮化硅薄膜的大圆硅片上总是出现若干条平行的彩色条纹。氧化硅薄膜的不同颜色代表着厚度不同，这种厚度的不均匀性必然会影响到最后器件的性能。如果不剥离，长出的氮化硅倒可以很均匀，因此有人就提出不进行剥离工艺，绕开它。但是王守武下决心要找出产生彩色条纹的原因。根据科学分析，薄膜厚度的不同来源于薄膜生长速率的不同，而影响到生长速率的因素不外乎有下列三种：一是反应气体的成分，二是硅片表面的温度，三是硅片表面的状态。前两者不可能产生比较细的平行条纹，而硅片表面的状态却和清洁处理关系密切。于是王守武仔细检查了生长氮化硅薄膜前的清洁处理过程，发现片子的颜色条纹正好和盛片子的花篮底部的几个孔相对。他找到了原因，这是由于清洁处理硅片时花篮要上下来回移动，许多腐蚀液会通过花篮底部的孔上下流动，使对准孔的表面状态与其他地方有所不同。找出原因后，问题很快就解决了。

在研制过程中，如果严格按照操作规程进行，成品率应该会更高。但是有人因为急于求成，在两道工序没有通过考核的情况下就开始试投 4 千位动态随机存储器芯片，结果导致全部的芯片报废。后来重新对这两道工序进行考核、验收。最后半导体所自己检测的结果是平均成品率 28%[①]。

1979 年 10 月，MOS 4 千位动态随机存储器研制完成，达到了预定目标，半导体所向中科院提出科研成果的院级鉴定申请。申请报告对该成果的介绍为：

> 这是一种大规模集成电路，采用了先进的 N 沟硅栅工艺，将一万一千多个晶体管和电容集成在 $3.5\times4.5\text{mm}^2$ 面积的芯片上，其中包括有单元矩阵、读出放大器、行与列地址缓冲电路、译码器、输入输出缓冲电路以及时钟产生电路等。
>
> 在研制过程中，着重解决了大规模集成电路成品率问题，组织了所内各有关单位的力量，和所外兄弟单位的协助，解决了设备条件、电路设计、制版、提高硅单晶质量、超纯水、气、化学试剂等一系列关键问题，今年“十一”前试投片成功，工艺稳定，目前管芯成品率可达 20% 以上。[②]

12 月，中国科学院组织专家鉴定会。会前，中科院内外八个单位的专家组成测试小组，对研制出的 N 沟 MOS 4 千位动态随机存储器管芯成品率进行了抽测。测试结果为：

> 该电路是 4096×1 位、单时钟、TTL 相容。测试小组连续三批十二片芯片中任意抽测四片，结果证明，该管芯成品率超过 20%，说

① 王守武：MOS 大规模集成电路的研制。见：夏建白、陈辰嘉、何春藩主编，《自主创新之路——纪念中国半导体事业五十周年》。北京：科学出版社，2006 年，第 214 页。

② A023-349，申请院级鉴定报告。存于北京中国科学院档案馆。

明工艺稳定，创造了国内最好水平。

半导体所对提高N沟MOS存贮器的成品率摸索出一套成功的经验，建议有关领导部门创造条件，尽快推广生产。①

鉴定会上，半导体所就N沟MOS 4千位动态随机存储器研制做了四个报告：N沟MOS 4096位动态随机存储器提高成品率研究情况报告（报告人林兰英）、N沟MOS 4096位动态随机存储器研制报告（报告人吴德馨）、单时钟TTL相容4096位MOS动态随机存储器（报告人仇玉林）、MOS 4096位动态随机存储器在6800微处理机中作内存的使用情况（报告人李锦林）②。鉴定会的专家鉴定结论为：

在提高管芯成品率方面做了大量的工作，建立了严格的操作规程、科学的管理制度，设计了与目前工艺相适应的电路和版图以及采用了一系列提高成品率的技术措施，加强了原材料的检验，稳定了单项工艺。用国产的设备使4096管芯成品率达到20%以上的目前国内最高水平。为解决我国大规模集成电路管芯成品率的问题提供了宝贵的经验。为四个现代化做出了贡献。③

鉴定会后，半导体研究所将N沟MOS 4千位动态随机存储器的技术成果转让到上海无线电元件五厂，用于生产。

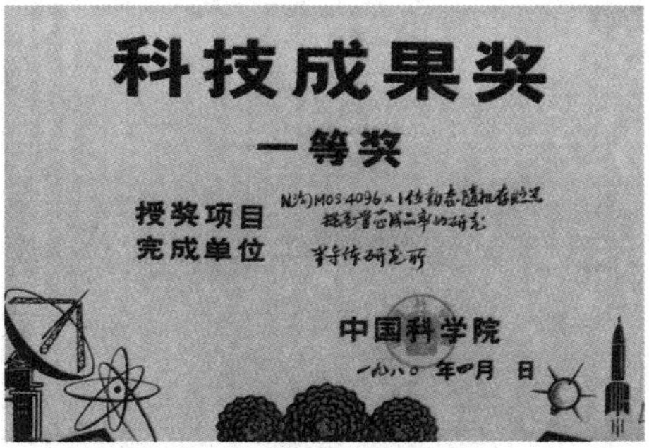

图7–5 “N沟MOS 4千位动态随机存储器提高管芯成品率的研究”获中国科学院科技成果奖一等奖证书

“N沟MOS 4千位动态随机存储器提高管芯成品率的研究”在1980年获得中国科学院科技成果奖一等奖（图7–5）。

① A023–349，测试报告。存于北京中国科学院档案馆。
② A023–349，会议日程表。存于北京中国科学院档案馆。
③ A023–349，科学技术鉴定证书（1979）。存于北京中国科学院档案馆。

研制16千位动态随机存储器

成功研制4千位后，王守武又立即负责另一项任务——研制16千位N沟MOS动态随机存储器。1976年开始出现的16千位MOS动态随机存储器，虽然仍立足于长沟道金属氧化物半导体晶体管，与传统工艺设备相适应，但无论从它的"地址多路化"等电路技术方面，还是它的"双层多晶硅工艺"等工艺技术方面以及组织领导管理方面，都为更大规模MOS动态随机存储器的出现铺平了道路。

N沟MOS 4千位动态存储器研制的成功，增强了王守武所领导的小组自力更生研制大规模集成电路的信心，也为开发16千位MOS动态随机存储器奠定了良好的基础，积累了丰富的经验。研制16千位N沟MOS动态随机存储器时，王守武依旧重视基础，强调首先把设备搞好。

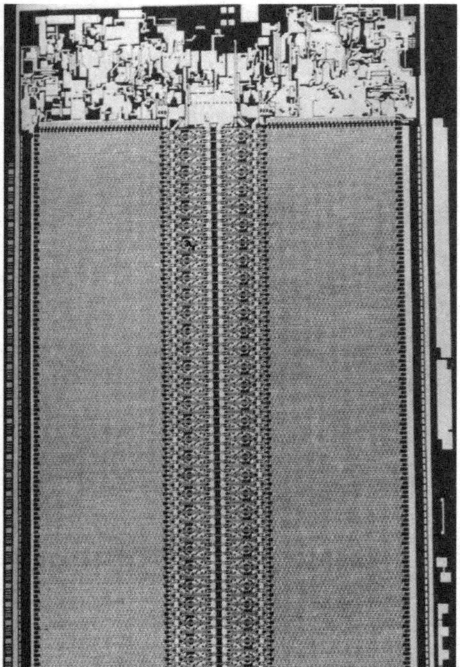

图7-6 MOS 16千位动态随机存储器（选自《中国大百科全书》）

16千位MOS动态随机存储器设计包括电路技术、版图设计、工艺结构几个方面（图7-6）。王守武领导研究人员改进了4千位MOS动态存储器的单层N沟硅栅平面工艺和单管单元电路，采用双层多晶硅N沟硅栅MOS工艺，自行设计的总体电路具有与国外同类器件（1979—1980）相容的逻辑功能，实现了一种能与国际上同类器件互换的16千位MOS动态存储器的设计。

16千位动态随机存储器概况

1979 年完成的单时钟 4 千位 MOS 动态随机存储器，简称 RAM，是利用单层硅栅 N 沟 MOS 工艺实现的，管壳是双腿的封装。要把储存容量由 4 千位扩展到 16 千位，并利用国际上标准的 16 腿双边直插式封装，必须对存储单元工艺结构和电路版图设计进行改进。

王守武领导半导体所研制的 16 千位器件中，存储单元设计是利用双层多晶硅工艺结构。这就省去了单层多晶硅单管单元结构中开关管和储存电容间的扩散区，可以把储存单元做小。因此，在同一个设计规则下，与单层硅栅 N 沟 MOS 工艺制作的 4 千位器件相比，存储单元面积从 1368μm^2 缩小为 512μm^2，而芯电面积仅从 15.78mm^2 增加到 19.84mm^2。这就是说，在储存单元阵列扩大 4 倍的同时，芯片面积仅增加 1.26 倍。在设计中，第二层多晶硅作为单元开关 MOS 管的栅电极。

在电路设计上，利用了地址多路化技术。即通过七个地址输入端，随着工作周期的开始，先送入七个行地址，然后再送入七个列地址，从而完成 16 千位的“寻址”工作。这就减少了管腿数目，提高了封装密度。而为实现地址多路化，利用了两相外时钟，就是行地址选通脉冲和列地址选通脉冲。先触发一串行时钟，所触发的列时钟为触发的行时钟的延迟时钟所控制。这样，只有当行操作基本完成后列时钟方能产生，列地址方能送入，列操作方能进行，以保证不会出现错误的数据存储。

16千位动态存储器设计

16 千位 MOS 动态 RAM 是半导体所四室利用超净线的双层多晶硅栅 N 沟 MOS 工艺制作的。器件结构为 16384 字 ×1 位，采用标准的 16 腿双列直插式封装，可以与国外同类器件互换。

半导体所当时在 16 千位 MOS 动态 RAM 设计上的基本出发点是：①共容——即要具有与国外同类器件相同的功能；②芯片面积——在与目前工艺水平相适应的前提下，尽可能缩小芯片面积；③性能——良好性能的标志是快的取数时间。在 MOS 动态 RAM 中缩小芯片面积的关键是尽可能减小存储单元的面积。

MOS 动态随机存储器随着规模的增大，外围电路的增加是有限的。主要是单元数量的倍增导致芯片面积的增大。可以采取三个途径来减小单元面积：①采用新的工艺结构；②开发基于新的工作原理（例如双阈值器件）的存储单元。③按比例缩小器件尺寸（包括横向、纵向）。

在当时的工艺条件下，半导体所认识到上述第一个途径是可行的。但是单元面积的缩小必然要以工艺的复杂化为代价，所以在设计中研究小组的基本抉择是减轻工艺的复杂程度同时兼顾到性能及版面设计的相容性。

关于 16 千位 MOS 动态存储单元的设计，研究小组采用了双层多晶硅，扩散位线，铝字线结构。第一层多晶硅为单元存储电容及外围电路 MOS 的栅电极，第二层多晶硅作为单元 MOS 的栅电极，两层多晶硅之间有一层较厚的二氧化硅，这就允许两层多晶硅之间部分重叠。设计的存储单元面积为 $512\mu m^2$。在设计的工艺条件下，单元存储电容约为 0.057pF，位线电容约为 0.8pF，位线电容与单元存储电容之比为 14，因而单元能读出较大的讯号。

研究组基于掺磷多晶硅与衬底单晶硅在低温氧化条件下，具有不同的氧化速率这一特点，提供了对掺磷多晶硅与衬底单晶硅同时氧化一次生成两层多晶硅间绝缘介质与二次栅氧化层的工艺方案。

由于单元面积的缩小导致单元读出讯号的减弱，从而需要有高灵敏度的读出放大器。考虑到图形设计的限制，读出放大器电路应当尽量简化。而封装密度的增加又限制了器件的功耗。在单管单元 MOS 动态 RAM 中，读出放大器的功耗是主要的，因此研究小组设计了新的动态型读出放大器电路，出于电路性能及电路复杂性方面的考虑，选择了可变电阻负载型读出放大器。这种放大器在动态下运用，此传统电路有着显著的优越性，不但有较高的灵敏度，而且保证了单元存储信息的逻辑摆幅及电路的性能。

16 千位 MOS 动态 RAM 的另外一个技术问题是地址缓冲器及计时钟产生电路。

对于前者，16 千位 MOS 动态 RAM 设计的逻辑功能要为行、列地址分时打入提供一个共同的通道。基本要求为可靠的实现电平转换、反应速度快、对输入驱动器不构成电流负载或大的电容性负载。操作中电路分解为三个部分：输入取样，讯号鉴别，输出级。后两部分通常均采用从触发器的形式，关键在于输入取样电路。同时考虑到对相关电路及对工艺的要求，该项目选择了不对称触发器电路。实验电路的测试表明：在 VDD：10—13.5v，VBB：−1—7v 的范围内，电路均能可靠地鉴别低至 2.7v 的 TTL 高电平及高至 0.8v 的 TTL 低电平。

对于后者，其作用是要完成特定的逻辑功能或使电路具有良好的性能。经过研究组分析，从行地址选通脉冲的激活到读出要经历近 17 级时钟电路的延迟。因此，如果要获得 150ns 的取数时间，设计中就必须保证两相时钟间的平均延迟时间为 9ns 左右。先前对 4 千位 RAM 的研究及时钟产生电路的计算机模拟均表明：影响延迟时间的首要因素是输入波形的上升边。要使每一级电路的延迟时间为 9ns，必须使每相时钟电路输出脉冲的上升边约为 10ns。于是研究小组又模拟了输出脉冲上升边与自举输出级 RC 时间常数之间的关系，根据表面参数及工艺参数，计算了各电路节点负载电容。在此基础上，分别确定了各相时钟产生电路的具体电路参数。

16千位动态存储器工艺

动态随机存储器从 4 千位到 16 千位集成度提高了约 3.5 倍，而芯片面积只是 4 千位的 1.3 倍。从静态放大器到动态放大器等电路上的改进都对工艺提出了更高的要求，因此需要对 4 千位工艺结构和参数作较大改进。为此，研究组研究了双层多晶硅工艺（包括差值氧化技术，含磷多晶硅的光刻与腐蚀）：采取高温工艺的全面降温措施以减少二次缺陷，采用了磷硅玻璃的回流技术；减薄栅氧化层和结深，接触孔的露点监控；电子束蒸发中正离子吸收电极的研究；超净试剂和水的改进；硅片完美表面的制备；16 引线大腔双列直插式管壳设计和封装工艺的研究以及严格量控制，提高检测标准等等，研究小组分析并权衡了以上各种问题，做出了适当的选择，初步摸索了能够相容的工艺过程。全工艺使用 6 次掩膜，共 9 次光刻。版面设计上也实现了一种与当时工艺相适应的合理设计方案。

16 千位研制任务自 1979 年 10 月启动，1980 年初开始研制，到 1980 年底结束。经过方案调研和确定，单工艺试验以及工艺参数的最后确定，于 1980 年 10 月正式投片，做出了 16 千位 MOS 动态 RAM，通过全功能样品 22 个，通过测试表明其主要参数达到了国际同类产品的水平，完全可以与国外产品互换，其封装技术满足 16 千位 RAM 及其他大尺寸芯片的封装需要。

“16 千位 MOS 动态存储器的研制”项目于 1981 年 1 月 16 日通过鉴定。鉴定意见为：

> 我所于 1980 年初开展了 16K 位 MOS 动态 RAM（即随机存储器）的研制工作，采用了双层多晶硅 N 沟硅栅 MOS 工艺，研究解决了包括含磷多晶硅的掺杂、氧化、管壳设计等一系列工艺。在版图设计中，立足于所内的实际情况。在电路方面与国际上同类器件相容。到 1980 年底，在我所超净线制得 16K MOS 动态 RAM 管芯 22 个，压焊封装出具有全功能的样管 7 只，其中有的样管的主要电学指标已达国际同类先进商品的水平。说明我们自己设计的版图和研究工艺流程，立足于我国的工艺设备，硅材料及其他辅助材料是可以做出具有较先进水平的 16K 位 MOS 动态 RAM 样管的。①

1981 年 3 月 6 日，《光明日报》在第一版报道了 16 千位 MOS 动态随

① A023-316，中国科学院科学技术研究成果登记卡（1981）。存于北京中国科学院档案馆。

机存储器研制成功的消息[1]。次年，“16 千位 MOS 动态存储器的研制”获得了中国科学院科研成果奖一等奖。

1979 年王守武获得“全国劳动模范”光荣称号。1980 年，王守武当选中国科学院技术科学部学部委员（院士）。半导体研究所林兰英、王守觉也同时增选为学部委员。

① 何春藩、邹安寿：我国大规模集成电路研究工作又获重要成果——中国科学院半导体所研制成功十六千位 MOS 动态随机存贮器。《光明日报》，1981 年 3 月 16 日第 1 版。

第八章
主持集成电路大生产试验

1978—1980 年，大规模集成电路的研制工作，为王守武领导的集成电路的大生产打下了坚实的科研实践基础，在他的带领下还培养了一支作风严谨、训练有素，能够攻坚的科技队伍，也积累了实际工作中有益的经验。

科学管理109厂

1980 年，刚刚过完春节，上级要王守武去中国科学院 109 厂兼任厂长职务，开展 4 千位大规模集成电路的推广工作，从事提高成品率、降低成本的集成电路大生产试验。

王守武从国际集成电路产业的发展趋势以及我国集成电路产业当时的现状分析认为：我国集成电路产业，只有把手工作坊式的生产方式转变成现代工业化的生产方式才有出路。要进行工业化方式的集成电路生产，生产线就必须是条件稳定、设备稳定、操作稳定、工艺稳定、实施科学管理的受控生产线。他怀着对国家集成电路事业的高度责任感来进行这个试验。他到 109 厂走马上任的时候，正值 109 厂原有的国产设备为主的生产线（简称老线）的“757”电路生产任务收尾阶段，尚未接到其他的生产任务，此时新的以引进设备为主的现代化生产线（简称新线）的建设方案需要他最后审定报批。他从总体目标、事业的长远利益出发果断地决定：对原有的不完全符合总体发展目标的新线建设方案进行改进；老线停产一段时间，按照大生产试验的总体目标进行技术改造，为新线练兵；对已经引进来的部分设备，在新线建成之前，组织专业队伍暂时封存保护，以免新线建成的时候，进口的设备却已磨损毁坏，难以再进行工艺生产试验。这个决定得到了上级领导的支持和广大科技人员的拥护，当然在厂内、在中国科学院内也有一些人不理解，有议论，特别是社会上，工业部门和经济学界的某些头面人物也有非议。但王守武从不顾及个人的声誉，意志坚定，一往无前，让事实来说话。

王守武一到 109 厂，就修改了厂房扩建工程的设计方案，决意高标准地建设大通间、高净化级别、适合大规模集成电路生产的现代化厂房。他还投入很大精力，抓原有生产线的技术改造。王守武认为，要提高成品率，搞现代化大生产，关键在于严格要求、严格管理，建起一条工艺稳定、设备稳定、操作规范的工艺生产线。为此，王守武首先抓了净化生产环境的工作。对每一个重大技术方案的确定，他都不只是听听负责人的汇报，而是要和项目负责人一起亲临现场，实地考察，以选择最佳、最节省的方案。原来每层楼道上方和楼下地道里都有一些送风、回风用的管道，在环境净化改造中，如果要把它们加以改造和利用，就必须弄清它们的走向和结构。王守武总是自己亲自爬进去观察。当时地下的回风沟只有五六十厘米见方，是砖砌的，在里面无法转身，只能向前爬进去，再退着爬出来。里面全是多年积累的黑灰，还有电缆、破砖头。为了摸清回风沟的走向，哪里有进风口，哪里有拐道，王守武带头爬进去，爬了几十米，等退出来的时候已经成了看不清面目的黑人，在场的人无不被王守武认真、扎实的作风和身先士卒的精神所感动。在炎热的夏天进行施工改造时，工人们需要爬进这些管道，在沟道中清扫、修补、刷漆，干一会儿就是满身大汗，需要爬出来休息一下，那个难受劲儿可想而知，但大家都毫无怨言。就是在王守武的这种作风和精神的带动下，使每个技术方案都能立足于情况明了、措施得当，都能落到实处[①]。只用了很少的资金及不长的时间，王守武就将老厂房改造成洁净度高达1000—10000级并有一定湿控、温控的高净化标准厂房[②]。

为了使工作设备稳定可靠，王守武像医生一样，对每台设备的各个部件进行认真检查，发现问题及时修理，消除隐患。他还率领科研人员研制了一些急用的设备，如清洗机、甩干机等。对于诸如高纯水、高纯气等最影响集成电路成品率的关键材料，王守武要求甚严，组织人员对其输送系统进行改造或重建，并首次选用聚丙烯作高纯水的输送管材，不仅价廉，而且污染系数小。他的这一创新，在全国同行中得到推广。

工业化的生产方式要求高纯气必须实行管道化输送，为保证气体的输送质量，王守武要求数十米长的气体输送管道要能抽真空，而且要求真空度保持24小时无明显改变。可是管路上使用的气体表几乎个个有微漏气，达不到这个要求。他就和大家一个一个零件拆开，分析每个零件的作用，查找漏气的原因所在，对症下药，进行改造，解决了国产气体表头密封不良的问题，建起了用高压充气和抽高真空两种检查气体管道密封性能的方法。有一台长期弃之一旁的国产切片机，老线上还需要用，找维修的技术人员修了好几次，就是修不好。王守武就亲自动手，分析机器的机械动作原理、各部分控制电路的功能作用，对于可能出现的问题，他与工作人员一起讨论，鼓励他们一定要把它修好。他多次和工作人员在地上一蹲就是几个小时，终于找出了问题的所在，修好了电路，重新加工更换了丝杠，使这台老设备又焕发了青春，在老线上连续稳定地工作了多年。

由于他培养了一支过硬的水、气系统的设计与安装队伍，后来国内不少引进成套电子工程设备的单位，其气体管道的设计施工任务，都聘请109厂的气站人员去完成。他们的工程质量赢得了比专业建筑队伍更高的声望。对于诸如化学试剂、硅片等原材料的质量，他也制定了相应的质

---

① 张钟达、马文杰：科学严谨、认真扎实、正派无私——庆王守武80华诞 忆王守武当厂长的岁月。见：《王守武院士科研活动论著选集》编辑组编，《王守武院士科研活动论著选集》。北京：科学出版社，1999年，第27页。

② 霍元椿：拳拳报国心——记半导体科学的奠基人与开拓者王守武院士。见：李晋闽主编，《拓荒者的足迹——建所初期科技人物事迹选》。北京：科学出版社，2010年，第30页。

量检查标准和控制措施。这不仅对本厂工艺质量和工艺稳定起到了很大作用，而且对原材料生产厂家改进产品质量也起了很大的促进作用。

在完成厂房、设备、原材料等基本条件的质量保证工作之后，王守武又指导科技人员一丝不苟地解决工艺中的每个问题。在确定工艺技术方案时，他不仅引导大家大胆采用等离子化学汽相淀积（CVD）这一最新工艺，还积极采用半导体研究所发明的一种成本低、光刻线边界整齐、针孔小、适合大生产的无显影光刻技术。在工艺实验中，他要求科技人员对光刻、扩散、外延等数十种工艺分别进行“单项保质、串线过关”的实验，形成一整套规范化的操作规程，并对操作人员进行严格考核和制定各自的岗位职责，从而保证了工艺过程的稳定性和可重复性。

集成电路大生产试验

在王守武的带领下，用了近两年时间按预定目标完成了老线一台台设备的技术改造，一项项工艺的技术试验，形成了一整套的规范化的工艺文件和操作规程，并对每个单项工艺、对操作人员进行了严格的考核，未通过的再试验、再考核，直到通过为止。在这个基础上以一个中等规模偏上的电视机用集成电路品种进行前工艺流片试生产，一次就取得了芯片成品率达 50% 以上的可喜成果 ①。比国内其他研制单位的成品率高出三四倍。王守武认为，取得一个电路品种的高成品率只是表示这套生产工艺可以起步。要使各个电路品种均能高成品率地产出并符合设计要求，还得保证封装质量，只有给芯片穿上“衣服”，才能给用户使用。同时依据用户对产品的反馈信息来改进电路性能。解决封装问题后，经用户的使用反馈，调整性能，达到整套电路的良好配套又花了两年时间。中国科学院 109 厂的这

① 张钟达、马文杰：科学严谨、认真扎实、正派无私——庆王守武 80 华诞 忆王守武当厂长的岁月。见：《王守武院士科研活动论著选集》编辑组编，《王守武院士科研活动论著选集》。北京：科学出版社，1999 年，第 27 页。

条年产上百万块中、大规模集成电路的生产线，主要工艺设备仍然是以前的国产旧设备，进行技术改造后，生产能力却提高了十几倍，其产品亦随之进入市场，并接受了众多用户的考验，取得了大生产试验技术上的成功。

集成电路大生产试验是把我国集成电路生产从手工作坊式向工业化大生产方式转变，是一个涉及面广泛的系统工程。它从技术上解决了集成电路工业化生产的环境控制、设备改造、原材料监控、工艺操作规程的制定、科学生产管理方法及我国传统集成电路生产观念的改革。主要研究成果包括：①利用国产设备和材料，改造一套高纯水制备和循环水使用系统；②自行设计安装一套液态高纯气体的传输系统和炉前装置；③发展了我国独创的无显影光刻技术；④建立了一套适合工业化生产的原材料和工艺质量控制标准；⑤建立了一条设备稳定、工艺稳定、操作稳定的集成电路生产线[①]。

在王守武的领导下，109 厂的半导体集成电路制造工艺得到了创新和提高，深扩散技术、无显影光刻技术等获得了中国科学院科技进步奖二等奖。由于 109 厂的集成电路制造工艺有很好的稳定性、重复性和一致性，创造了集成电路规模生产的条件，在此基础上批量生产了当时急需的黑白电视机全套集成电路，满足了社会需求[②]。1985 年，中国科学院主持召开成果鉴定会，对王守武主持设计并建成的集成电路大生产试验线及其成果，进行了技术鉴定（图 8-1，图 8-2）。到会

图 8-1　集成电路大生产试验鉴定会（前排右一为王守武）

① 郝曼丽：荣辱从不争，追求无止境——记王守武院士及馆藏相关科研档案。《中科档案》，2010 年第 3 期，第 25 页。

② 王扬宗、曹效业主编：《中国科学院院属单位简史（第一卷）》。北京：科学出版社，2010 年，第 624 页。

的来自全国各地的上百名专家都对王守武在 109 厂进行的大生产试验给予肯定和赞扬。

1985 年，109 厂完成的“大规模集成电路制造及测试设备”成果，获得机械工业部嘉奖，1986 年，王守武领导 109 厂完成的“集成电路大生产试验”获得国家计委科技攻关成绩显著表彰及中国科学院“六五”科技攻关重大奖励成果 ①。

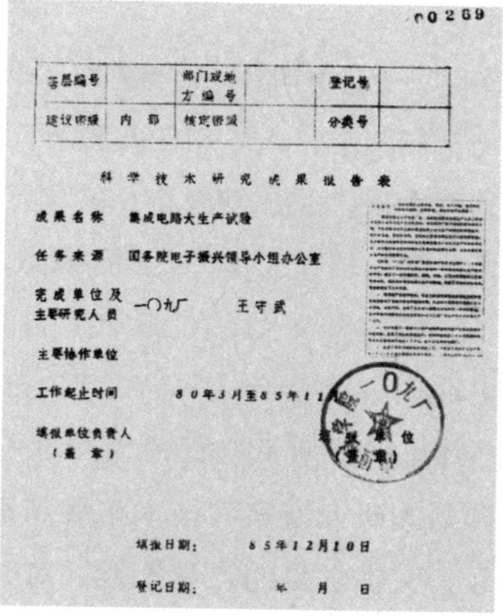

图 8-2　集成电路大生产试验成果报告表

组建中国科学院微电子中心

1983 年，为了加强对电子计算机与大规模集成电路的统一领导，国务院成立了以万里副总理为组长的电子计算机和大规模集成电路领导小组（后改称电子振兴领导小组）。王守武任这个小组大规模集成电路顾问组组长。王守武极力呼吁要严格控制当时各地竞相引进国外旧半导体生产线设备，形成的投资分散、打乱仗的局面。在一次规划会议上，万里说：“……我抓这件事情以来，一个突出的印象是过去这方面工作没有搞好，主要是由于一个‘散’字。认识不够统一，力量不够集中，部门之间不够协调，方针政策不够明确，因此，这次搞规划，一个根本点是就是治‘散’……。”不久又明确了国内集成电路芯片生产要重点支持五个骨干企业。到 20 世纪 80 年代后期，这些措施已初见成效 ②。

对于集成电路生产分散的状态，王守武早有体会并做了深入的思考，

① “六五”科技攻关成果奖励与表彰名单。《中国科学院院报》，1986 年第 2 期，第 189 页。

② 王守武：我国半导体科学技术发展历史的回顾。见：夏建白、陈辰嘉、何春藩主编，《自主创新之路——纪念中国半导体事业五十周年》。北京：科学出版社，2006 年，第 110 页。

他深感亟须集中治理“散”并需要集中择“优”来支持。在治理“散”的同时，必须治理好四个脱节，即科研与生产脱节，引进与攻关脱节，产品与市场脱节，人才与任务脱节。他认为，要发展我国的集成电路技术，必须要有自己的开发创新，只有大力加强科研，积极组织攻关，努力开拓市场，抓紧培养人才，我国的集成电路工业才能起飞①。

1986年1月，在王守武的倡议下，上级将半导体所从事大规模集成电路研究的全套人马合并到109厂，以此为基础组建了中国科学院微电子中心，王守武被任命为微电子中心终身名誉主任。从中心的大政方针、课题的研究方案、技术路线到设备调制，他都提出独到的见解。他以严谨、实事求是的科学态度，对微电子中心高度的责任感，关怀中心的发展（图8–3）。他本人亲自领导和组织集成电路试生产线的建设，处处亲历亲为。例如，为了保证集成电路生产的成品率，超净厂房要保持恒温恒湿条件。为此，送入超净室的空气要先降温到5℃去湿，然后再加热到22℃。对于这个先制冷再加热的过程，有人开始不理解，认为是能

图8–3　2007年王守武为微电子所所刊《芯天地》题词

① 王守武：关于发展我国集成电路的几点建议。《中国电子报》，1986年12月12日，第1版。

源浪费。但王守武坚持要按科学规律办事，严格遵守这个操作规程。因此，微电子中心的净化厂房一直保持着恒温恒湿的优良生产条件，保证了开发线不断有新产品出现，成品率逐年增高，实现了良好的经济效益。王守武主张对每一台旧设备都要挖掘潜力发挥其最大的效能。中心有一台陈旧的硅片减薄机，因加工方式落后经常碎片。王守武知道后到车间亲自操作，找出了碎片的原因并提出了解决方案，使得这台机器到 1999 年仍处于良好的工作状态[①]。微电子中心的领导班子几经更迭，他都是热情支持，时刻关心着微电子中心的发展。如果在职领导征求他对某个问题的意见，他都会坦诚地提出自己的看法，如果要他出面办个什么事，他都会积极负责地去办，但他从不以自己的影响去干涉现任领导的决策，表现了一个科学家的正派和组织原则性。

微电子中心的技术队伍大都受过王守武工作作风的熏陶，其中重要的原因在于王守武能够科学地使用和培养人才。此前在 109 厂改造工程中，无论是新线建设或老线改造，都是由多个要求高、技术性强的技术项目构成的，必须要懂知识、懂技术的人担任才能完成。但由于长期“左”的影响，那时 109 厂中下层领导干部中，无论是机关还是生产车间，很少有知识分子担任主要领导职务，一般最多是副手。老线技术改造遇到的第一个课题是环境净化改造，要使生产车间每立方英尺由数百万粒灰尘颗粒降到万粒或千粒以下，以适应中等规模集成电路稳定生产对环境净化条件的要求。王守武找到当时动力通风系统的负责人来谈。这是位老工人，各方面表现都很好，但要他提出个技术改造的设想来，那就难为他了。而一位 1960 年毕业的学机械的大学生来和王守武谈，只用几句话这位大学生就理解了，很快提出了自己的看法和设想。王守武当即拍板，由他负总责组织队伍进行环境净化系统的改造。王守武就是这样一个个地了解，一个个地谈，选拔了一批与新线建设和老线改造有关的项目负责人和十个工艺组组长（当时人们常称为“十大元帅”），他们都是“文化大革命”前毕业的大学生。尽管这些研究人员也可能存在这样那样的缺点，特别是在人际关系

① 吴德馨：学习王守武先生献身中国微电子事业的精神。见：《王守武院士科研活动论著选集》编辑组编，《王守武院士科研活动论著选集》。北京：科学出版社，1999 年，第 16 页。

上，有的研究人员可能处理得不太好，但也要在实际工作中大胆使用、支持他们，同时教育帮助他们。实际上他们绝大多数都是能胜任的，尽职尽责。这是王守武的技术意图能够有效贯彻、各个技术项目能够顺利开展的最有力的保证。王守武选人才并不是单纯地看学历，而是重视解决实际问题的能力，看他能不能真正担当起所负责的工作。有一个只有初中文化程度的老工人，担任车间主任，肯钻研、遇事肯动脑子，对集成电路工艺版图设计都熟悉，不仅积累了丰富的管理经验，而且经常能提出一些新思路，因此王守武仍然把他选为老线的总体负责人，并送他到大连干部管理学院（中外合办的）去学习现代化的管理知识，重点加以培养。

王守武爱护、关心和积极培养中、青年科技人才，大胆放手让中、青年人挑重担，并给予诚挚的指导和帮助，从而带领并培养出了一批强有力的科技队伍，为大规模集成电路的研究发展做出了突出贡献。

1989年，由王守武、刘茂章、周丰年、吴德馨、马文杰、莫大康、周继红、王国民、张藏敬等完成的“3微米LSI（大规模集成电路）中试线的建设”获得中国科学院科技进步奖二等奖。① 早在1977年全国自然科学规划会议上，确定109厂承担为研制千万次大型计算机提供集成电路的任务，并引进大规模集成电路生产线。经过几年的努力，扩建工程完成了净化厂房、冷冻空压站、气体站等19个单项。安装各类设备5892套，其中引进设备238台套。土建施工质量总评良好，安装工程质量总评为优秀②。设备安装完成后，进入生产线连续运行和改进阶段。1988年在这条引进工艺线处于验收关头时，微电子中心副主任吴德馨负责了这项工作。经过一年多的努力，这条国家投资上亿元的生产工艺线通过了国家验收③，并在以后的生产中取得了不错的经济效益④。

改革开放初期，我国许多部门纷纷引进集成电路生产工艺线，计划生

---

① 中国科学院微电子所官方网站：http://www.ime.cas.cn/kycg/hj/index_2.html.

② 刘茂盛：中科院一〇九厂集成电路中试线通过国家验收。《科学报》，1988年12月13日第1版。

③ 吴德馨：顽强拼搏　不断攀登。见：全国妇联宣传部编，《巾帼风采录》。北京：中国妇女出版社，1993年，第112–118页。

④ 同②。

产电子表表芯、电视机电路等集成电路芯片。但是，集成电路的生产对工艺条件要求十分严格，一切都要在净化室中进行，从设计到加工，几十万、上百万条线不能有一点错误，几万、几十万个元器件不能有一个是坏的，几十道、上百道工艺不能出一点问题，否则就会前功尽弃。由于缺少技术人才和配套设备，我国最初引进的多条生产线都不能正常生产。经过近十年的努力，微电子中心的“3 微米 LSI（大规模集成电路）中试线的建设”能够通过国家验收，顺利投入生产，对其他引进工艺线的建设和改进起到了积极的推动作用。后来在北京市有关部门的协调下，北京前门器件厂引进的半条集成电路生产工艺线和该厂的部分工人一起合并到微电子中心，其设备充实到微电子中心的工艺线中[①]。

图 8-4　1990 年王守武与半导体所原所机关党委书记王微参加所庆活动（来源：《拓荒者的足迹》彩页）

从 1978 年 10 月接受任务，全面负责大规模集成电路的研制，到 1989 年完成生产线改进，王守武领导科研人员，改进了大规模集成电路实验室制备工艺，稳定提高了大规模集成电路批量制备的成品率，进一步实现了工业生产中试线的安装、调试、生产。在这十余个寒暑中，他和研究人员一起克服了数不清的困难。这项研究工作全面完成之时，1990 年，半导体所迎来了建所 30 周年（图 8-4）。

① 吴德馨访谈，2012 年 3 月 20 日，北京。资料存于采集工程数据库。

第九章 精心育人与战略决策

王守武对我国半导体科学技术和微电子技术发展的贡献是多方面的，除了前面记述的几项重大的科研贡献，他在半导体科学技术人才培养、学术队伍建设、学术交流组织及发展战略确定等方面也做了很多工作。

人才培养与学术队伍建设

中国半导体专业的培养计划方案及半导体物理学科的建设完全是从无到有的。1955 年黄昆为北大物理系固体物理专门化半导体方向的学生第一次开设半导体物理课程，他曾请当时均在科学院应用物理研究所工作的王守武、洪朝生、汤定元等根据自己熟悉的领域讲若干学时，共同完成了这门课程的教学。1953—1955 年，北京大学物理系黄昆主持的固体物理教研室培养出了我国第一批共三位半导体研究生：曹昌祺、陈志全、郭长志，此外沈克琦参加了课程学习。他们每周到中国科学院应用物理研究所听王守武、汤定元、洪朝生等的专题报告和讲座。王守武还指导陈志全完成了有关半导体 PN 结方面的论文。陈志全 1955 年毕业后分配到兰州大学物理系，1956 年调回北京大学[①]。

王守武参加了五校联合半导体专门化教学工作。1956 年，为了落实“十二年科学发展远景规划”，适应迅速发展的半导体科学技术事业的需要，尽快培养半导体专门人才，高教部决定将北京大学、复旦大学、南京大学、厦门大学和东北人民大学（现吉林大学）物理系部分教师和四年级本科生及研究生从 1956 年暑假起集中到北京大学物理系，创办中国第一个五校联合半导体专门化，后南开大学本科生和清华大学进修生也参加了五校联合半导体专门化。这期间，黄昆等在北京大学开设半导体物理课程的基础上，主讲了半导体物理，并出版了教材[②]。五校联合办半导体专门化期间，曾组织著名专家参与教学和科研，王守武、林兰英、洪朝生、汤定元、成众志等都曾多次到北大为师生作学术报告，开阔师生眼界。王守武亲自为有关师生示范表演研制锗合金扩散高频晶体管的关键技术——小球拉丝焊接[③]。

王守武是清华大学半导体专业的创建者之一。1952 年，全国高等学校大规模的院系调整后，清华大学由多院制综合性大学转变为多科性工业大学，放弃以往的美国教学模式而采用苏联的教学模式。1955 年 9 月，高教部批准在清华大学创办包括半导体在内的十个新专业。1956 年，清华大学在无线电系筹建半导体专业，设半导体筹备组，由南德恒负责。为了加强技术领导，清华大学聘请王守武兼任半导体教研室主任。1958 年李志坚从苏联回国后任教研室副主任[④]。在半导体教研室建立初期，王守武每周都要到清华半导体教研室和教师们一起讨论教学和研究工作。他们参照苏联的教学计划，制定出了具有工科特点的半导体专业的教学计划。王守

---

① 郭长志：忆我国半导体专业人才教育点滴。见：夏建白、陈辰嘉、何春藩主编，《自主创新之路——纪念中国半导体事业五十周年》。北京：科学出版社，2006 年，第 27 页。

② 陈辰嘉：忆创办中国第一个五校联合半导体专门化。见：夏建白、陈辰嘉、何春藩主编，《自主创新之路——纪念中国半导体事业五十周年》。北京：科学出版社，2006 年，第 3–7 页。

③ 阮刚：教育先行，自主创新。见：夏建白、陈辰嘉、何春藩主编，《自主创新之路——纪念中国半导体事业五十周年》。北京：科学出版社，2006 年，第 32–33 页。

④ 戴吾三、叶金菊：从半导体教研组到微电子研究所。见：杨舰、戴吾三主编，《清华大学与中国近现代科技》。北京：清华大学出版社，2006 年，第 223–231 页。

武还亲自给学生开设讲座，介绍半导体科学技术的发展[1]。清华大学的学生也曾多次到应用物理所参观半导体研究所用仪器设备，学习半导体材料和器件的制备工艺。王守武对开展研究工作也提出具体的指导意见。当时，锗材料和器件制作技术已日臻成熟，硅技术尚处于初始阶段，从性能及实用前景分析，后者具有明显的优势，但开展研究具有挑战和风险。经过论证，教研室确定选取硅技术作为主要研究方向，而后国家有关方面也肯定了"北硅南锗"，即以上海为主的南方地区发展锗技术，以中国科学院、清华大学及有色冶金研究所为主的北方地区以研究硅为主。从后来半导体技术发展历史看，当时所确定的研究课题是先进的、超前的[2]。清华大学半导体专业也为中国半导体事业培养了急需的人才。1961 年，清华大学第一届六年制半导体器件与物理专业毕业学生 34 人，他们进入高等学校、研究院所或工业企业，为推动我国半导体科研、教学和工业发展作出贡献。该届毕业生吴德馨 1961 年分配到半导体研究所，后长期从事半导体器件与集成电路的研究与开发，1978 年后和王守武一起从事大规模集成电路提高成品率研究以及 4 千位和 16 千位动态随机处理器等大规模集成电路研究。1991 年当选中国科学院院士。

王守武也是中国科学技术大学半导体专业的创建者之一。中国科学技术大学成立于 1958 年，按照"全院办校、所系结合"的办校方针，中国科学院院长郭沫若任校长，各系的系主任及一些专业的负责人也都由中国科学院各领域的专家学者担任。王守武任物理系（二系）副主任和半导体专业的主任，他亲自制定了半导体专业的培养计划，还为高年级学生讲授半导体物理Ⅱ课程多年。在该课程之前，学生已经学过一门半导体物理，掌握了理论和技术基础，王守武主要讲授半导体科学技术的新进展。当时，半导体研究所在东皇城根的大取灯胡同，上课在中国科学技术大学的中关村校区，每次上课王守武总是提前半个多小时就来到教师备课室。由于没有合适的教材，王守武精选一些学术论文作为教学参考资料。他的授课思

---

① 南德恒访谈，2012 年 3 月 6 日，北京。资料存于采集工程数据库。

② 戴吾三、叶金菊：从半导体教研组到微电子研究所。见：杨舰、戴吾三主编，《清华大学与中国近现代科技》。北京：清华大学出版社，2006 年，第 223-231 页。

路十分清晰，理论推导一丝不苟[①]。后来，“文化大革命”开始，中国科学技术大学迁往安徽合肥，和中国科学院的“结合”也就难以落实了。直到1978年4月，全国科学大会召开后，王守武等兼职系领导才随中国科技大学副校长严济慈等到中国科技大学参观座谈。在与物理系半导体专业的教师座谈时，王守武谈了很多自己的看法和具体建议。他说，中国科技大学把半导体专业放在物理系是很高明的办法，这样在理论和实验技术方面都有可能更好地发展。搞半导体不要面太窄，不要限于硅器件，科技大学有化学系，物理系还有晶体专业，应该结合起来做些工作。搞基础理论要坚持下去，必须有坚强的毅力。当谈到如何选定具体研究问题时，他诚恳地提出建议，邀请半导体专业派几个研究人员到半导体研究所一起调研、讨论、定规划，然后再确定具体课题。对于半导体专业的教学工作，王守武建议课程内容应该更新一些[②]。

1956—1958年，王守武参加了在全国各地举办的半导体知识普及讲座。当时，公众还不了解半导体方面的知识，王守武和黄昆、洪朝生、汤定元等利用各种机会在全国进行宣传。开始的时候，他们只讲光敏电阻，后来转向重点介绍半导体三极管等半导体电子器件。当时国外已经做出了半导体收音机，在作报告时，王守武和庄蔚华就用一台半导体收音机作演示，说明半导体收音机比电子管收音机的体积小很多，成本也降低了很多[③]。1958年后，很多省都建立科学院分院，相应地设立了半导体研究所，半导体的普及宣传就不再进行了。很快，因缺乏人才和研究设备，许多省的半导体研究所只是开展一些重复性的工作，研究工作无法深入展开。针对这一新情况，半导体研究室多次举办旨在提高研究水平的全国半导体培训班和讨论班，介绍他们在研究和实验中摸索出来的工艺、技术及研究方法，推广半导体器件性能测量标准和方法，推动全国的研究工作。

---

① 余金中访谈，2011年5月25日，北京。资料存于采集工程数据库。余先生当时是学习委员和半导体物理Ⅱ课代表，后考取王守武的研究生。

② 1978-WS-C-29，中国科技大学简报。存于中国科技大学档案馆。

③ 王守武访谈，2011年1月3日，美国加州。资料存于采集工程数据库。

王守武先后培养过20余名硕士、博士研究生。他在“文化大革命”前共招收研究生五人，他们毕业后大多留在半导体研究所，成为业务骨干。当时学制四年，第一年集中在中关村研究生院上课，后三年在所里学习并进入课题组参加研究工作。庄蔚华是王守武的第一位研究生，1953年她于上海复旦大学毕业后进入中国科学院应用物理所工作，1956—1959年在半导体研究室跟随王守武读在职研究生，毕业后继续在半导体所工作。庄蔚华担任过全国半导体测试中心副主任、半导体所物理组副组长，当时王守武任半导体研究所副所长兼任物理组组长，测试中心和后来物理组的许多具体组织工作、人员安排以及事务性工作等都由庄蔚华负责。庄蔚华在全国半导体测试中心学术队伍建设、半导体激光器研制和应用探索方面都作出了重要贡献[①]。洪坚1960年从东北人民大学毕业后，被保送到半导体研究所跟随王守武读研究生，1961年与王守武等合作发表论文“双脉冲法测量锗硅的寿命”[②]。洪坚1965年毕业后留所工作，参与过半导体测试和激光器的研制工作。1979年，他被派往中国驻美国大使馆科技参赞处工作，回国后在科技开发工作中做出成绩。余金中是王守武1965年招收的研究生，是全国第一个半导体激光器专业方向的研究生，当年科学院这个专业也只招了他一个人，那一届北京市总共仅招收了151名研究生。谈到当年读研究生时的情况，余金中说道：王先生的学术道路的特点之一是他的专业是“转”的，而且是按照国家的需要去“转”的。他是一个自学成长起来的科学家，他开始学机械，研究力学问题，后来转向量子理论。半导体不是他在普渡大学学的，而是回国后根据国家的需要以自学为主逐渐做起来的。王先生自己读书很多，而且思考很深。“王先生这个思想贯穿在他带学生中，他给学生指定要读的书和文章，学生要自己钻研，有了问题可以再去问他。我们那时候要去见王先生，先要把问题都集中起来，自己要认真思考钻研，要想很久才去找他讨论。王先生会认真地回答我们的

---

① 何春藩：凭着对事业的执着追求——记开拓我国半导体事业的先行者庄蔚华。见：李晋闽主编，《拓荒者的足迹——建所初期科技人物事迹选》。北京：科学出版社，2010年，第128-137页。

② 王守武、庄蔚华、洪坚、杨培生：双脉冲法测量锗、硅的寿命。见：《半导体测试基点会议报告文集（材料部分）》，1961年10月。内部资料。

问题。”“王先生虽然讲得不多，但他在学术思想上、在确定学术方向上影响学生，王先生选择的学科方向完全符合世界科技发展的方向，符合国家的需要。我们从王先生身上学到了很多，王先生后来领导大规模集成电路研制，他一道工序、一道工序地分析问题，建立标准……我们现在做科研也是学习王先生的思路，否则所有问题都搅和在一起，最后就找不出哪个是主要问题，只有把每一个问题都解决好，把每一个部分都做到最好，最后才有可能获得整体的成功。”①

王守武曾说，科技竞争实际上是人才竞争，是民族素质的竞争。我们的科技水平要想赶上和超过发达国家，就必须培养和造就成千上万有理想、有知识的青年人。他希望青年人“要勤奋、刻苦，明知学海泽阔，偏要竞舟苦渡，与惊涛搏击，历尽艰险，矢志不移。”他寄语年轻人，为振兴中国微电子事业多一些奉献，少一些得失，无愧于历史，无愧于人生②。

半导体研究所和微电子研究所有关部门曾多次邀请王守武与青年人畅谈求学、治学、研究及做人的经验和感悟。2004 年 9 月，85 岁高龄的王守武偕夫人葛修怀与半导体所的青年学子座谈，鼓励他们学以致用，创新求真。王守武特别告诫年轻的科学工作者，一个科技人才的培养重要的有两条，一是靠自己，自学是关键，有好的老师引导是很幸运的，但如果没有这个条件，自己有能力学，自力更生也可以学好；二是以国家需要作为自己的研究方向，不要怕科研方向的转变，只要有深广的基础知识，研究方向变化不可怕。王守武还说，人生有两个关键阶段，一是求知，要让知识深而广，就要读书，不断地问为什么；二是做事，为国家做事，想尽方法把学到的知识用于科研工作③。2007 年 9 月，应学生余金中的邀请，王守武再次在半导体研究所与青年学生畅谈人生经历和做学问的方法

---

① 余金中访谈，2011 年 5 月 25 日，北京。资料存于采集工程数据库。

② 王守武：为了无愧于历史和人生——寄语研究部的年轻人。见：《王守武院士科研活动论著选集》编委会编，《王守武院士科研活动论著选集》。北京：科学出版社，1999 年，第 107 页。

③ 关家英：科研领域上下求索　学以致用报效祖国——记王守武院士。《研究生院》，2005 年第 1 期，第 19-21 页。

图 9–1　王守武在半导体研究所座谈（2007 年 9 月）

（图 9–1）[①]。

2008 年，王守武被中国科学院研究生院授予“杰出贡献教师”荣誉称号（图 9–2）。

在中国半导体科学技术发展中，应用物理所半导体研究室和后来在此基础上成立的中科院半导体研究所一直都是国家级的研究重镇。王守武作为应用物理所半导体研究室主任和半导体研究所业务副所长，为其学术队伍建设倾注了大量心血。

1956 年半导体研究室成立前后，在上级领导机关的积极支持下，多位留学归来的半导体领域的高水平学者加入研究队伍，很快形成了一个各有所长、分工合作的研究集体。1957 年林兰英回国，王守武亲自动员她来到半导体研究室工作，任材料研究组组长，具体实施了硅单晶的拉制方案。经过他们的共同努力，使得第一根硅单晶于 1958 年 7 月问世。

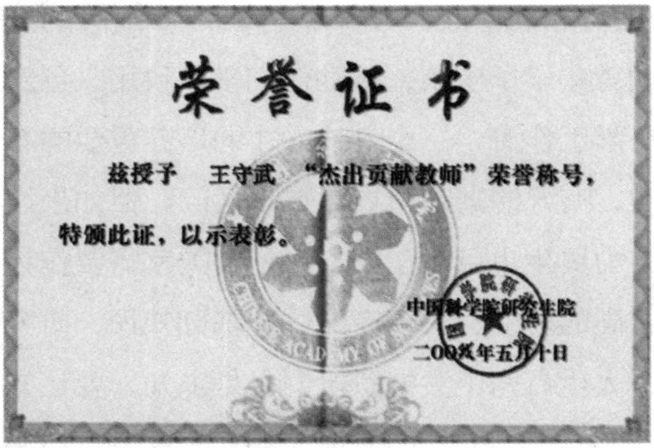
荣誉证书

兹授予　王守武　“杰出贡献教师”荣誉称号，

特颁此证，以示表彰。

中国科学院研究生院

图 9–2　王守武杰出贡献教师证书

1956 年，半导体研究室成立当年，分配来十多名大学毕业生，但他们几乎都没有学过半导体。王守武对他们逐一进行面试考核，了解他们在大学的学习情况，尤其是毕业论文的内容，然后把他们安排到适合的课题组中。中国科学院院士、曾在 1986—1994 年任半导体研究所所长的王启明

① 中国科学院半导体所网站：http://lib.semi.ac.cn:8080/info_www/news/detailnewsc.asp ? infono=6905，2011 年 9 月访问。

后来回忆：王守武“详细询问了我毕业论文的内容后，随即从桌上递给我一本英文杂志，指出上面登载的一篇论文要我讲述，连对 pn 结的知识当时还懂得很少的我自然难以言对，他就开始耐心地谆谆讲解。他根据我毕业论文的经历，分配我在材料组参加高纯锗的区熔提纯工作。”①

在组织“提高大规模集成电路成品率研究”及“集成电路大生产试验”过程中，王守武大胆启用人才，严格管理，保证了项目的完成，这不仅表现了他在领导新产品研发和组织企业生产方面的才能，也是他在科技队伍建设方面的成功实践。

20 世纪 90 年代前后，我国人才外流严重，科技队伍出现断层。王守武疾呼：一支强大的科技队伍是自力更生发展我国微电子技术的必要条件。人才外流在微电子专业队伍中更为突出，如不采取果断措施，势必影响我国微电子技术的发展前途。王守武认为，解决这个问题的办法是增加科技方面的投入，以改善我国的科研工作条件，吸引更多的青年科技人员投入到微电子的科研中去。同时要大力加强从科研到生产的中间环节。对微电子来说，一个科研成果要变成产品，需要经过中间试验、小批试生产、新的生产专用设备的研制和改进等一系列工作。我们如果不愿意在中间环节上投入足够的人力、物力和财力，那么自力更生地发展我国的微电子技术也只能是一句空话②。

学术交流

从中国电子学会 1962 年成立至 2002 年，王守武一直担任理事会理事，其中 1979—1983 年任第二届理事会常务理事，是年，学会设立专业委员

① 王启明：淡泊名利，奋力开拓，实事求是，平易近人。见：《王守武院士科研活动论著选集》编委会编，《王守武院士科研活动论著选集》。北京：科学出版社，1999 年，第 17–19 页。

② 王守武：微电子技术的发展和我们的对策。《中国科学院院刊》，1990 年第 4 期，第 310–312 页。

会，王守武担任了半导体器件专业委员会（后改称半导体与集成技术分会）主任委员，至2005年他改任名誉主任委员。王守武在学会的学术活动和交流方面做了很多工作，为国内外同行增进相互了解，开展学术交流作出重大贡献。半导体与集成技术分会以学术交流为工作中心，与中国电子学会的其他分会联合主办“全国半导体集成电路和硅材料学术会议”等多个全国性学术会议，每两年召开一次，其中有些已经召开了十余届[①]。

1978年，中国电子学会承担了《中国大百科全书·电子学与计算机》的编写，为此学会成立了编写组，王守武任其固态电子器件分支学科编写组主编，该书编写历时三年半，1986年由大百科出版社出版，王守武亲自撰写了“固态电子器件”条目。

1980年，王守武组织创办《半导体学报》并长期任主编。《半导体学报》的前身是中国科学院半导体研究所1970年起出版发行的《半导体通讯》（内部刊物，双月刊）。最初，以发表翻译或编译的文章为主，自1974年起，开始刊载半导体研究所所内的科研工作报告，同时登载有关半导体基础理论、新材料、新器件、新工艺、新技术的综合评述和情报研究报告，动态报道及译文等，每期发行量1000份，与国内高等院校、厂、所建立了交换、订阅关系，受到了有关单位的好评。但受该刊的性质所限，外单位稿件不能发表。1980年，受中国电子学会半导体与集成技术分会委托，中国科学院半导体研究所在《半导体通讯》的基础上创办《半导体学报》，王守武任主编。该刊主要刊载中国电子学会半导体与集成技术分会所属的研究院、所、高等院校和半导体器件生产厂的具有国内先进水平的学术论文和科研报告，一般不再刊登译文。为确保刊物的质量，特聘请国内半导体科研与生产方面的专家组成编委会，在半导体所建立编辑部[②]。《半导体学报》现为全国半导体科技界的最高级别学术刊物。

王守武对《半导体学报》的办刊方针、栏目设置、论文学术质量等都

① 中国电子学会编著：《中国电子学会史》。上海：上海交通大学出版社，2008年，第18页、第146-147页。

② A023-124，半导体学报。存于北京中国科学院档案馆。

十分重视。他定期召开编委会，组织编委会换届选举，注意发挥编委会的作用，发扬学术民主，倡导学术讨论，对有争议的论文亲自过问处理。经过他和编委会多年的努力，《半导体学报》建立起严格的审稿制度，保证了稿件公平公正录用。王守武支持学报采用计算机排版，亲自熟悉排版软件，帮助工作人员解决在排版时遇到的具体问题和困难。在晶体管发明 50 周年纪念会上，他发表短文，呼吁紧跟新技术革命的步伐，加快我国信息高速公路的建设。他鼓励学报发表更多的英文文章，支持出版网络版[①]。

《半导体学报》是以半导体和相关材料为中心，从物理、材料、器件到应用，从研究到技术开发，跨物理和信息两个学科的综合性学术刊物。《半导体学报》创刊以来，不断提高论文的学术质量和编辑质量，加快出版发行周期。1980—1981 年为季刊，1982—1988 年为双月刊，1989 年改为月刊，并在 2003 年、2005 年、2006 年、2007 年分别出版了增刊。《半导体学报》1991 年起被美国工程索引（EI）[②]，化学文摘（CA），英国科学文摘（SA），俄罗斯文摘杂志（Р Ж）收录。2009 年《半导体学报》变更为英文刊，并与英国物理学会合作，由英国物理学会负责《半导体学报》的海外发行工作[③]。

在国际学术交流方面，王守武不仅自己有过多次出国访问考察，参加国际学术会议交流等活动，他也在中外学术交流方面做了很多沟通联系和组织工作，推动半导体相关领域的中外学术交流。

20 世纪 70 年代，中断了 20 多年的中美科学交流开始恢复，最初推启中美科学交流的是一批华裔科学家。1972 年和 1973 年，王守武参加了美籍中国学者观光团的机场迎接、宴请和接见等接待工作。1973 年，半导体所邀请美籍中国物理学家张可南博士来我国访问。1979 年，王守武安排了萨支唐在半导体所的参观和学术交流。

萨支唐（Chih-Tang Sah），1932 年生于北京，父亲是物理学家、教

① 夏永伟：王守武院士与学术交流。见：《王守武院士科研活动论著选集》编辑委员会编，《王守武院士科研活动论著选集》。北京：科学出版社，1999 年，第 34 页。

② 中国电子学会编著：《中国电子学会史》。上海：上海交通大学出版社，2008 年，第 147 页。

③ 《半导体学报》简介，《半导体学报》网站。2011 年 8 月 25 日访问。

育家萨本栋。萨支唐从小受到良好的家庭教育，1949 年从福州市英华中学毕业后就进入美国伊利诺伊大学（University of Illinois）学习。1953 年毕业，获工程物理和电气工程双学士学位。1954 年、1956 年分别获得美国斯坦福大学硕士和博士学位。萨支唐长期致力于半导体器件和微电子学的研究，对晶体管的发展、集成电路以及可靠性研究具有里程碑性质的贡献。他提出了半导体 PN 结中电子－空穴复合理论，开发了半导体局域扩散的平面工艺和 MOS、CMOS 场效应晶体管，并提出 MOS 晶体管理论模型。1956—1959 年萨支唐任美国肖克利半导体公司技术部高级成员，1959—1964 年先后任美国仙童半导体公司物理与硅晶体管开发计划主任、经理。1986 年当选为美国科学院院士，1998 年当选为中国台湾中央研究院院士，2000 年当选为中国科学院外籍院士[①]。

萨支唐是一位热爱祖国的华裔科学家，虽身在美国仍对中国的科学技术事业十分关心。1980 年，在王守武和谢希德等的努力下，萨支唐来华参观和讲学。此前，萨支唐曾多次与时为上海复旦大学教授的谢希德通信，还在 1979 年 2 月与夫人宴请了在美国伊利诺伊州厄巴纳（Urbana）做访问的谢希德等中国学者。当时，谢希德就邀请萨支唐到复旦大学、吉林大学等参观。1979 年 6 月 25 日，中国科学院、复旦大学和吉林大学通过中国驻美大使馆联合正式邀请萨支唐来华访问讲学。王守武和谢希德负责与萨支唐联系，拟定访问行程和学术交流内容。

王守武与萨支唐有多封往来书信，1979 年 10 月，萨支唐给王守武的回信，说他待 1980 年的工作安排确定后，将偕夫人来华进行两三周的访问，预期为 1980 年 4 月 8 日到达中国，4 月底或 5 月初回美。1979 年 12 月，萨支唐在厄巴马机场再次见到了谢希德，并和她讨论了访问事宜。萨支唐准备了五个方面学术演讲内容：MOS 器件硅表面氧化的原因、硅表面反型沟道的散射机理和电子跃迁率、渡越—热刺激电流—大电容研究—界面中心缺陷、半导体器件等效电路和精确计算模型装置、太阳能电池。萨支唐购买了六块摩托罗拉的 MC 10113P 集成电路芯片，准备带到中国，但因

① 张继霞、巴拉吉尼玛：《蒙古族科学家》。呼和浩特：远方出版社，2005 年，第 219-220 页。

当时全美市场缺货，他未能买到美国得州仪器的 SN74S482 或 SN74SL482 芯片。

为了提高中文科技术语方面的水平，了解中国相关领域的教学内容，萨支唐阅读了中国出版的应用数学、数学物理方法等方面的教材和教学参考书，这些书有的还是他母亲去上海时购买的。为了进一步熟悉中国其他学科的情况，他希望谢希德、王守武为他提供一些中国人写的固体物理、半导体物理、电子线路、计算机和物理前沿等方面的教材和参考书。

1980 年 4 月 8 日，萨支唐夫妇抵达上海，后到北京逗留了一周多，在北京的访问活动是由王守武安排的。他们参观了清华大学、北京大学、中科院半导体研究所及相关工厂等。除学术访问外，他们还游览了长城、故宫等名胜古迹。萨支唐夫妇于 5 月初回国。

1980 年 11 月，半导体所激光器组赴美考察。7 月王守武写信给萨支唐，告知半导体所有关人员将赴美，萨支唐回信允诺将安排参观项目。访问组在伊利诺伊大学受到萨支唐热情的接待。考察组成员王启明和彭怀德在考察报告中写道：

> 萨支唐教授接待我们，并为我们做了详细的安排。我们主要参观了由电机系教授 Stillman 领导的研究组……萨教授主要做材料方面的研究工作，主要用瞬态电容小讯号的电压－频率－温度关系和直流的光电流－电压特性研究体材料中的缺陷和杂质，及交界面的界面态，全面测量工作都在计算机模拟下进行。萨教授有六名研究生，三名来自台湾，另外三名是美国人，还有两名大学生在实验室工作。有一名副教授，香港人，计算机非常熟悉，是萨教授的大管家。①

萨支唐 1980 年的中国之行增进了中国学者对国际微电子科学技术领域研究进展的了解。回美后，萨支唐与王守武仍通信交流科研问题。萨支唐给王守武寄过伊利诺伊大学出版的《工程物理摘要》（*The Summary in*

① A023-144，半导体激光组赴美考察小组工作禀报。存于北京中国科学院档案馆。

图 9-3　1984 年王守武陪同萨支唐参观 109 厂

Engineering Research）及一些有关 MOS 级化学品制造和光刻的文章。《工程物理摘要》中刊登有伊利诺伊大学物理系、电子工程系和材料研究实验室关于固体物理和半导体物理的研究成果[①]。1984 年，萨支唐再次来华时，曾到王守武兼任厂长的中国科学院 109 厂参观（图 9-3）。

发展战略思考与建议

王守武致力于我国半导体器件和集成电路事业几十年，我国半导体事业建立和发展的各个历程无不留下他的足迹。前面章节已谈及从 1956 年十二年科学远景规划的制定开始，他参与我国多次科学技术规划中有关半导体科学技术发展战略制定的情况以及他在

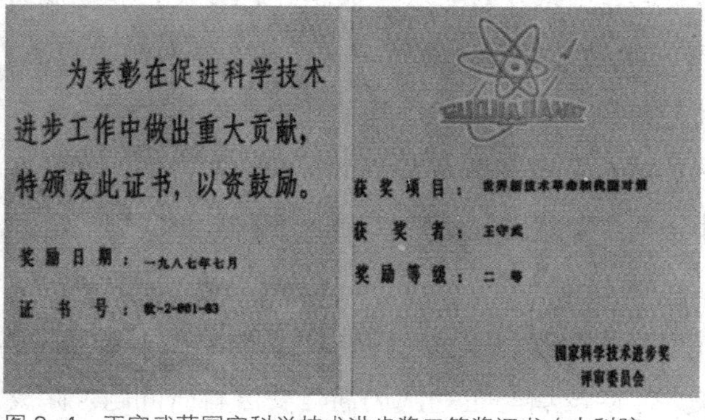

图 9-4　王守武获国家科学技术进步奖二等奖证书（中科院院史资料室提供）

① A023-145，萨支唐来华的通信。存于北京中国科学院档案馆。

发展规划实施中的贡献。1980 年后，他对中国半导体和微电子技术发展战略提出过一系列建议，并在 1987 年因“世界新技术革命和我国的对策”获国家科学技术进步奖二等奖（图 9–4）。

1980 年，王守武被任命为中国科学院 109 厂厂长，1983 年，王守武开始兼任国务院电子振兴领导小组集成电路顾问组组长，对我国微电子科学技术，特别是集成电路技术研发和工业发展做了更多深入和全面的思考。是年，王守武阐述了在发展我国集成电路工业上要处理好科研与生产的关系，重视科研成果转变为生产产品的中间环节。他提出，我国的集成电路工业发展要抓紧做好的是实验室研制成果与工厂生产之间的产品研发工作，主要是在弄清各种因素对工艺质量的影响和机理的基础上，制定出每项工艺的标准工艺规范，明确每个因素必须控制的范围，同时还要制定出检测每项工艺质量的方法和检测标准。这些发展工作做深做透了，就能使每项工艺稳定，工艺质量就有保证，成品率才能提高，大生产付诸实践才能实现，集成电路的成本也就会降下来，以达到大规模地推广应用。王守武认为，只要组织力量，认真把我国大规模集成电路的研制、发展、生产和推广应用四个环节紧密联系在一起，统一规划，统一指挥，我国的大规模集成电路是能很快搞上去的 ① 。当时，随着电子计算机技术的快速发展，人们已经认识到获取、处理、积累和利用信息是认识世界的重要过程，电子计算机也成为信息科学技术的一个主要环节。1984 年，王守武提出，集成电路，尤其是大规模和超大规模集成电路是电子计算机工业的基础，我国发展信息产业，应该以建立大规模集成电路工业为基础。他指出，由于大规模集成电路工业是一个知识密集和资金密集的工业，而我国的基础又十分薄弱，因此要加快我国的大规模集成电路工业发展，做到人才集中、投资集中是十分必要的。他还强调，由于集成电路产品在国际市场上竞争激烈，在发展中应该实行保护民族工业的政策，引进这方面的先进技术设备，必须有自己的科技力量作为后盾 ② 。

1986 年，王守武针对我国集成电路发展的新问题，提出要在技术引进

① 王守武：大规模和超大规模集成电路。《物理》，1983 年第 5 期，第 269–275 页。

② 王守武：加速发展我国大规模集成电路工业。《光明日报》，1984 年 1 月 11 日，第 1 版。

的同时注重创新，使引进的集成电路新技术真正能在我国生根。他建议，一是要治“散”与择“优”支持；二是要治理好科研与生产脱节、引进与攻关脱节、产品与市场脱节、人才与任务脱节等四个脱节；第三是强调引进与创新。王守武提出，必须把我国集成电路技术搞“活”，使技术在我国生根，而要真正搞活我国的集成电路技术，必须有自己的开发创新。只有大力加强科研，积极组织攻关，努力开拓市场，抓紧培养人才，我国的集成电路技术才能搞活，我们的集成电路工业才能起飞[①]。1988年，在王守武的领导下，中科院109厂扩建工程（微电子中心）集成电路中试线通过国家验收。这个项目的建设坚持引进国外设备与开发国内技术相结合，当时已经生产出精度高、难度大的产品[②]。

1990年，在“微电子技术的发展和我们的对策”[③]中，王守武再次全面阐述了他的看法。他提出，在制订我国微电子行业规划时，必须考虑到微电子本身的特点、我国的国情以及所处的特殊国际地位。我国是社会主义国家，又是工业比较落后的国家，而微电子却是一个非常敏感、国际竞争异常激烈的高技术领域，想完全依靠引进技术来发展我国的微电子只能是一种幻想。因此，我们必须首先下定决心，以自力更生为主、争取外援为辅来发展我国的微电子行业。这种决心必须落实在行动上而不能只是一句口号。以自力更生为主，就必须有长远的规划。要狠抓基础，切实重视科技队伍的培养。

抓基础，就是要把发展微电子技术所需要的支撑环境建立起来。没有这些支撑环境，发展微电子技术就像在沙滩上建造空中楼阁那样，是很难实现的。这些支撑环境中最重要的有两条：一是微电子所用的基础材料，二是微电子所用的专用设备。这也正是当时西方国家对我国禁运的，其中特别值得注意的是微电子所用的专用设备。由于微电子本身的技术性很强，国际上早就公认，“微电子的发展是一代工艺，一代装备，一代产

---

① 王守武：关于发展我国集成电路的几点建议。《中国电子报》，1986年12月2日第1版。

② 刘茂盛：中科院一〇九厂集成电路中试线通过国家验收。《科学报》，1988年12月13日第1版。

③ 王守武：微电子技术的发展和我们的对策。《中国科学院院刊》，1990年第4期，第310–312页。

品”。没有先进的专用设备，就不可能有先进的微电子产品。日本在发展超大规模集成电路初期，政府曾组织五家大公司的科技骨干，成立了联合研究所，着重研究几项关键性的细微加工专用设备，这对日本后来的超大规模集成电路工业的发展起了十分重要的作用。他说，应该看到，微电子专用设备本身也是一项产业。在国外生产微电子专用设备的厂家要比生产微电子产品的厂家多得多。发展我国微电子专用设备行业，也必须贯彻以自力更生为主、争取外援为辅的方针。他还提出了具体要抓好的几项工作：

第一，引进国外先进技术装备时，不仅要安排好消化吸收的人力、物力和财力，同时要把我国自己的科研成果结合进去，做到消化吸收之后有所创新。

第二，中国科学院和某些高等院校以及机电部的科研所，曾在微电子专用设备的研制上做过大量工作，某些技术指标已达到或接近国际先进水平，但是在实用性和可靠性方面，差距还比较大。建议把这部分力量组织起来，给予必要的支持，同时在外贸上打通渠道，能够较快地进口一批关键的零部件，以提高整机的可靠性，争取能打入国际市场。

第三，尽量争取与外贸合作，在国内进行总体设计和调试，分部件从国外进口或国内加工一部分。在与外资合作中要做到以我为主，防止完全受控于外商，避免使我国的民族工业受到压制。

第四，微电子专用设备的研制开发单位，要建立起工艺调试场地，使设备与工艺密切结合起来。同时还要培养一支维修服务队伍，逐步与国内外建立起维修服务网。只有这样，我国的微电子专用设备行业才能站稳脚跟，我国发展微电子技术才有可靠的保证。

2000 年，在庆祝半导体研究所建所 40 周年之际，在回顾了我国半导体事业的发展历史后，王守武对我国半导体工业发展提出建议：首先要从体制上解决我国科研与生产相脱节的现象；其次，“开拓市场是发展半导体工业所必须考虑的第二个问题。每个国家或地区在建立半导体工业初期都选定一种有广阔市场前景的半导体器件品种作为突破口，集中力量，使本国或地区的产品在国际市场上能够站稳，占有一定的份额。日本是从家用电器所需的集成电路开始，南韩（韩国）是选择了动态随机存储器（DRAM），台湾地区则从小型电脑中的集成电路开始。他们成功的经验，很值得我们借鉴。我国地域广阔，人口众多，通信事业必将蓬勃发展，可以考虑用通信电路作为我国发展半导体工业的突破口，集中力量，发展我国独特的系列产品，力争在国际上占有一席之地”；第三，合理分工、科学管理，避免搞“大而全”、“小而全”的企业，鼓励建立具有特种产品的无生产线（Fabless）公司，开发我国独特的半导体产品。要设计出具有我国知识产权的模块（IP），从而在系统集成芯片方面赶上国际水平[①]。

2006年，王守武再次呼吁，科研成果转化要打破科研院所与产业部门之间的“条条块块”。与美国相比较，我们的精密机械的制造水平太低，设备也很落后，单单只是靠进口，是永远都不可能超越美国的。如果中国真正想要发展，想要走到它的前面去的话，有一些东西还要我们自己做。但是“条条块块”太多，比如说大学、科研院所、信息产业部这些不同的部委之间，为了各自的利益，谁都不买谁的账，这就是所谓的“官本位”，都想有自己的业绩政绩，有很多的东西重复地做，这样既浪费了设备资源，也浪费了人力资源，相互之间还各自对自己的发展进度和相关数据保密，产学研这条线要想真的能畅通无阻，那就一定要打破部门之间条块分割的坚冰，而不能拘泥于一个狭隘的部门之间[②]。

① 王守武：我国半导体科学技术发展历史回顾与思考。见：夏建白、陈辰嘉、何春藩主编，《自主创新之路——纪念中国半导体事业五十周年》。北京：科学出版社，2006年，第108-112页。

② 王守武：国家需要什么我就做什么。《科学时报》，2006年11月8日，第B03版。

第十章
晚年生活

王守武自身的经历和成就，他做人做事的风格，使他具有特殊的人格魅力和学术感召力，也赢得了许多荣誉和学界极高的评价。

纷至的荣誉

2000 年，半导体研究所成立 40 周年之际，为祝贺王守武八十华诞和从事半导体事业 50 周年，中国科学院半导体研究所、中国科学院微电子中心、中国电子学会半导体与集成技术分会、《半导体学报》等单位联合组织活动，制作了反映王守武科研活动和贡献的专题录像片《科学先驱——王守武院士》，编辑出版了《王守武院士科研活动论著选集》，科学院的多任院长都为该文集题了词。中国科学院原院长卢嘉锡题词："业绩辉煌　硕果累累"（图 10-1），中国科学院原院长周光召题词："科学先驱"（图 10-2）。

2000 年，王守武获得何梁何利技术科学奖。在介绍了他的科研成就后，评奖词中写道："王守武为人忠厚、谦和，作风民主，他一贯勤奋好学，一

图 10–1　卢嘉锡题词

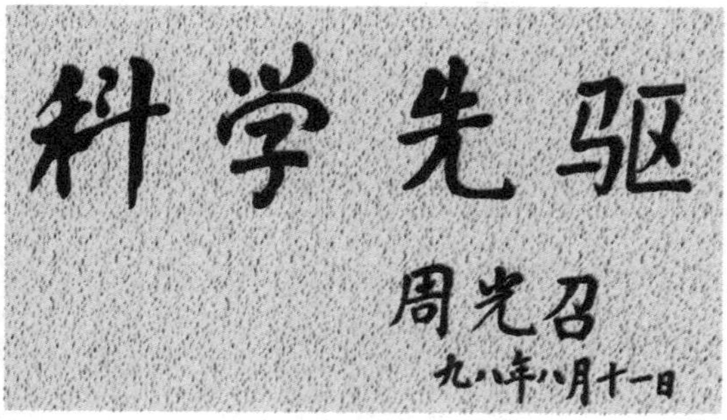

图 10–2　周光召题词

丝不苟，且富于创新精神。”

王守武是第三、第四届全国人大代表，第五、第六、第七届全国政协委员。

1997 年，王守武在美国探亲期间，由于他渊博的学识，超人的动手能力，谦和待人的态度和极高的学术声誉深受许多海外学者的敬重，在旧金山湾区华人学者的盛情邀请下，他担任了半导体和高科技动态杂志《硅谷》的主编工作。《硅谷》是当地华人企业家和高科技研究人员在美国创办的一本中文期刊，刊登学术论文和新技术进展等，意在构建美国与亚太地区该领域的信息桥梁。

温馨家庭

王守武有一个幸福温馨的家庭。他和夫人葛修怀结婚 65 年来，始终相敬相爱，令人十分羡慕。和王守武寡言慎思的性格有些不同的是，葛修怀热情开朗、直言快语。在普渡结婚后，他们的家就成了中国同学们周末聚会的地方，葛修怀热情好客，留学生们在一起交流国内的消息，也感到家的温暖。1950 年，他们夫妇共同决定放弃美国优越的生活和工作环境，怀抱刚满周岁的女儿回国参加建设。此后几十年，他们在工作上相互支持，共同克服各种困难，在家庭生活和子女教育上葛修怀投入了更多的时间和精力。

回国初期，葛修怀在华北大学工学院讲授电工学课程，20 世纪 50 年代初期，学校派她去参加土改运动，王守武承担了她的教学工作。1957 年，反“右”运动展开时，葛修怀正在家休病假，医生怀疑她得了脊椎结核。脊椎结核虽然不传染，但影响人的脊椎活动。运动期间，华北大学工学院曾派人通知葛修怀回单位参加运动，她因病未能回校。这虽让她躲过了反右，但她也因长期有病被华北大学工学院解聘。1958 年，她受聘于刚成立的中国科学情报大学，并在当年 8 月随学校并入中国科技大学，开始在该校讲授电子线路等基础课程。

葛修怀热爱教学工作，很注意吸收科学技术发展的新成果来丰富教学内容。60 年代初期，看到半导体三极管等已经有了越来越广泛的应用，而当时的电子线路课程的教材还只讲真空电子管，她提出给学生增加半导体晶体管电路作为选修内容。她的这个想法得到王守武的支持，他们一起备课。葛修怀把这个补充的晶体管线路内容安排在学期末考试后放假前的一周，因为时间只有一周，只能讲些最基本的晶体管线路的概念。为了在一周中尽可能把最重要的概念包括进去，他们夫妇动了一番脑筋，他们还自己动手制作了一个三维模型，来说明半导体三极管输入输出的关系。这一选修内容吸引了全体同学参加，引起了大家极大的兴趣。

在各种家务和子女的教育等方面，王守武始终任劳任怨，无论是修理门窗、桌椅，还是家用电器，他都乐于承担，但夫人有时抱怨他对家事主动操心不够。女儿小时候身体多病，没少跑医院，和女儿仅差一岁半的儿子淘气顽皮，作业是不是完成了，成绩如何，这些都是夫人葛修怀十分操心的。

在子女教育上，王守武主要是激发他们的兴趣。在家组装各种电子线路是王守武的爱好之一，家中备有各种工具和零部件，他也想培养孩子们的这种兴趣。一个周末，王守武买了一本《怎样做矿石收音机》，让上小学二年级的姐姐带着刚上学的弟弟动手制作。弟弟当时还不太识字，但兴趣很高，姐姐负责讲解书中的内容，弟弟负责动手连接各种器件。后来，王守武还设法买回了漆包线，用于他们自己绕制天线和变压器。“文化大革命”后期，王守武发现在北京朝阳门附近有一家废旧物品商店，廉价出售各种报废电器和减价处理的元器件，而在这些废电器的电路板上可以拆下一些好的元件，如三极管、变压器等等。他和儿子经常光顾这家废旧物品商店，买回各种废旧电器和按斤卖的处理三极管，逐一测试这些三极管和拆下的元件，挑出可用的，用于其他线路。

王守武父子也常去信托商店“淘宝”[①]。卡带录音机刚出现时价格很昂贵，王守武和儿子在信托商店低价买回一个坏的，他们很快就修好能用了。王家的第一台洗衣机也是从信托商店买回的旧货，但这台洗衣机给他们带来了一些小麻烦。这台洗衣机是意大利生产的，买来时控制电路出了问题。电路修好后，他们又发现洗衣机要使用热水，它的电加热功能十分费电，后来他们设法去掉了这个功能。另一个麻烦是，自从这台洗衣机买回来，家里经常会出现几只北京罕见的大蟑螂，根除这些蟑螂后来还颇费了些周折。王家有一张他们父子的工作桌，桌上摆满了各种零部件、电烙铁、万用电表、他们自制的小示波器，以及一些打开的、尚未修好的家里和邻居朋友的各种电器，这些东西常常会从桌子上摆到地上，有些落满了灰尘，但别人是不能动的。

王守武激发子女学习兴趣的另一种形式是给他们出一些趣味数学题。“有一个多位数，第一位移到最后一位，变成了原来的 1.5 倍，这个多位数最小是多少？”“1 的三次方，加上 2 的三次方，加上 3 的三次方，一直加到 100 的三次方，总和是多少？”女儿在学校学了开平方，手算方法只是简单了解，一般都是通过查数学用表。王守武却问她，你知道手算开平方，那能不能用这个原理手算开立方？王守武曾教孩子们玩一个叫“抓三堆”的游戏。游戏两人玩。先在桌上摆三堆棋子，每堆数量不限。两人轮流拿掉棋子。规则是一次只可以从其中一堆中拿，数量不限，但不能不拿。谁最后拿算谁输。例如最后拿剩两堆，每堆两个，可写为（2，2，0）。此时轮到谁拿谁就输了。如果轮到甲拿，甲只有两种选择，拿成（1，2，0）

---

① 这个时期的国营信托商店类似现在的二手货商店，商店收购客户的物品，按照与客户谈好的价格放在商店出售，待物品售出后通知客户取款，商店扣除一定的手续费。

或（0，2，0）。如甲拿成（1，2，0），乙可拿成（1，0，0），甲拿最后一个，甲输。如甲拿成（0，2，0），乙可拿成（0，1，0），还是甲输。同样，如果拿剩（1，2，3），也是轮到谁拿谁输。王守武告诉他们这个游戏是有数学规律的，按照规律拿就保证赢，如果双方都知道规律，先拿的一方赢。他让两个孩子找出数学规律。王守武回忆，他上高中时，曾在几个月的大部分自习时间里思考这个游戏，终于找出了其中的数学规律。70 年代后期，去美国访问期间，王守武曾买了一个能编简单程序的计算器，他把这个游戏编成程序装进计算器里。

王守武很少教给子女具体的知识，也不注重他们一定要上最好的学校。他教育子女珍惜学习机会，能进名牌大学当然很好，但学习更多的是自己的努力。由于“文化大革命”期间大学停止招生，他的女儿和儿子都是在 1977 年恢复高考后才有机会进入大学读书，后来他们先后留学美国，在普渡大学取得博士学位。现在王守武的女儿、儿子及女婿、儿媳都在电子科学技术相关领域工作。

图 10–3　王守武一家在美国（90 年代），中间排左二为王守觉、左三王守武、左四葛修怀、左五王义格（来源：《王守武院士科研活动论著选集》）

2000年前后，王守武开始经常前往美国探亲（图10–3）。那时，夫人葛修怀早已退休，一双儿女也在美国学有所成，结婚成家，并都在电子工程领域从事技术工作。葛修怀退休后，她每次探亲留住儿女家的时间都要长一些，王守武经常一人返回北京。只要回到北京，他就天天到所里上班，一天去半导体研究所，一天到微电子所。

王守武幼年体弱，但老年后身体一直很好，精神矍铄，思维敏捷，耄耋之年仍十分健谈，且思路清晰。人们常常会向他们夫妇请教养生方法，探寻他们健康长寿的秘诀。王守武的回答是，所有的事情贵在坚持，除了动脑还要运动。年近九旬时，他还坚持每天在跑步机上慢跑10分钟，在美国时还驾驶汽车。王守武生活极为简朴，用子女的话说，穿衣、吃饭这些事情，他根本就没放在心上。从本书插图中也可以看出，各个时期王守武的衣着都很普通，除了参加外事活动外，他通常只是穿一件中山装或夹克衫。他从年轻时就有胃病，半导体所搬到林学院附近后，中午来不及回家吃饭，他开始中午带饭，通常饭盒里只有米饭、一个素菜和几片肉。

年轻时王守武业余喜欢下棋、旅行、摄影，还经常动手搞些小实验、小制作。几十年繁忙的领导和研究工作，他几乎没有了自己的闲暇，动手操作也许可以算是他一直保持的业余爱好，这也是他特殊的休息方式。闲暇时间他喜欢修锁、修闹钟，家里的门窗、燃气灶及家具有了小毛病，也是他负责修理。王守武还喜欢研究各种新的电子设备，只要它们一出现后，他就会研究一番，不仅是弄懂原理，还会尝试改进。他用一些电子元件在家里安装过遥控窗帘，改装和修理过计算机、摄像机，自己组装过笔记本电脑。他也曾被电子游戏吸引，曾经在一个春节的假期中尝试过驾驶飞机的电子游戏。葛修怀女士曾开玩笑地说，王守武永远不会找不到饭碗，因为他什么都会一点儿，从修锁配钥匙，到修理钟表、电器，再到补锅。

90岁后，他的记忆开始不如从前，但仍然关心时事，不过每天的活动范围逐渐缩小，只是散步和到离家不远的超市购买些简单的生活用品。儿女们不放心两位老人再单独往来于中美之间。王守武夫妇已有几年没有回国了，他们一直和子女、孙儿们同住美国加州，尽享含饴弄孙之乐。（图10–4）。

图 10–4　2008 年 12 月王守武、葛修怀夫妇在美国加州 San Jose 市（摄影王义格）

结　语
科学思维　创新贡献

王守武学术经历丰富且有特点，思考他学术成长经历的特点和成功因素，无疑具有多方面的意义。笔者不揣冒昧，尝试做初步探讨。

家族的科学文化氛围

回顾王守武的学术成长经历，首先看到的是家庭对他的影响。苏州莫釐王氏家族，作为有文化传统的名门望族，在晚清率先由传统文化向现代科技文化转向。面临近代中国遭受列强侵略的屈辱，王守武的祖父已经意识到教育对国家和民族命运的重要意义。他不固守陈规，积极选拔接受西方思想文化的学者作为国家可用人才。王守武的祖母则倡导民众教育，创办女学，为女子受教育创造条件。从她创办的女学中，不仅走出了一批如何泽慧、王季玉等中国近代可圈可点的科技和教育界杰出女性，也培养了众多名不见经传的有良好文化素养的母亲，对于转变一方社会风气，后者的作用也不可小觑。到王守武的父辈，王家已经出现了多位思想解放、积极学习近代科学技术的人才。王守武的伯父王季烈，首先创用“物理”一词取代旧译的“格致”，是西方物理学知识传入中国的早期推动者之一。王守武的父亲王季同是中国最早在国际上发表现代数学论文的人，但他毕生投入精力最多、最专长的是机械工程，在该领域有多项创新，可以说他已经走上了世界科学技术前沿。在王守武一辈中，王家子女几乎个个从事理工、西医，或投身教育，且他们大多有留学经历。父亲是王守武的启蒙老师，哥哥姐姐是他学习的榜样。在家庭教育中，王守武从摆弄积木、修锁配钥匙、修理钟表等活动中培养动手实践的兴趣爱好与能力，也养成了查书读书，通过自学寻找问题答案的学习习惯。由于身体患病等原因，王守武的小学和中学经常转学和休学，自学是他主要的学习方式。王守武甚至说，他的大学基本上也是靠自学。至于自学的方法，他强调，“看一本书看不懂的时候，不要似懂非懂，要把前面的看一下，自己给自己出问题，来做一做、考一考，一定要弄到彻底懂了。”他认为，自学对于科研人员十分重要，他们应该注意学习，把学术的底子弄得广一点，这对于开展研究工作是一件好事情[①]。

在王家，学校里的功课对每个孩子似乎都不困难，跳级、考上著名大学、甚至考取出国留学，对他们也都是普普通通的事情。从父辈和哥哥姐姐们的经历和事业成就中，王守武也获得了克服困难的勇气和信心。他认为自信心对于学习和科研是很重要的。他曾鼓励年轻研究生们，对自己要有自信心，要相信自己一定学得会新的东西，要看得广一点。

兴趣爱好与科学素质的培养

王守武从大学期间就多少有些“偏科”。他喜欢数理化，学校图书馆中相关的教材、习题集以及期刊他都会借来阅读；但他很少读社会人文学科相关的书籍。读书之外，他喜欢做实验，各种可做实验的材料以及别人淘汰的旧仪器设备都被他拿回寝室。另外，王守武也很擅长数学，在普渡大学留学期间，他是工学院高等数学课的学习尖子。当年他得到授课老师里德博士表扬的情景，一些同学至今记忆犹新。实验是科学的基础，数学是现代科学的语言。随着物理学的发展，其研究范围不断拓展与分化，今天的物理学工作者，可能有人偏向实验研究，有人仅擅长数学理论，要在实验和理论两方面都取得成果十分困难。也许有人会对某个方面有所偏爱，

---

① 王守武院士与研究生谈人生。中国科学院半导体所网站：http://lib.semi.ac.cn:8080/info_www/news/detailnewsc.asp?infono=6905，2011 年 9 月访问。

而忽视另一个方面，但王守武是理论和实验兼长，这是他极高科学素养的一个特点，在他后来参与和主持的多项研究课题中发挥了重要作用。

在被问及自己的科学成就时，王守武总是说，自己能在半导体事业中做出一些成就，一定程度上和所处的时代和机遇有关。王守武认为，一个人只要把学习基础打好，有分析问题和解决问题的能力，机会总会有的。没有机会的时候不要老抱怨，机会来了的时候不要太挑剔而错过机会。回国初期，缺少科研条件，王守武有什么工作就做什么，而且做得很认真，想方设法克服种种困难，毫无怨言。他说，自己原来是学机电的，后来搞半导体，但他觉得学机电对后来有很大用处。那时候，很多国产设备不够稳定，当时是把国产的设备一台一台来修，真正地解决了这些问题，所以要多一点各方面的知识，多一点动手能力。

数学对于王守武不仅是解决物理学问题的工具，他认为自己的科学研究方法实际上是一种数学的逻辑思维。他说，科研中，“遇到困难时要仔细分析，一道一道攻破，要按照数学的方法；要有创新的思想，遵循科学规律，知道来龙去脉，要有自己的想法才有意思。”他的研究方法就是：按照数学的逻辑思路来分析问题，制定研究程序，逐个解决问题。在王守武主持提高大规模集成电路成品率课题的研究过程中，这个研究程序得到了很好的体现。大型科研项目的实施，往往头绪繁多，清晰的研究思路和有效的方法可以达到事半功倍的效果。1998年，时任中国科学院院长的路甬祥曾为王守武八十华诞题词：“科学思维　创新贡献”。（图结 -1）。

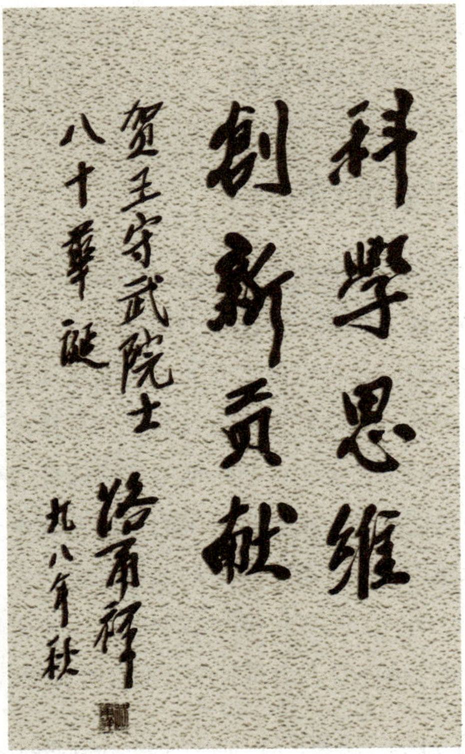

图结 -1　1998 年路甬祥为王守武八十华诞题词

国家需要什么我就做什么

1950年回国前，王守武已在普渡大学留校任助理教授（assistant professor）。女儿的出生更为他们的生活添加了许多快乐。当朋友问起他们回国的原因时，他们表示希望能为国内各地正在展开的大规模和平建设贡献一份力量。怀着建设祖国的满腔热情他们回到了故土，几十年的科研生涯中，王守武考虑最多的是国家的需要，国家的需要决定了他的科研方向。

回国之初，王守武不仅圆满完成了应用物理所交给的各项任务，还凭借自己的学术敏感，很快进入到半导体科学技术这一新兴的科学技术领域。

半导体科学技术是20世纪出现的新兴科学技术领域之一，它带有当代高新技术的一些共同特点：它们的原理主要建立在最新的科学成就基础上；技术大多发展迅速，带有尖端、前沿性质；它们带来的产品具有较高的经济价值，它们的发展对一个国家的经济、军事和政治都会产生影响。由于新兴科学技术的发展具有高智力、高投资和高风险、高竞争和高战略等一系列特点，国家的科学技术政策导向和科学技术规划的实施，会决定高新技术领域的发展方向和速度。

就半导体科学技术的发展而言，早在20世纪30年代，就有中国物理学家进入这个领域，并取得成果。倪尚达曾在南京中央大学进行第一氧化亚铜整流器研究，1935年他与王佐清合作发表论文“第一氧化亚铜整流器”，开中国半导体研究和开发之先河。1942年，范绪筠在昆明西南联合大学清华研究院无线电研究所，开展半导体研究，在美国《物理评论》发表论文“金属间及金属与半导体间的接触”[①]。50年代初期，设于上海的北平研究院镭学研究所，也开展了氧化亚铜整流器的研究和制作，并用于工业自动化控制系统。与国际上40年代开始的快速发展相比，这个时期我国在半导体领域的研究工作还十分零散。

50年代初期，一批欧美留学生回国，为我国在这个领域开展工作提供

① 董光璧：《中国现代物理学史》。济南：山东教育出版社，2007年，第221–222页。

了初步的人才基础。1955 年中国物理学会主办的全国半导体会议，显示了中国物理学界对半导体这一新兴科学技术领域的关注，展示了其初步研究成果。这次会议是开拓中国半导体科学技术事业的早期领军人物的一次漂亮的集体亮相。1956 年制定的《十二年科学发展远景规划》中，半导体科学技术被列入“四项紧急措施”，为中国半导体科学技术发展赢得了良好的社会环境和经济条件。在该规划实施的前几年中，中国很快建立了相应的研究机构，一批物理学、材料科学、无线电电子学等领域的专家学者迅速聚集到这一领域。在这样的科学发展背景下，王守武从机电工程转向了半导体科学技术领域，成为中国半导体事业早期的重要开拓者之一。

在科学生涯中王守武曾经几次改变研究方向，每一次决定方向转向的原因都是国家的需要。“国家需要什么，我就做什么”，王守武是这样说的，也是这样实践的。“我开始并没有为自己定一个远大目标，如一定要发多少文章等等。我认为国家需要是最重要的，做一件事情就一定要坚持到底，而不要太看重个人名誉。”① 也许，正是因为王守武“不太看重个人名誉”，他在承担重要研究任务、改变研究方向时，表现出从容和坚定，他从不因患得患失而优柔寡断。1978 年，王守武临危受命，负责提高大规模集成电路成品率课题，后继续主持了大规模集成电路大生产试验，前后历时十余年。接受任务前，王守武一直在领导半导体激光器有关的研究工作，工作做得有声有色。时至今日，还有人问他，接受中国科学院领导的任务时，有没有什么“活思想”？有没有后顾之忧？

改变研究方向，让科研工作真正能围绕着国家需要转起来，需要勇气、魄力，需要学术实力，也要付出更多的努力。王守武由氧化亚铜整流器入手进入半导体科学领域，到开展锗材料研制，他自己设计单晶炉，亲自动手做器件，抓住半导体电子学作为研究的重要方面；20 世纪 60 年代，领导半导体研究所研制半导体激光器，开拓半导体激光器的应用领域，抓住半导体光电子学，尤其是半导体激光器在光信息技术中的广泛应用；

① 王守武：国家需要什么我就做什么。《科学时报》，2006 年 11 月 8 日，第 B03 版。

1980 年前后，他领导大规模集成电路工艺研究，建设超净线、倡导自主设计研制设备，提高成品率，进而把研究成果推向大生产实践。在科研经历的关节点上，王守武的选择都为我国半导体事业的发展抓住了时机。在我国半导体和微电子事业发展的几个关键阶段，王守武高瞻远瞩地把握发展的整体和方向，做出了正确的判断和选择，他有纵观全局、把握整体的直觉。

从王守武在科研方向转变的关节点发表的论述可以看到，他十分注意世界各国半导体科学技术的发展的动向，了解国内外最新研究成果。在这样的学术基础上，使他在做出判断时表现出冷静、自信和果断。

20 世纪 50 年代，对于如何确定我国半导体科学技术发展重点时，他没有仅仅追随苏联的技术发展以及苏联专家对我国发展战略的建议，而是根据国际上已经出现了晶体管这一情况，敏感地判断半导体电子学是未来会产生重要影响的方向，在保持对半导体制冷、光敏电阻等研究方向的同时，把半导体研究室的主要力量集中到半导体电子学和器件研制上，很快独立自主地做出成绩。在积极学习苏联的半导体科学技术成果、争取苏联的技术支持的同时，坚持了独立自主发展方针。我国半导体科学发展的初期，很快作出了自己的成果，用自己设计制造的设备，自己摸索的工艺、制作出半导体材料，做成半导体二极管、三极管等器件，并很快批量生产，应用于我国自主研制的晶体管计算机。

由于始终把国家的需要放在第一位，不计较个人的名利，在很多复杂多变的环境中，王守武都能保持头脑冷静，用科学的态度作出判断。1959 年底，物理所党委要求半导体研究室与化学研究所配合搞有机半导体（或称塑料半导体）。经过七天的突击工作，研究人员初步制作了具有光敏特性、检波特性和光电特性的三种样品。这时，人们的头脑有些发热，半导体室的所有力量几乎都投入到有机半导体研制工作，物理所还把塑料半导体作为 1960 年压倒一切的重点任务，目标是要试制成全用塑料半导体的收音机，还要试制成塑料半导体的日光电池推动收音机工作[①]。王启明回忆说："开始人们还是以严谨的科学态度来开展此项研究工作的，但后来就

① A003-81，物理所一九六〇年十大重点任务。存于北京中国科学院档案馆。

离谱了，一时的热闹甚至连树叶片和粉笔头的‘整流效应’都感兴趣。王守武深知科学内涵的深浅，他不违心附和而是亲自讲解，告诉大家只是一种没有应用价值的双极性离子导电。”[①] 有机半导体的研究工作一直延续到 1960 年 6 月，后来因为没有更多的进展而被迫逐步下马[②]。

在半导体研究所开展半导体激光器研制的过程中，王守武表现出了他在科学上的敏锐，果断抓住了半导体激光器的研制时机。在领导提高大规模集成电路成品率项目的研究中，他顶住压力，坚持按照科学的方法，一道一道工序制定工艺规范，严格管理，最终获得了成功。

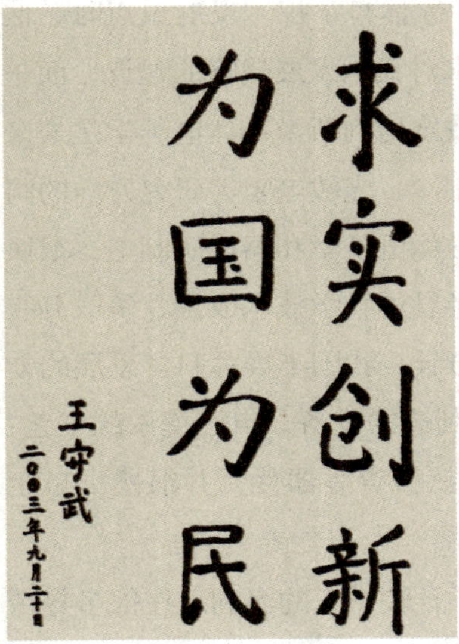

图结 –2　王守武为微电子所题词

在科研实践中，王守武坚持理论与应用并重、科研与技术并重的指导思想，倡导创新求实的学风和严谨的治学方法。他倡导科技工作者所做的事情要追求有用，作为一个科研工作者必须要明白自己想要做什么，做出一个产品，还要更远地想到以后是否能够产业化甚至商品化，而不是写出文章来就算完成任务了。

2003 年王守武为微电子研究所题词：“求实创新，为国为民”，这是他对后辈学者的期望，也表达他的学术追求和理想信念（图结 –2）。

战略眼光与脚踏实地的实践

王守武是一位高瞻远瞩的战略家，也是勤勤恳恳的实践者。在选择研究课题、确定研究方向以及组织科研攻关和产品研发等各项工作中，王守武总是主动思考，着眼于学科发展和国家需要的全局，领导组织研究团队

① 王启明：淡泊名利，奋力开拓，实事求是，平易近人。见：《王守武院士科研活动论著选集》编委会编，《王守武院士科研活动论著选集》。北京：科学出版社，1999 年，第 17–19 页。

② 王守武：半导体所的孕育和发展。见：中国科学院半导体研究所建所四十周年纪念文集编委会编，《中国科学院半导体研究所所建所四十周年纪念文集》。内部资料，2000 年，第 18 页。

攻克科学和技术难关，引领全国的半导体和微电子技术研究和产品开发。他也曾参与半导体和微电子技术的国家科学规划和发展战略的制定工作，发表过一系列有远见卓识的意见和建议。王守武为我国半导体和微电子科学技术发展所做的杰出贡献，为他赢得了极高的学术声誉。

王守武长期作为中国半导体和微电子技术重要研究机构的领军人物，他不仅谋势布局，还长期坚持在科研一线，他既能统筹全局，又能深入具体研究工作，和研究人员一起攻克难关。王守武的数学和物理学理论功底雄厚，而且善于自学，这让他在理论上能够始终站在学科的前沿。在实验研究中，王守武热爱动手实践，又有娴熟的双手，善于解决设备、工艺中的技术难题，也能应对仪器维修调试的具体工作。由于他既有深厚的理论功底，又善于动手实践，往往能在科研工作遇到困难时解决最关键的问题。王守武的手巧是和他共事过的研究者有口皆碑的，他的手巧不仅在操作上的精巧细致，还在于他在解决问题的思路和方法上的“巧”。吴德馨院士说：“王先生做科研是既动手又动脑”①。每个科研环节遇到困难研究人员都可以向他求助。

本书介绍了他如何解决拉单晶中的“跳硅”，怎样把风淋浴门开关换上白金触点，巧妙利用晶体解理面应力不同制作半导体激光器谐振腔……。每当工作中遇到难题，王守武总是亲临实验和生产一线，他先仔细观察，摸清情况，反复思考，提出新的探索方法或研究思路。

王守武关注技术的进步，各种电子电器及与自动控制有关的新技术出现后，他都十分关注，喜欢尝试运用和改进。在半导体研究所的科研人员中他是最早一批组装计算机和编写程序的，他最早组织运用电子计算机模拟实验进行研究，并取得成果。

王守武的学术经历是与中国半导体科学技术事业的建立和发展紧密联系在一起的。中国半导体事业在西方国家对中国实行技术禁运封锁的境况下，通过科学家的慎思、国家的决策、科学布局与强有力的组织领导、广大科技工作者的无私奉献，才开创出一条自力更生、艰苦奋斗，自主创新

① 吴德馨访谈，2010 年 12 月 16 日，北京。资料存于采集工程数据库。

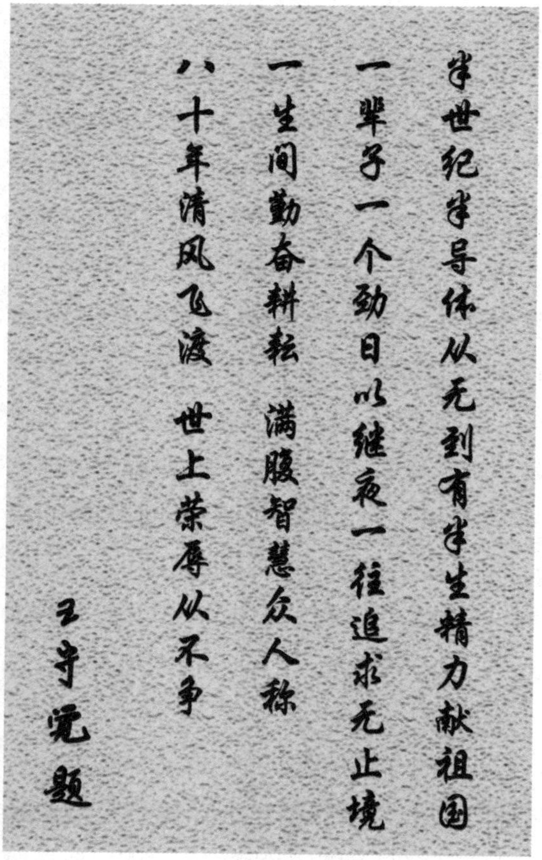

图结 –3　王守觉题王守武八十华诞

的道路。1999年，王守武八十华诞，弟弟王守觉撰写条幅祝贺："半世纪半导体从无到有半生精力献祖国 一辈子一个劲日以继夜一往追求无止境 一生间勤奋耕耘满腹智慧众人称 八十年清风飞渡世上荣辱从不争"（图结 –3）。王守觉的贺词概括了王守武的学术经历特点。

坚定的理想信念，多方面的科学素养，务实的人生态度以及持之以恒的实践努力，这些是王守武科学经历的特点。王守武的学术经历表现出中国知识分子爱国、奉献、开拓、创新、勤奋、求实的精神气质。

附录一　王守武年表

1919 年

3 月 15 日出生于江苏苏州。祖父王颂蔚，祖母谢长达。父亲王季同，母亲管尚孝。

王季同（1875—1948），又名季锴，字孟晋，号小徐，为王颂蔚和谢长达夫妇次子。王季同自幼聪慧过人，在数学上颇有天分，曾在京师同文馆学习算学。他不应科举，经自学而精通数理、电机、化学诸科。王季同在数学、电机工程、电网络计算等方面颇有建树，是中国最早在国际上发表学术论文产生国际影响的科学家之一。王季同与友人于第一次世界大战期间合办的大效机器厂用进口机床和图纸制成内燃机。

王季同先娶元和县贡生管申季长女管尚德为妻，数年后管尚德因难产而病故，续娶管申季六女管尚孝（1887—1969），他们共生有子女 12 人，未成年夭折和因病早逝五人，长成者七人。

1923 年

王家从苏州搬到上海。

1924 年

父亲王季同与友人创办的大效机器厂倒闭。

1925 年

入上海铁华小学读二年级。

1927 年

转学上海私立民智中小学。

王家开始安装电灯，在家中用灯泡做“实验”，在父亲的指导下了解“电”与“灯”的基本常识，以及保险丝的作用。

王季同受聘为中央研究院筹备委员。

1928 年

王季同任中央研究院工程研究所专任研究员。

1930 年

在上海私立民智中小学读小学六年级，在该校校报《民智》(男生专号)上发文“我们现在和将来的责任”。

秋，在民智中小学升入初中一年级。

1931 年

转学入上海侨光中学。

1932 年

入上海青年中学高中。

1934 年

转学入苏州省立苏州中学。

王季同从中央研究院工程研究所退休。王家由上海迁回苏州。

岁末，祖母王谢长达逝世。

1935 年

在苏州中学校刊上发表“圆周率 π 的级数展开”。

秋，苏州中学普通高中肄业。

入上海同济大学预科。

1936 年

回苏州参加中学会考，获得中学毕业文凭。

入同济大学工学院机电系。

1937 年

升入同济大学机电系二年级。

日本帝国主义全面发动侵华战争。八一三事变前，同济大学暂将部分校产从吴淞迁到上海公共租界。8 月 28、29 两日，日本飞机接连轰炸吴淞地区，同济大学大礼堂、办公室、工学院、理学院、电机馆、解剖馆、生理馆、材料试验室、实习工厂、图书馆、教授住宅及学生宿舍等建筑均遭破坏，同济大学被迫迁浙江金华。

10 月，到金华同济大学临时校址报到。

1938 年

被迫随同济大学迁往江西赣州，1 月底，学校在江西赣州复课。

与同济师生一起第四次迁校，除部分路途乘火车、小船外，徒步翻越荒山野岭，忍受饥饿疲劳，历时两月余到达广西贺县八步镇。

冬，随同济大学同学第五次迁校。

1939 年

与同济师生一起先集中到广西龙州，再到凭祥，出镇南关（今友谊关），绕道越南，至 1939 年春节前到达昆明。

从 1937 年抗战爆发至 1939 年同济大学迁校至昆明。在前后一年半的迁校时间中，学校只在赣州复课约半年。

在昆明，同济大学校址分散多处，王守武所在的工学院位于富春街富春中学内。

1940 年

初夏，昆明物价飞涨，日机不断侵扰，八九月日机的轰炸更加猛烈。

10 月，同济大学开始由昆明迁往四川李庄、宜宾，王守武和毕业班同学留在昆明未参加此次迁校。

1941 年

2 月，在昆明从同济大学机电系毕业。

入昆明中央机器厂当工务员。

1942 年

入中国工合翻砂实验工厂任工务部主任。

1943 年

年初，辞去工务部主任职务，转回母校同济大学任教。

带队同济大学造船系学生到重庆学习专业课和参加实习。

1944 年

在重庆考取自费留学，被美国麻省理工学院录取。因肺病回昆明家中调养，延误赴美。

1945 年

8 月，被美国普渡大学录取。

10 月，王守武启程赴美留学，王守融赴美考察，兄弟同行。

入普渡大学工程力学系攻读硕士，导师斯特姆。

1946 年

6 月，在斯特姆指导下，完成材料力学方面的研究论文“三维光测弹性学材料研究”（Materials for Three-Dimensional Photoelasticity），获硕士学位。

获奖学金，开始攻读博士，导师詹姆斯。

12 月 23 日，美国贝尔实验室的三位科学家——John Bardeen、Walter Brattin 和 William Shockley，演示了由半导体材料锗制成的电子放大器件。

1948 年

5 月 1 日，与普渡大学同学葛修怀女士结婚。

父亲王季同逝世。

1949 年

2 月，在导师詹姆斯指导下，王守武完成了题为“计算金属钠的结合能和压缩率的一种新方法”（A New Method of Calculating the Cohesive Energy and the Compressibility of Metals，Applied to the Sodium Crystal ）的论文，获得了博士学位。

经普渡大学工程力学系斯特姆教授敦聘，留校任教。

10 月，女儿王义格出生。

1950 年

9 月，王守武、葛修怀夫妇携未满周岁的女儿乘“威尔逊总统号”客轮，从旧金山出发回国。

10 月，抵达香港。

年底，受聘于中国科学院应用物理研究所。

为抗美援朝前线的志愿军设计特殊的车灯和路标。

葛修怀受聘于华北大学工学院（现北京理工大学）任教。

1951 年

为西藏地区设计太阳灶。

开始氧化亚铜半导体整流器的研究。

5 月，儿子王义向出生。

10 月，应用物理所成立电学组，成员有王守武、汤定元、廖德荣、高伯龙、杨训凯五人，王守武为组长，研究工作以半导体为中心。

1952 年

7 月，与同事何荦一起安装调试成功中国第一台电子显微镜。

7 月 16 日，在应用物理所召开电子显微镜座谈会，竺可桢等参加。

组织应用物理所电学组开展了半导体整流器的实验研制工作，绕制了烧氧化铜整流器的电炉，并设计配制了利用电子管的温度控制器，并用各种不同大小及纯度的铜片试制氧化铜整流器。

开展硫化铅整流器研究。

1953 年

与黄昆、洪朝生、汤定元等四人经常开展半导体方面的讨论。

1954 年

参加筹备全国半导体物理学讨论会，计划 1955 年初召开。

1955 年

领导应用物理所电学组制作硫化铅光敏电阻，得到比较稳定而又相当灵敏的光敏电阻，建立培养氧化亚铜单晶的技术并研究了氧化亚铜在强电场下的性质，研究氧化亚铜光电导的光谱分布和它的透射光谱，从而提出了氧化亚铜光电导在本征区内逐渐下降的可能解释，测量氧化亚铜整流器在各个温度下（46—−82℃）的整流特性和电容，并进行了初步分析。

与黄昆、洪朝生、汤定元等合译的苏联半导体权威学者 A.Φ. 约飞写的《近代物理学中的半导体》，由科学出版社出版。

北京大学物理系开设“半导体物理学”课程，由王守武、黄昆、洪朝生、汤定元合作讲授。

1956 年

1 月，在全国半导体物理学讨论会上报告“半导体整流器”。在《物理学报》发表论文“半导体的电子生伏打效应的理论”。

3 月，在《科学通报》发表“对发展半导体科学技术的一些意见”。

参加“全国十二年科学技术发展远景规划”的制定工作。半导体作为四项紧急措施之一，由中科院应用物理所所长施汝为任组长，北大教授黄昆和应用物理所电学组组长王守武任副组长，制定了半导体发展十二年规划。

受聘为清华大学无线电系第一任半导体教研室主任，亲自授课。

应用物理所电学组扩建为半导体研究室，王守武任研究室主任，研究室设立半导体材料、半导体器件、半导体光热电三个组。

组织领导锗单晶材料的制备工作。

11 月，中国第一只晶体三极管在应用物理所半导体研究室诞生。

年底，中国科学院派出由严济慈为团长的赴苏考察团，其中王守武、洪朝生、成众志、吴锡九、乌拉、庄蔚华、周帅先、廖德荣和翻译尹道乐等九人参加半导体方面的考察。

1957 年

3 月，赴苏考察回国。

设计并指导制作中国第一台拉制半导体锗材料的单晶炉。

11 月，领导应用物理所半导体研究室，拉制成功我国第一根锗单晶。

领导半导体研究室研制成功了我国第一批锗合金结晶体管，并掌握了锗单晶中的掺杂技术。

1958 年

7 月，半导体研究所拉制成功我国第一根硅单晶。

10 月 8 日，中国科学院院务会议批准，中国科学院应用物理研究所更名为中国科学院物理研究所（物理所）。

物理所迁入中关村现址。

冬，在物理研究所内成立了我国第一个晶体管工厂——109厂，生产半导体器件，王守武在109厂组织开展锗高频晶体管的批量生产。

1959年

领导109厂为研制109乙型计算机的计算技术研究所，提供了12个品种、14.5万余只锗高频合金扩散晶体管，完成该机所需的半导体器件的生产任务，为“两弹一星”任务提供了技术保证。

11月，国家主席刘少奇在有关领导的陪同下到中国科学院应用物理研究所视察半导体研究室。贺龙元帅、张爱萍、刘亚楼、苏振华等将军也先后来研究室视察。主要视察晶体管与由晶体管装成的半导体收音机。

中科院物理所要求半导体研究室与化学研究所配合搞有机半导体。

1960年

2月，随中国科学院代表团赴苏联进行考察。

4月，中国科学院物理研究所成立了半导体研究所筹委会，李德仲任主任，王建勋和王守武任副主任。

6月，应用物理所有机半导体研究无果而终。

9月6日，在物理研究所的旧址，即北京东皇城根大取灯胡同9号，半导体研究所正式成立。王守武被任命为主管业务的副所长，同时兼任测试室（三室）主任和物理组（九组）组长。

招收第一个研究生洪坚。

国家科委向半导体研究所下达建立“全国半导体材料与测试基地”的任务，半导体研究所成立半导体材料与器件测试研究室。起初该室分为两组，即材料参数课题组和晶体管参数测试课题组，后增加了Hall效应参数测试组。王守武领导测试工作。

加入中国共产党。

1961年

提出“用触针下分布电阻的光电导衰退来测量半导体中少数载流子的

寿命”的方法。

随中国科学院代表团赴英国进行考察。

1962 年

4 月，“用触针下分布电阻的光电导衰退来测量半导体中少数载流子的寿命”在实验上取得初步成功，在中国电子学会第一届学术年会上作了报告。

11 月，王守武任半导体研究所学术委员会主任委员，黄昆任副主任委员，王守觉任学术秘书，庄蔚华任副学术秘书。

组织硅提纯设备和单晶炉的设计、晶体管制造工艺中新技术所用设备的设计。

赴波兰、捷克、保加利亚进行考察。

中国电子学会半导体与集成技术分会第一届委员会成立，由 14 人组成。王守武任主任委员，武尔祯、郭炳培任副主任委员，陈谋礼任学术秘书。

1963 年

半导体激光器被研制成功的消息相继从美国和苏联传来，王守武认为这是一个重大发展方向，经所领导研究决定，由当时的测试中心为主体组成第三研究室来承担半导体激光器的研制任务。

7 月 14 日，参加“中国科学技术大学首届一千六百名学生毕业典礼”。

9 月，制定砷化镓受激发射器研究计划。

9 月，“用触针下分布电阻的光电导衰退来测量半导体中少数载流子的寿命”发表在《物理学报》上，经物理学报编委会推荐，当年 12 月以英文形式刊载在《中国科学》上。这项发明在中国科学院第一批奖励发明项目中获得三等奖。

11 月，随中国学术代表团赴日本访问，王守武在日本东京大学物理研究所做了学术报告。

12 月 31 日，我国第一只半导体受激发光器在半导体研究所成功实现。

1964 年

2 月 25 日，长春光机所也独立地观察到砷化镓正向 PN 结的复合受激发光。

8 月 19 日，参加“光电导衰退寿命测试仪”项目鉴定。

9 月，与陈遥刍、干福熹、刘顺福、周炳琨赴英国参加国际发光会议和激光及其应用会议。

11 月 5 日，与郭沫若、吴有训、林熔等人会见根据中朝两国科学院科学合作 1964 年执行计划来我国考察的朝鲜科学工作者。

11 月，赴捷克参加半导体会议。

全国半导体测试中心正式撤销。

上海召开全国第三次受激光会议，接受钱学森的建议，确定将“Laser”统一译为“激光”。

与刘东源、卢希敢、钟学富完成研究报告《GaAs 晶体中 Na 杂质的基态分裂计算（针对组态）》。

1965 年

1 月，以半导体研究所“六五零信箱”谐音“刘伍林”为笔名的文章“砷化镓 p−n 结的受激发射 ”在《物理学报》上发表。

年初，半导体研究所成功获得半导体激光器室温脉冲激射。

4 月，半导体研究所研制出的硅平面器件通过中国科学院院级鉴定，同时半导体研究所和计算所开始考虑研制用硅、锗两种晶体管构成的 109 丙机。

5 月，半导体所和 109 厂承担了导弹专用微型计算机研制（156 工程）所需组件的研制和生产任务。

9 月，109 工厂从半导体研究所分离出去，直属中国科学院管辖，成为中国科学院一个独立的单位。

11 月，与弓继书、钱战天、汪兆平、杨钦英完成研究报告《半导体 P−N 结光激射器阈值电流密度温度关系的理论分析》。

半导体研究所成功制成一套小型室温通信装置。

和刘东源开展微波、光谱及基础电子理论的研究。

1966 年

2 月 12 日，陪同中国科学院首任院长郭沫若视察半导体研究所。

8 月，156 工程的第一台样机研制成功，这是我国第一台组件计算机，半导体研究所和 109 厂为其研制和生产了组件。

1967 年

10 月 25 日，半导体研究所直属国防科委，更名为 1420 所，对外建制为“中国人民解放军京字 129 部队”。

年底，半导体研究所及各科室部门全部由军管人员负责。

109 丙机通过国家鉴定，它是我国最早的实用化的硅、锗两种晶体管计算机，在二机部的有关单位一直运行到 80 年代初，为我国原子弹事业做出了贡献。

1968 年

12 月，在“清理阶级队伍”运动中，被隔离审查。

1969 年

3 月，隔离审查结束。

母亲管尚孝去世。

1972 年

7 月 7 日，迎接由美国约翰·霍普金斯大学应用物理学研究中心副主任、微波物理学家任之恭任团长，麻省理工学院流体力学、天文物理学家林家翘任副团长的美籍中国学者参观团 。

7 月 12 日，参与会见美籍中国学者参观团和美籍中国学者访问团，并出席晚宴。

7 月 14 日，陪同周恩来总理等会见美籍中国学者参观团和美籍中国学者访问团。

7 月 17 日，陪同周培源等会见来华访问的日本东北大学教授西泽润一。

10 月 7 日，与王微、李振华、张翼一起成为半导体研究所党的核心小组成员。

11 月 28 日，参与会见法国科学技术研究总代表艾格兰教授和法国国家科研中心总主任居里安。

1973 年

6 月 16 日，参与会见美籍中国学者观光团。

8 月 19，陪同郭沫若、吴有训等会见美籍中国电子物理学家张可南博士，张可南博士是应中国科学院半导体研究所的邀请来我国进行访问的。

9 月，率中国电子器件考察团赴日本考察并任考察团团长，考察并参观了日本日立公司、三菱公司、佳能公司、电气玉川工厂、电器中央研究所、国际电机、夏普公司、大阪大学等，在三菱公司种下一棵树，23 日参加了在太合园举行的联欢活动。

1974 年

8 月 9 日，陪同周培源等会见日本东京工业大学教授田幸敏治、末松安晴、古川静二郎，副教授辻井重男和日本极东商会课长大野方一等。

与赵礼庆、金才政共同研制成功单路及三路半导体激光通信机。

1975 年

研究人员在实验中偶然发现了 Gunn 器件畴雪崩弛豫振荡现象，王守武开展这方面研究。

3 月，任固体物理考察组组长赴美国考察，并参加美国物理学会年会，在会上对 Gunn 器件畴雪崩弛豫振荡现象进行了介绍。

6 月 20 日，经国务院、中央军委批准，半导体研究所回归中国科学院，仍称中国科学院半导体研究所。

9 月，美国派出了一个阵容强大的代表团来到中国作为回访，两次诺贝尔奖获得者巴丁也在其中。9 日，代表团到半导体研究所参观时，由王守武负责接待。

9 月，胡耀邦两次向科学院半导体研究所下发指示：对外国科学技术的新理论、新观点、新技术、新工艺要经常跟踪，要合理组织人力分工合作地进行这件事。

建成一条 230 平方米的超净试验线。

与郑一阳、刘朝中共同发表文章“平面 Gunn 器件中的雪崩弛豫振荡”。

1976 年

12 月 19 日，出席中国科学院和朝鲜科学院 1977—1978 年科学合作计划的签字仪式。

1977 年

6 月 9 日至 7 月 3 日，与童第周和王应睐等一起参加钱三强为团长的科学院代表团，对澳大利亚进行友好访问，受到澳大利亚科学院副院长埃文斯等的热情接待，参观了射电天文工作站等。

8 月 4—8 日，参加中央召开的全国科教工作座谈会。

10 月，全国自然科学学科规划会议在京召开，会上邓小平等提出要把大规模集成电路搞上去。

为使半导体研究所改善环境条件，经邓小平提议和批准，国家投资近 7000 万元、建筑面积近 80000 平方米的国家重点项目——“半导体研究所迁建工程”在北京海淀肖庄（原北京林学院植物园）兴建。

1978 年

3 月，全国科学大会在人民大会堂召开，大会通过了《1978—1985 年全国科学技术发展规划纲要（草案）》。

领导研制的室温同质结脉冲 GaAs 激光器、大气光通信与半导体激光器荣获全国科技大会奖。

10 月，受命负责 4 千位 MOS 动态随机存储器这一大规模集成电路的研制任务。

受聘为《中国大百科全书·电子学与计算机》卷的编辑委员会委员，该卷 1986 年出版。

1979 年

9 月结束了“Gunn 器件中掺杂梯度引起的静止畴进行计算模拟”的研究。

9 月 28 日，4 千位 MOS 动态随机存储器这一大规模集成电路研制成功，批量成品率达 20%，最高达 40%，为国内最高水平。

10 月，开始领导 16 千位 MOS 动态随机存储器的研制。

12 月，“N 沟 MOS 4 千位动态随机存储器提高管芯成品率的研究”获得中国科学院科研成果奖一等奖。

12 月 28 日，获“全国劳动模范”称号。

领导的“Gunn 器件中掺杂梯度引起的静止畴的计算机模拟”项目获得半导体研究所科技成果奖三等奖。

冬，随科学院代表团赴联邦德国、法国进行考察访问。

再次当选为电子学会常务理事。

领导 PNPN 负阻激光器的研制工作。

1980 年

2 月，兼任 109 厂厂长职务，主要从事提高大规模集成电路成品率的工作。

4 月，接待来半导体研究所参观的美籍科学家萨支唐。

10 月底或 11 月初，任中国科学院科学仪器及元件考察小组组长，赴日本考察谈判。

当选为中国科学院技术科学部学部委员。

由中国电子学会半导体与集成技术分会和中国科学院半导体研究所联

合主办的《半导体学报》创刊，任《半导体学报》主编至今。

年底，共研制出了16千位RAM样品22个，通过测试表明其主要参数达到了国际同类产品水平。该项目获得中国科学院科研成果奖一等奖。

1981年

5月，赴美国参加美国电化学学会硅材料及工艺会议。

8月28日，担任清华大学“1024位MOS静态随机存贮器大规模集成电路”科研成果鉴定会鉴定委员会主任。

1982年

6月，随电子部代表团赴香港进行考察谈判。

8月，赴日本参加第14届国际固体器件会议和VLSI工艺会议。

1983年

兼任国务院电子振兴领导小组集成电路顾问组组长。

领导集成电路用清洗机的研制。

通过计算机的模拟计算，分析了静止畴的存在与转变条件，计算得到的畴的静止—渡越—静止—畴雪崩过程，很快被实验所证实，计算机模拟与实验得到完全一致的结果。1983年在《半导体学报》发表论文“Gunn器件中畴的静止—渡越—静止—模式的实验观察及计算机模拟”。

1984年

5—6月，赴美国参观西部半导体设备暨材料展（Semicon West）并考察和采购半导体设备。

12月，赴日本参观日本半导体博览会（Semicon Japan）并考察电子束曝光机。

12月，受聘为清华大学微电子学研究所兼职教授，聘期为两年。

1985年

2月，随电子部代表团赴香港考察电子工业。

7月15日，受聘为清华大学精密仪器系兼职教授，聘期两年。

8月30日，受聘为中国科学技术促进发展研究中心兼职研究员。

9月，赴法国和比利时参加欧洲固体电路会议并进行参观。

中国科学院主持召开成果鉴定会，对王守武主持设计并建成的集成电路大生产试验线及其成果进行技术鉴定。

1986年

1月16日，以109厂为基础组建了中国科学院微电子中心，王守武被任命为微电子中心名誉主任。

109厂完成的“集成电路大生产试验”获得国家计委科技攻关成绩显著表彰及中国科学院“六五”科技攻关重要贡献表彰。

1月，受聘为北京市人民政府大规模集成电路顾问组第二届顾问。

4月，参加全国政协六届四次会议并在会上发言。

5月，占地约170亩的半导体研究所新址在北郊建成。

4月30日，受聘为复旦大学电子工程系兼职教授。

8月，赴日本参加第18届国际固体器件与材料会议。

12月，发表文章“关于发展我国集成电路的几点建议”。

1987年

1月，受聘为清华大学微电子学研究所、精密仪器与机械学系兼职教授，聘期两年。

1月26日，受聘为长城计算机集团公司科学技术委员会第一届委员。

7月13日，聘任为半导体研究所正研究员，聘任期限为1987年1月至1989年12月。

10月15日，受聘为北京对外科学技术交流协会理事。

10月25日，受聘为中国电子专用设备工业协会顾问。

“世界新技术革命和我国的对策”获国家科学技术进步奖二等奖。

赴美国参观西部半导体设备暨材料展。

1988 年

3 月，当选为中国人民政治协商会议全国委员会委员。

5 月，北京市自然应用科学设计研究院成立，王守武任学术委员会主任。

6 月 1 日，受聘为国家自然科学基金委员会第二届学科评审组成员，任期两年。

6 月，当选为中国电子学会第四届理事会理事。

集成电路中试生产线通过国家计委、国家科委、电子工业部、北京市、中国科学院等有关部门领导和专家的验收。

担任《半导体器件研究与进展》第一册主编，撰写序言及“半导体的发展”。

1989 年

由王守武、刘茂章、周丰年、吴德馨、马文杰、莫大康、周继红、王国民、张藏敬等在微电子中心完成的“3 微米 LSI（大规模集成电路）中试线的建设”获得 1989 年中国科学院科技进步奖二等奖。

1990 年

1 月，赴厦门大学参加信息光电子学术研讨会。

1 月，受聘为北京市人民政府第四届专业顾问团顾问。

5 月 10 日，受聘为国家自然科学基金委员会第三届半导体学科评审组成员。

5 月，赴美国参观西部半导体设备暨材料展。

10 月 3 日，北京市归国华侨联合会颁发“回国参加社会主义建设三十年”证书。

12 月，赴美国参加 IEDM 会议。

集成电路中试生产线获中国科学院科技进步奖二等奖。

发表“微电子技术的发展和我们的对策”，提出制定我国微电子行业规划时，必须考虑到微电子本身的特点、我国的国情及所处的特殊地位。

1991年

3月6日，受聘为北方微电子科研基地专家委员会特邀顾问。

4月，任中国科学院代表团团长赴苏联进行考察并签两院合作协议。

7月起，王守武享受国务院颁发的政府特殊津贴。

担任《半导体器件研究与进展》第二册主编。

1992年

4月，赴美国考察，参观西部半导体设备暨材料展。

5月，受聘为《全国高技术重点图书》出版指导委员会委员、《全国高技术重点图书》微电子技术领域编审委员会主任委员，任期四年。

5月，当选为中国电子学会第五届理事会理事。

12月，受聘为国家攀登计划"深亚微米结构器件和介观物理"项目顾问。

1993年

1月20日，受聘为《中国当代高级科技人才系列词典》编委会编委。

2月，受聘为清华大学精密仪器与机械学系、微电子学研究所兼职教授，聘期两年。

5月，赴美国参观 Semicon West。

9月，在成都光电子所微细加工光子学技术开放实验室参观、考察。

9月，参加在西安举办的全国第七届 ICCAD 学术年会。

12月，赴美国参加 WSDRS 和 IEDM 会议。

1994年

3月，在中科院半导体研究所庆祝75岁生日，半导体研究所党委书记李维学、师昌绪院士、王守觉院士、王启明院士、吴德馨院士等讲话。半导体研究所据郭沫若1966年视察时题写的毛泽东诗词《满江红》制作成工艺复制品赠王守武，并题写了“国之瑰宝”为他贺寿 。

8月，因在《中国科学院军工史》征集编纂工作中作出的贡献，获得表彰证书。

8月，参加“光子学”香山学术研讨会。

9月14日，在上海光机所参加微机械装配仪器鉴定会。

12月，参加中国科学院军工史总结会。

1995年

6月27日，参加王守觉院士七十寿辰庆祝活动。

8月，赴美国参加Hot Chip Conference。

8月22日，受聘为半导体研究所第五届学术委员会委员，任期四年。

12月27日，书写“为了无愧于历史和人生——寄语研究部的青年人”一文。

担任《半导体器件研究与进展》第三册主编。

1996年

1月30日，受聘为北京大学计算机科学技术系兼职教授，聘期五年。

6月，赴美国参加与Siliconic公司的谈判。

9月，受聘为中国电子学会半导体与集成电路技术专业分会主任委员。

1997年

江泽民来半导体研究所视察。

担任在美国出版发行的《硅谷》中文杂志主编。

1998年

6月，将“百余名留美学子归国途中”照片捐赠给中国革命博物馆。

9月28日，受聘为中国电子科技大学名誉教授。

1999 年

9 月 1 日，受聘为第十届全国电子束、离子束、光子束学术年会顾问委员会委员。

中国科学院半导体研究所、中国科学院微电子中心、中国电子学会半导体与集成技术分会、《半导体学报》等有关单位为庆祝王守武院士八十华诞而编辑的纪念论文和王守武院士从事科研活动 50 年的主要科学论著《王守武院士科研活动论著选集》。

文章“两弹专用计算机研制回忆”选入科学时报社编，由暨南大学出版社出版《请历史记住他们——中国科学家与“两弹一星”》。

2000 年

获何梁何利科学与技术进步奖。

2002 年

10 月，受聘为苏州国际外语学校青少年科学院名誉院长。

10 月 21 日，与夏永伟参加在厦门举办的第十二届全国化合物半导体材料、微波器件会议，并在会议上发言。

2003 年

5 月，与葛修怀等参加保护母亲河行动。

2004 年

9 月，与夫人葛修怀一起，与半导体研究所的青年学子座谈，畅谈科研经历和探索精神。

2006 年

11 月起，夫妇二人捐助 40000 元在湖北省鄂州市泽林高中设立“英才奖学金”，专门奖励成绩优异、家境贫寒的学子 。

2007 年

4 月，首届获得“英才奖学金”的学生每人领到 500 元奖学金。

9 月 26 日，应学生余金中邀请与半导体研究所部分研究生和工作人员座谈。

2008 年

5 月 10 日，中国科学院研究生院颁发“杰出贡献老师”证书。

2010 年

中国科协联合十一部委组织“老科学家学术成长资料采集工程”，成为该项目首批入选的老科学家。

2014 年

7 月 30 日，因癌症医治无效在美国逝世，享年 95 岁。

8 月 12 日，王守武先生追思会在中国科学院半导体研究所学术会议中心举行。

骨灰安放在北京市八宝山革命公墓。

附录二　王守武主要论著目录

论　文

[1] Wang Shou Wu. The Plastic State of Stress in Extrusion Through Frictionless Rollers [J]. Science Record, 1951, 4 (3): 237.

[2] 王守武. 电子显微镜 [J]. 物理通报, 1954 (09).

[3] 王守武. 对“关于物体运动因地球自转而产生偏斜的实验装置”一文的意见 [J]. 物理通报, 1955 (10).

[4] 王守武. 对发展半导体科学技术研究的一些意见 [J]. 科学通报, 1956 (03).

[5] 王守武. 半导体讨论会 [J]. 科学通报, 1956 (03).

[6] Б. М. 伏尔, 黄昆, 王守武. 半导体的物理基础及技术利用 [J]. 科学通报, 1956 (06).

[7] 王守武. 半导体的电子生伏打效应的理论 [J]. 物理学报, 1956, 12(1): 66–79.

[8] 王守武. 半导体整流器 [A] // 中国物理学会编. 半导体会议文集. 北京: 科学出版社, 1957: 18–31.

[9] 王守武. 关于 p–n 合金结中少数载流者的注射理论 [J]. 物理学报,

1958，14（1）：82-94.
[10] 王守武. 有关晶体三极管的材料和制造工艺问题 [J]. 物理通报，1959（10）.
[11] 王守武. 物理学是新技术的基础 [J]. 科学通报，1959（01）.
[12] 王竹溪，王守武，吴有训，施汝为，马大猷，黄昆，钱临照，张志三. 十年来的中国物理学 [J]. 科学通报，1959（18）.
[13] 王守武，林兰英，庄蔚华. 双脉冲法测量硅的寿命 [C] // 半导体测试基点会议报告文集（材料部分），1961（10）.
[14] 王守武，庄婉如，彭怀德. 1-200mc 内晶体管频率特性的测量 [C] // 半导体测试基点会议报告文集（晶体管部分），1961（10）.
[15] 王守武. 纪念 A.Φ. 约飞院士 [J]. 物理学报，Acta Physica Sinica，1961（06）.
[16] 王守武，庄蔚华，洪坚，杨培生. 双脉冲法测量锗、硅材料寿命 [C] // 半导体测试基点会议报告文集（材料部分），1961（01）.
[17] 王守武. 用触针下分布电阻的光电导衰退来测量半导体中少数载流子的寿命 [J]. 物理学报，1963，19（3）：176-190.
[18] 王守武. 半导体的发展 [J]. 科学通报，1965（09）：775-778.
[19] 王守武，庄蔚华，彭怀德，庄婉如等. 砷化镓 p-n 结的受激发射的光谱特性 [J]. 物理学报，1965，21（5）：1077-1079.
[20] 王守武，郑一阳，刘朝中. 平面 Gunn 器件中的雪崩弛豫振荡 [J]. 中国科学，1975，（6）：577-583.
[21] 王守武，吴荣汉，朱其高，张权生，李照银，田慧良. 低阈值 GaAs/GaAlAs PNPN 负阻激光器 [J]. 电子学报，1979（3）：35-43.
[22] 王守武，潘国雄，王重云. Gunn 器件中掺杂梯度引起的静止畴的计算机模拟 [J]. 半导体学报，1980，1（3）：204-219.
[23] 黄昆，王守武，林兰英，成众志，王守觉. 半导体研究所成立二十年 [M] //1979 年自然杂志年鉴. 上海：上海科学技术出版社，1980：20-28.
[24] 王守武，王仲明，许继宗. GaAs-Ga_（1-x）Al_xAs 双异质结激光

器的深能级荧光 [J]. 半导体学报，1981，2（3）：189–196.

[25] Wang Shou wu，Wu Ronghan，Zhu Qigao，Zhang Qiansheng，Li Zhaoyin，Tian Huiliang. GaAs/GaAlAs p–n–p–n Negative–resistance Laser with Low Threshold Current Density[J]. IEE Proc. 1982,129(6)：306–309.

[26] 王守武，赵礼庆，张存善，邓生贵. DH 激光器电光延迟时间与注入脉冲电流的关系及其测量 [J]. 半导体学报，1982，3（2）：113–119.

[27] 王守武，郑一阳，郗小林，张进昌. Gunn 器件中畴的静止 – 渡越 – 静止模式的实验观察和计算机模拟 [J]. 半导体学报，1983，4（4）：321–333.

[28] 王守武. 大规模和超大规模集成电路 [J]. 物理，1983（05）.

[29] 王守武，顾纯学，王仲明，庄婉如，杨培生.（AlGa）As/GaAs DH 激光器低温负阻的研究 [J]. 半导体学报，1983，4（4）：321–333.

[30] 王守武，郑一阳，郗小林，潘国雄，张进昌. 平面 Gunn 器件中静止畴的形成和转变 [J]. 半导体学报，1983，4（5）：422–431.

[31] Wang Shou wu，Zhang Quansheng，Li Zhaoyin，Wu Ronghan. Self–Oscillation Frequency Characteristics of a GaAs/GaAlAs pn–pn Laser [J]. EE PROCEEDINGS，1985，132（1）.

[32] 王守武，王仲明. 关于半导体激光器中光子密度的速率方程 [J]. 半导体学报，1985，6（3）：304–306.

[33] 韩阶平，王培大，马俊如，王守武. 离子注入抗蚀技术 [J]. 半导体学报，1985，6（5）：561–562.

[34] 马俊如，王守武. 集成电路技术综述 [J]. 电子学报，1985（01）.

[35] 王守武，夏永伟，孔令坤，张冬萱. SOI 结构中的薄体效应 [J]. 半导体学报，1985，6（3）：225–235.

[36] 韩阶平，钟慧莉，马俊如，王守武. 5– 硝基苊光致特性的研究 [J]. 半导体学报，1985，6（3）：304–306.

[37] 王守武，何乃明，夏永伟. 双层多晶硅电极间隙势垒的两维分析 [J].

半导体学报，1985，6（4）：393-405.

[38] 王守武，王仲明. 双异质结半导体激光器在阶跃和正弦电流调制下的行为[J]. 半导体学报，1985，6（6）：590-601.

[39] 王守武，王启明，林世鸣. 单腔双接触结构激光器双稳特性研究[J]. 半导体学报，1986，7（2）：136-146.

[40] 王守武. 关于发展我国集成电路的几点建议[J]. 中国电子报，1986（12）.

[41] 王守武. 大规模集成电路和短沟道效应[J]. 物理，1987，16（5）：257-264.

[42] Wang Shou wu，Wu Ronghan，Zhang Quansheng，Hu Danxia. Optical Bistability in a pnpn GaAs/GaAlAs Laser Diode [J]. Solid-State Electronics，1987，30（1）：53-57.

[43] Wang Shou wu，Zheng Yiyang，Xi Xiaolin，Zhang Jinchang. Computer Simulation and Experimental Observation of the Transformation Between Stationary and Transit Domains in a Gunn Device [J]. Modelling，Simulation&Control，A，AMSE Press，1987，9（3）：1-11.

[44] Wang Shou wu，Wang Chiming，Lin Shiming. Stability Analysis of Semiconductor Bistable Laser [J]. IEEE Journal of Quantum Electronics，1987，23（6）：1033-1038.

[45] 王守武，王仲明，马国荣. 关于半导体激光器侧向调制相位均匀性的研究[J]. 半导体学报，1987，8（2）：113-121.

[46] 滕达，徐仲英，庄蔚华，王守武. MBE GaAs/AlGaAs 多量子阱中的非本征发光研究[J]. 红外研究（A 辑），1988（Z1）.

[47] 王守武. 微电子技术的发展和我们的对策[J]. 中国科学院院刊，1990（04）：310-312.

[48] 王守武，刘文旭，杨朴，吴荣汉. GaAs/GaAlAs 半导体淬灭型双稳现象的实验研究[J]. 半导体学报，1990，11（9）：724-726.

[49] 夏永伟，王守武. 薄膜 SOI 结构中反型层厚度与薄膜厚度的关系[J].

半导体学报，1990，11（12）：962−965.

[50] 王守武．半导体所的孕育与发展 [G] // 中国科学院半导体研究所建所四十周年纪念文集编委会．中国科学院半导体研究所建所四十周年纪念文集．北京：2000.

[51] 王守武．为了无愧于历史和人生——寄语研究部的青年人 [G] //《王守武院士科研活动论著选集》编辑组．王守武院士科研活动论著选集．北京：科学出版社，1999.

[52] 田如江，韩阶平，王守武．STM 钨针尖顶端结构研究 [J]．集成电路技术开发，1996（01）：36−39.

[53] 夏永伟，滕学公，李国花，樊志军，王守武．GaAs/GaAlAs 光子平行存贮器的性能 [J]．半导体学报，1996，17（02）：131−135.

[54] 赵红东，林世鸣，王守武．圆对称光栅对微腔激光器中光波的控制 [J]．光子学报，1996（05）.

[55] 王守武．紧跟新技术革命步伐，加速信息高速公路建设——纪念晶体管发明 50 周年 [G] //《王守武院士科研活动论著选集》编辑组．王守武院士科研活动论著选集．北京：科学出版社，1999.

[56] 王守武．我国半导体科学技术发展历史回顾与思考 [R] //2000 年高技术发展报告．北京：科学出版社，2000：34−39.

[57] 王守武．MOS 大规模集成电路的研制 [G] // 夏建白，陈辰嘉等．自主创新之路——纪念中国半导体事业五十周年．北京：科学出版社，2006.

专　著

[58] 王守武．半导体器件研究与进展（第一册）[M]．北京：科学出版社，1988.

[59] 吴德馨，王守武．微小世界：深亚微米结构器件和介观物理 [M]．长沙：湖南科学技术出版社，1990.

[60] 王守武. 半导体器件研究与进展（第二册）[M]. 北京：科学出版社，1991.
[61] 王守武. 半导体器件研究与进展（第三册）[M]. 北京：科学出版社，1995.
[62] 王守武. VDMOS 场效应晶体管应用手册 [M]. 北京：科学出版社，1998.

参考文献①

著　作

[1]《林兰英院士科研活动论著选集》编委会．林兰英院士科研活动论著选集［G］．北京：科学出版社，2000.

[2]《王守武院士科研活动论著选集》编辑委员会编．王守武院士科研活动论著选集［G］．北京：科学出版社，1999.

[3] Allen G. Debus. Ed. World who's who in science：A Biographical Dictionary of Notable Scientist from Antiquity to the Present［G］．Chicago，Marquis，1968.

[4] Fitzgerald A, Slichter P. Solid State Physics in the People's Republic of China［M］．Washington：National Academy of Sciences Press，1976.

[5] 陈建新，等．当代中国科学技术发展史［M］．武汉：湖北教育出版社，1994.

[6] 戴念祖主编．20世纪上半叶中国物理学论文集萃．长沙：湖南教育出版社．1993.

[7] 董光璧．中国现代物理学史［M］．济南：山东教育出版社，2007.

[8] 邓锡铭．中国激光史概要［M］．北京：科学出版社，1991.

[9] 樊洪业主编．中国科学院编年史：1949—1999［M］．上海：上海科技教育出

① 本书写作参考了王守武院士本人撰写的大量论文和著作，在参考文献中不做列举，反映在附录二“王守武主要论著目录”中。

版社. 1999.
[10] 国务院科学规划委员会. 一九五六——九六七科学技术发展远景规划纲要（修改草案）[A] // 中共中央文献研究室编. 建国以来重要文献选编（第九册）. 北京：中央文献出版社，1994.
[11] 何春藩. 王守武 [A] // 中国科学技术协会编. 中国科学技术专家传略·工程技术编·电子、通信、计算机卷. 北京：电子工业出版社，1998：401-416.
[12] 科学时报社编. 请历史记住他们——中国科学家与“两弹一星”[M]. 广州：暨南大学出版社. 1999.
[13] 李晋闽等. 拓荒者的足迹——建所初期科技人物事迹选 [M]. 北京：科学出版社，2010.
[14] 李兆华. 近代数学教育史稿 [M]. 济南：山东教育出版社，2005.
[15] 林子勋. 中国留学教育史 1847—1975 年 [M]. 华冈印刷厂，1976.
[16] 刘深. 葛庭燧传 [M]. 北京：科学出版社，2010.
[17] 柳袁照主编. 振华之路——苏州十中百年纪程 [M]. 苏州：古吴轩出版社，2006.
[18] 钱存训. 东西文化交流论丛 [M]. 北京：商务印书馆，2009.
[19] 全国妇联宣传部. 巾帼风采录 [M]. 北京：中国妇女出版社. 1993.
[20] 单振国，干福熹. 当代激光之魅力 [M]. 北京：科学出版社，2000.
[21] 苏州中学校史编委会. 苏州中学校史 [M]. 苏州：苏州大学出版社，1999.
[22] 王扬宗，曹效业主编. 中国科学院院属单位简史 [M]. 北京：科学出版社，2010.
[23] 翁智远，屠听泉主编. 同济大学校史（第一卷 1907—1949）[M]. 上海：同济大学出版社，2007.
[24] 吴大猷述，黄伟彦、叶铭汉、戴念祖整理，柳怀祖编. 早期中国物理学发展之回忆 [M]. 上海：上海科学技术出版社，2006.
[25] 夏建白，陈辰嘉，何春藩主编. 自主创新之路——纪念中国半导体事业五十周年 [M]. 北京：科学出版社，2006.
[26] 杨舰，戴吾三主编. 清华大学与中国近现代科技 [M]. 北京：清华大学出版社，2006.
[27] 杨维忠，金本福. 东山教授 [M]. 扬州：广陵书社，2010.
[28] 余少川. 中国机械工业的拓荒者王守竞 [M]. 昆明：云南大学出版社，1999.

[29] 张柏春. 民国时期机电技术 [M]. 长沙：湖南教育出版社，2009.

[30] 张继霞，巴拉吉尼玛. 蒙古族科学家 [M]. 呼和浩特：远方出版社，2005.

[31] 张劲夫. 张劲夫文选：世纪回顾 [M]. 北京：中国财政经济出版社，2000.

[32] [清] 张廷玉等. 明史明代传记丛刊·综录类 10（099）明史列传（二）[M]. 明文书局.

[33] 中国电子学会编，中国电子学会史 [M]，上海：上海交通大学出版社，2008.

[34] 中国工程院学部工作局编. 中国工程院院士自述 [M]. 第 2 卷. 北京：高等教育出版社，2008.

[35] 中国物理学会编. 半导体会议文集 [M]. 北京：科学出版社，1957.

[36] 竺可桢. 竺可桢全集（第 12 卷）[M]. 上海：上海科技教育出版社，2007.

期刊论文

[37] G.W.A.Dummer. Miniaturization and Microminiaturization [J]. New Scientist, 1960（04）：546.

[38] 陈崇斌，孙洪庆. 历尽艰辛 锐意创新——中国第一台红宝石激光器的研制 [J]. 中国科技史杂志，2009，30（3）：347-357.

[39] 戴念祖. 中国物理学史略 [J]. 物理，1981，10（10）：633-639.

[40] 邓锡铭. 纪念激光器发明 30 周年 [J]. 大学物理，1990（12）：1-5.

[41] 邓锡铭. 我国激光的早期发展（1960—1964）[J]. 激光与光电子学进展，1990（12）：13-16.

[42] 宫苏艺，何春藩. 共同的追求 [J]. 家庭，1983（8）：8-11.

[43] 顾宁. 中美学术交流的桥梁——美中学术交流委员会简史 [J]. 美国问题参考资料，1989（11）：38-40.

[44] 关家英. 科研领域上下求索 学以致用报效祖国——记王守武院士 [J]. 研究生院，2005（1）：19-21.

[45] 郭金海. 华尔和胡德关于螺旋弹簧新公式的研究及王季同回应 [J]. 自然科学史研究，2005，24（4）：330-344.

[46] 郭金海. 王季同的电网络分析新方法及其学术影响 [J]. 中国科技史料，2003，24（4）：312-319.

[47] 郝曼丽. 荣辱从不争，追求无止境——记王守武院士及馆藏相关科研档

案［J］. 中科档案. 2010（3）：25.
［48］黄兰友. 早期电子显微镜制造的回忆［J］. 电子显微学报，1996，15（Z1）：344-352.
［49］胡升华. 王守竞的量子力学研究成果及其学术背景［J］. 中国科技史料，2000，21（3）：235-241.
［50］康静，李艳平. 中国第一位女化学博士——王季茝［J］. 中国科技史杂志，2012（2）：167-175.
［51］林兰英. 四十年峥嵘岁月［J］. 物理，2003（12）：820-822.
［52］刘伍林. 砷化镓 p-n 结的受激发射［J］. 科学通报，1965（1）：65-67.
［53］路振朝，王扬宗. 二十世纪五六十年代中国科学家的科研问题［J］. 科学文化评论，2004，1（2）：5-24.
［54］沈玲，马莉. 我的院士之路——著名半导体信息技术专家王守觉自述［J］. 苏南科技开发，2005（2）：55-56.
［55］王季茝. 皮蛋［J］. 张准译. 科学，1919，4（12）：1151-1164.
［56］王明贞. 转瞬九十载［J］. 物理，2006，35（3）：174-182.
［57］王乃弘，潘君骅，聂朝江，等. 半导体砷化镓的受激发射［J］. 科学通报，1964（4）：619.
［58］王启明. 中国半导体激光器的历次突破与进展（邀请论文）［J］. 中国激光，2010，37（9）：2190-2197.
［59］熊卫民. 回顾“12 年科学发展规划”——薛攀皋访谈录［J］. 民主与科学，2009（5）：25-29.
［60］杨丽凡. 影响深远的《1963—1972 年科学技术规划纲要》［J］. 自然科学史研究，2003，22（S1）：70-80.
［61］佚名. “六五”科技攻关成果奖励与表彰名单［J］.《中国科学院院报》，1986（2）：188-192.
［62］咏梅，冯立昇.《物理学》与汉语物理名词术语［J］. 物理，2007，36（5）：411-414.
［63］张橙华. 清末民初物理教育家王季烈［J］，江苏地方志，1998（2）：37-38.
［64］张志辉，孙洪庆，丁兆君. 钱临照先生年谱［J］. 中国科技史杂志，2007，28（1）：60-74.
［65］赵广增，王守武，王明贞. 纪念王守竞先生［J］. 物理，1985，14（6）：382-387.

媒体报道

[66] 柏生. 攀登半导体科学高峰的人 [N]. 人民日报，1979-10-05（4）.
[67] 何春藩，邹安寿. 我国大规模集成电路研究工作又获重要成果——中国科学院半导体所研制成功十六千位 MOS 动态随机存贮器 [N]. 光明日报，1981-03-16（1）.
[68] 林兰英，黄昆，王守武，洪朝生，王守觉，李志坚，吴德馨，廖德荣，周帅先，陈莹瑜，徐葭生. 科技报道应尊重事实——从一则电视新闻谈起 [N]. 中国科学报，1992-12-01（3）.
[69] 刘茂盛. 中科院一〇九厂集成电路中试线通过国家验收 [N]. 科学报，1988-12-13（1）.
[70] 中国固体物理考察组访美后回到北京 [N]. 人民日报，1975-04-28（4）.

档　案

[71] 苏州中学校史档案.
[72] 同济大学档案馆学生档案.
[73] 美国普渡大学学生档案.
[74] 中国科技大学档案馆档案.
[75] 中国科学院档案馆应用物理研究所、半导体研究所档案.
[76] 同济大学档案馆. 档案号：1-CJ-6，1-CJ-12，1-CJ-14，1-CJ-16，1-CJ-17，1-LS-548.
[77] 中国科技大学档案. 中国科技大学简报，1978-WS-C-29.
[78]《光受激发射的研究试验》计划任务书（草案）. 中国科学院半导体研究所文书档案. 北京：中国科学院档案馆. A023-13.
[79] 1420 所 1972 年工作总结. 1972. 中国科学院半导体研究所文书档案. 北京：中国科学院档案馆，档案号：A023-72.
[80] 1963 年工作总结. 1963-12. 中国科学院半导体研究所文书档案. 北京：中国科学院档案馆，档案号：A023-12.
[81] 1978—1985 年中国科学院半导体科学技术发展规划（草案）（1977-04）. 半

导体研究所档案，北京：中国科学院档案馆，档案号：A023-121.
[82] N沟MOS4096位动态随机存储器的研制报告（1979-12-10）. 半导体研究所档案，北京：中国科学院档案馆，档案号：A023-349.
[83] 半导体激光组赴美考察小组工作禀报（1980-11-16）. 半导体研究所档案，北京：中国科学院档案馆，档案号：A023-144.
[84] 半导体受激发射器发明记录. 1964. 中国科学院半导体研究所文书档案，北京：中国科学院档案馆. A0023-17：64-65，77.
[85] 半导体物理的远景规划. 中国科学院应用物理所文书档案. 北京：中国科学院档案馆. A003-19.（应用物理所十二年远景规划草案的初稿、发展规模与措施、远景规划计划书）. 83-86.
[86] 半导体研究所1965年科研计划执行情况. 中国科学院半导体研究所文书档案. 北京：中国科学院档案馆，档案号：A023-37.
[87] 测试报告. 半导体研究所档案（1979）. 北京：中国科学院档案馆，档案号：A023-349.
[88] 成众志. 赴苏学习考察半导体电子学的技术报告. 中国科学院应用物理所文书档案，北京：中国科学院档案馆. A003-65：46.
[89] 处理文件. 1964-06-05. 中国科学院半导体研究所文书档案. 北京：中国科学院档案馆，档案号：A023-13：86.
[90] 发明报告书（1964），半导体研究所档案. 北京：中国科学院档案馆，档案号：A023-17.
[91] 发展计算技术，半导体技术，无线电电子学、自动学和远距离操纵技术的紧急措施方案. 1960-04-05. 中国科学院计算研究所所文书档案. 北京：中国科学院档案馆. A013-1：
[92] 关于筹备半导体研究所事（1960-04-04）. 半导体研究所档案，北京：中国科学院档案馆，档案号：A023-1. 1960.
[93] 关于加速发展大规模集成电路的请示报告（1977-11-21）. 半导体研究所档案，北京：中国科学院档案馆，档案号：A023-110.
[94] 关于增补二零所党的核心小组成员批复. 1972-10-07. 中国科学院半导体研究所文书档案，北京：中国科学院档案馆，档案号：A023-68.
[95] 会议日程表. 半导体研究所档案（1979），北京：中国科学院档案馆，档案号：A023-349.

[96] 获奖. 中国科学院微电子所官方网站：http://www.ime.cas.cn/kycg/hj/index_2.html.

[97] 技术改进成果：Gunn 器件中掺杂梯度引起的静止畴的计算机模拟. 1979. 中国科学院半导体研究所科技档案，北京：中国科学院档案馆，档案号：A023-420.

[98] 简讯. 受激光发射情报，1965（1）：28.

[99] 科学技术鉴定证书（1979）. 半导体研究所档案，北京：中国科学院档案馆，档案号：A023-349.

[100] 萨支唐来华的通信. 半导体研究所档案，北京：中国科学院档案馆，档案号：A023-145.

[101] 申请院级鉴定报告. 半导体研究所档案（1979），北京：中国科学院档案馆，档案号：A023-349.

[102] 砷化镓受激发射器研究计划表. 1963-09-04. 半导体研究所档案. 北京：中国科学院档案馆，档案号：A023-16.

[103] 十二年科学规划执行情况调查报告. 1960-04-05. 中国科学院应用物理所文书档案. 北京：中国科学院档案馆. A003-81（物理所一九六〇年十大重点任务）. 27-30.

[104] 吴锡九. 半导体电子学器件访苏学术专题报告. 1957-04-05. 中国科学院应用物理所科技档案. 北京：中国科学院档案馆. A003-487.4

[105] 物理所访苏小组施汝为、王守武、洪朝生、徐叙瑢. 1960-08-19. 物理所访苏小组总结报告. 中国科学院应用物理所文书档案. 北京：中国科学院档案馆. A003-95.13

[106] 物理所一九六〇年十大重点任务. 中国科学院应用物理所文书档案. 北京：中国科学院档案馆. A003-81.8-12.

[107] 应用物理所、中科院一九五一年工作总结. 中国科学院应用物理所文书档案. 北京：中国科学院档案馆，档案号：A003-1.30.

[108] 应用物理所一九五二年工作总结. 北京：中国科学院档案馆. 中国科学院应用物理所文书档案. A003-2.1-3.

[109] 应用物理所一九五三年工作总结. 北京：中国科学院档案馆. 中国科学院应用物理所文书档案. A003-4.30.

[110] 应用物理所一九五五年工作计划、报告、总结.（关于物理所 1956 年计划

事.）中国科学院应用物理所文书档案. A003-15.38. 关于物理所1956年计划事.
[111] 应用物理所一九五五年工作情况报告. 北京：中国科学院档案馆. 中国科学院应用物理所文书档案. A003-81.
[112] 应用物理所一九五五年工作情况及一九五六年工作计划的说明. 中国科学院应用物理所文书档案. 北京：中国科学院档案馆. A003-10.
[113] 中国科学院半导体研究所参加全国科学技术大会筹备组工作向科学大会献礼项目计划表. 半导体研究所档案，北京：中国科学院档案馆，档案号：A023-120.
[114] 中国科学院对推荐第一批奖励的发明项目划分奖励等级的初步意见（1964），半导体研究所档案，北京：中国科学院档案馆，档案号：A023-17.
[115] 中国科学院赴苏考察团半导体组工作总结. 中国科学院应用物理所文书档案. 北京：中国科学院档案馆. A003-34.（应用物理所1957年外事报告、总结）.
[116] 中国科学院计划局发送国家重点科学技术项目计划任务书（草案）. 1964-05-20. 中国科学院半导体研究所文书档案. 北京：中国科学院档案馆，档案号：A023-13：87.
[117] 中国科学院科学技术研究成果登记卡（1981）. 半导体研究所档案，北京：中国科学院档案馆，档案号：A023-316.

其 他

[118] 半导体所所庆纪念册编委会. 物穷其理 宏微交替——中国科学院半导体研究所50周年（1960—2010）. 2010（内部资料）.
[119] 国立中央研究院总办事处编. 国立中央研究院出版品目录. 1935.
[120] 何春藩. 中国科学院半导体研究所大事记（1949—2000）. 手稿.
[121] 清华大学物理系编. 王明贞先生百岁寿辰文集. 2005年（内部资料）.
[122] 申明. N沟道金属－氧化物－半导体集成电路［G］//《中国大百科全书》总编委会. 中国大百科全书·电子学与计算机. 北京：大百科全书出版社. 1986：601.

[123] 王守觉，孙祥义. 集成电路［G］//《中国大百科全书》总编委会. 中国大百科全书·电子学与计算机. 北京：大百科全书出版社，1986.

[124] 张建华. 从江南科举世家到近代科技名门——苏州莫釐王氏家族研究［D］. 苏州大学硕士论文，2009.

[125] 中国科学技术情报研究所编. 出国参观考察报告——美国固体物理研究工作情况［R］. 北京：科学技术文献出版社，1978：1.

[126] 中国科学技术情报研究所编. 出国参观考察报告［编号：(65) 077 英国发光、莱塞及其应用会议概况/英国第49届科学仪器设备展览会、亚毫米波产生和接收及其特性会议概况］［R］. 北京：科学技术文献出版社，1965：1−10.

[127] 中国科学院半导体研究所建所四十周年纪念文集编委会. 中国科学院半导体研究所建所四十周年纪念文集［G］. 2000（内部资料）.

后记

本书由李艳平、尹晓冬、康静写作完成，李艳平负责：导言、第一章、第二章、第三章、第四章前五节、第九章、第十章和结语等；康静负责：第四章第六节、第五章、第六章、年表、主要论著目录等；尹晓冬负责：第七章、第八章，付森完成了重要采集成果目录整理。李艳平负责全书的统稿。

我们的工作还留有一些遗憾，王守武院士年事已高，采集工作进行期间他一直和子女一起居住美国，我们对他的访谈未能深入细致，我们期待有进一步的访谈机会。另外，有关我国半导体事业建立初期的情况，由于亲历者均已年迈，很难提供几十年前具体工作的准确细节情况。

本书涉及人物众多，还涉及大量半导体、激光、集成电路等领域有关的理论、技术和工艺内容，书中如有不妥之处，恳请专家和读者不吝赐教。

本书即将出版之际，2014 年 7 月 30 日，王守武先生在美国去世。我们十分沉痛。

王守武先生逝世后，党和国家领导人习近平、胡锦涛、李克强、张德江、俞正声、刘云山、张高丽、朱镕基、温家宝、吴官正、刘延东、赵乐际、曾培炎、杨晶等，中国科学院领导白春礼、江绵恒、李静海、方新、马俊如等，均以不同形式对王守武先生逝世表示哀悼！向王守武先生亲属表示亲切慰问！

8 月 12 日，在中国科学院半导体研究所举行了王守武先生追思会，沉痛悼念王守武先生。追思会上，王先生的同事和学生们回忆起他的点点滴滴，不禁哽咽。

王守武先生德高望重，他一生为科学事业不懈奋斗，对党、对国家、对人民、对科学事业无限忠诚。他是一位科学大师，是我们光辉的榜样。

作　者

2014 年 8 月 18 日

老科学家学术成长资料采集工程丛书

已出版（50种）

《卷舒开合任天真：何泽慧传》
《从红壤到黄土：朱显谟传》
《山水人生：陈梦熊传》
《做一辈子研究生：林为干传》
《剑指苍穹：陈士橹传》

《情系山河：张光斗传》
《金霉素·牛棚·生物固氮：沈善炯传》
《胸怀大气：陶诗言传》
《本然化成：谢毓元传》
《一个共产党员的数学人生：谷超豪传》

《含章可贞：秦含章传》
《精业济群：彭司勋传》
《肝胆相照：吴孟超传》
《新青胜蓝惟所盼：陆婉珍传》
《核动力道路上的垦荒牛：彭士禄传》

《探赜索隐　止于至善：蔡启瑞传》
《碧空丹心：李敏华传》
《仁术宏愿：盛志勇传》
《踏遍青山矿业新：裴荣富传》
《求索军事医学之路：程天民传》

《一心向学：陈清如传》
《许身为国最难忘：陈能宽》
《钢锁苍龙　霸贯九州：方秦汉传》
《一丝一世界：郁铭芳传》
《宏才大略：严东生传》

《此生情怀寄树草：张宏达传》
《梦里麦田是金黄：庄巧生传》
《大音希声：应崇福传》
《寻找地层深处的光：田在艺传》
《举重若重：徐光宪传》

《魂牵心系原子梦：钱三强传》
《往事皆烟：朱尊权传》
《智者乐水：林秉南传》
《远望情怀：许学彦传》
《没有盲区的天空：王越传》

《行有则　知无涯：罗沛霖传》
《为了孩子的明天：张金哲传》
《梦想成真：张树政传》
《情系粱菽：卢良恕传》
《笺草释木六十年：王文采传》

《妙手生花：张涤生传》
《硅芯筑梦：王守武传》
《云卷云舒：黄士松传》
《让核技术接地气：陈子元传》
《论文写在大地上：徐锦堂传》

《铃记：张兴铃传》
《寻找沃土：赵其国传》
《虚怀若谷：黄维垣传》
《乐在图书山水间：常印佛传》
《碧水丹心：刘建康传》